江苏高校品牌专业建设工程资助项目

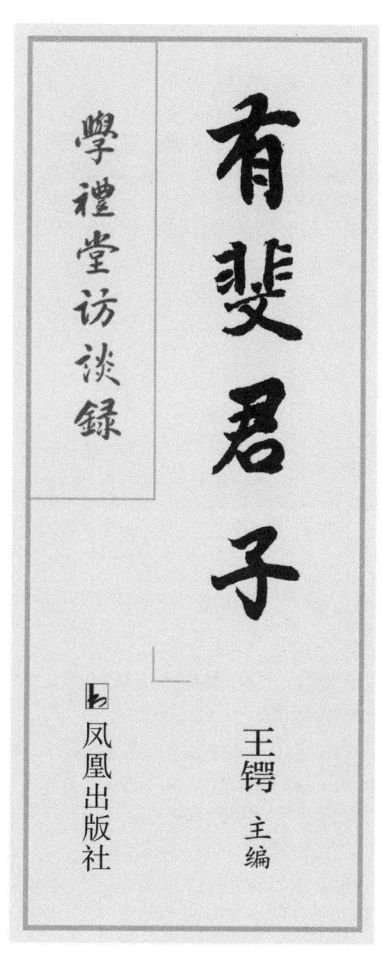

有斐君子

學禮堂訪談錄

王锷 主编

凤凰出版社

图书在版编目（CIP）数据

有斐君子 / 王锷主编. -- 南京：凤凰出版社，2020.7
（学礼堂访谈录）
ISBN 978-7-5506-3194-6

Ⅰ.①有… Ⅱ.①王… Ⅲ.①江庆柏—访问记②程章灿—访问记③董恩林—访问记 Ⅳ.①K825.5②K825.8

中国版本图书馆CIP数据核字(2020)第070988号

书　　名	有斐君子
主　　编	王　锷
封面题签	刘晓东
责任编辑	崔广洲
书籍设计	徐　慧
出版发行	凤凰出版社(原江苏古籍出版社)
	发行部电话 025-83223462
出版社地址	江苏省南京市中央路165号,邮编:210009
出版社网址	http://www.fhcbs.com
照　　排	南京凯建文化发展有限公司
印　　刷	南京新世纪联盟印务有限公司
	江苏省南京市建邺区南湖路27号春晓大厦5楼,邮编:210017
开　　本	880毫米×1230毫米　1/32
印　　张	11.875
字　　数	255千字
版　　次	2020年7月第1版
印　　次	2020年7月第1次印刷
标准书号	ISBN 978-7-5506-3194-6
定　　价	88.00元

(本书凡印装错误可向承印厂调换,电话:025-68566588)

学礼堂师生合影

江庆柏先生

江先生在学礼堂接受访谈

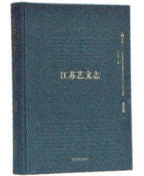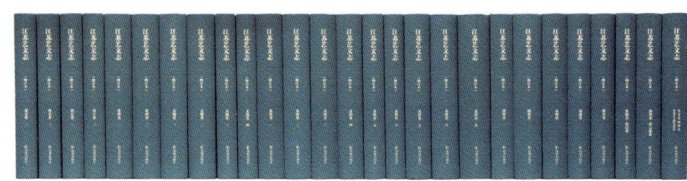

《江苏艺文志》(增订本)书影

《江苏文库·史料编》徐州编写组成立暨编写工作会议召开

董先生正在接受学礼堂访谈

董先生与王锷合影

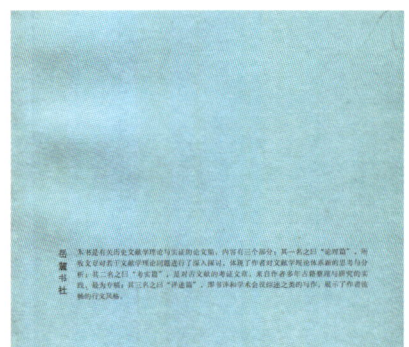

董先生部分著作

程章灿先生

程先生在学礼堂接受访谈

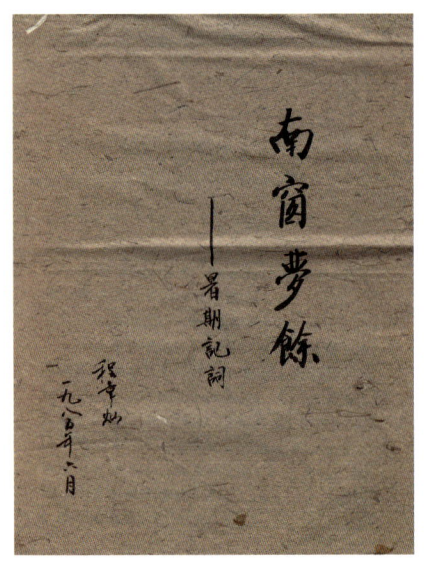 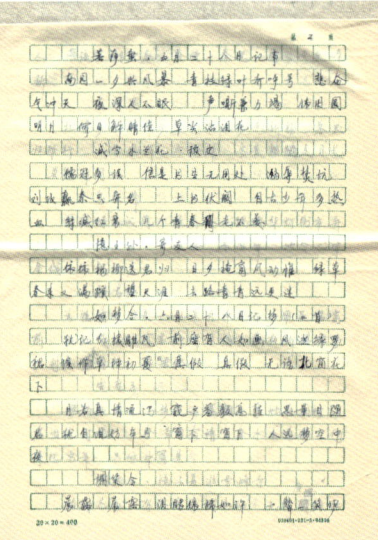

南窗梦余　　　　　　　程先生部分手稿

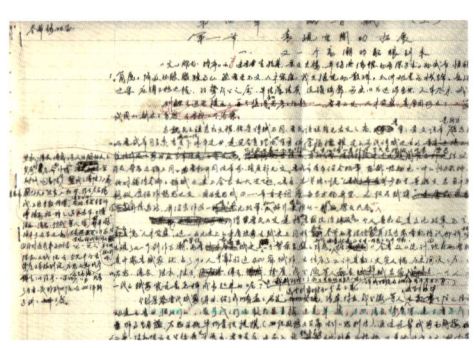 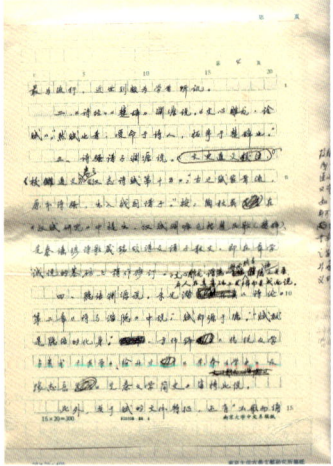

程先生部分手稿

序

王锷

　　文献学是人文社会科学研究的基石，不重视文献学或不以文献为基础的人文社会科学研究，颇多臆说，不足传信。

　　《论语·八佾》记载，子曰："夏礼，吾能言之，杞不足征也；殷礼，吾能言之，宋不足征也。文献不足故也，足，则吾能征之矣。"郑玄注释说："献，犹贤也。我不以礼成者，以此二国之君文章贤才不足故也。"朱熹《论语集注》说："文，典籍也。献，贤也。言二代之礼，我能言之，而二国不足取以为证，以其文献不足故也。文献若足，则我能取之，以证君言矣。"郑玄、朱熹将"文"解释为文章、典籍，"献"为贤才。

　　文、献既有区别，又有联系。对孔子弟子而言，孔子是"献"；对后代读者而言，孔门弟子、后学记录编纂孔子言语而成的《论语》，则成为"文"。"文献"一词，就成为记录历史资料的总称。宋代马端临《文献通考序》说："夫子言夏殷之礼而深慨文献之不足征。释之者曰：文，典籍也；献，贤者也。凡叙事，则本之经史，而参之以历代会要，以及百家传记之书，信而有征者从之，乖异传疑者不录，所谓文也；凡论事，则先取当时臣僚之奏疏，次及近代诸儒之评论，以至名流之燕谈，稗官之记录，凡一话一言，可以订典故之得失，证史传之是非者，则采而录之，所谓献也。其载诸史传之记录可疑，稽诸先儒之论辩而未当者，研精覃思，悠然有得，则窃以己意附其后焉。命其书曰《文献通考》。"马端临所言"文献"，与我们今天所说的典籍、书籍无异，所以，文献自然就成为人们认识历史、洞察社会的依据。

文献学是研究文献典籍的学问。今天学术界所谈的文献学，更偏重于古代，又名古文献学，是中国古代文献典籍整理与研究的学问。然而有意思的是，在今天的学科划分中，一级学科"中国语言文学"下，有一个二级学科名曰"中国古典文献学"；一级学科"历史学"下面，有一个二级学科名曰"历史文献学"；一级学科"图书馆、情报与文献学"下面，有一个二级学科名曰"文献学"。古典文献学、历史文献学和文献学都是二级学科，分别属于三个一级学科，三者有何异同？令人费解。其实，从学理上而言，三者没有任何区别，命名为古文献学，似乎更好。著名文献学家张舜徽、黄永年等先生，对此均有卓见。黄永年先生《古文献学四讲》前言说："最后，对《古文献学四讲》这个书名也得作点解释。前面说过，当年听我讲课的有历史文献学硕士生，但为什么不叫《历史文献学四讲》呢？因为不明底细的人会当作品是讲历史、地理的历史学科的文献。其实'历史文献'本是指历史上的文献，和'古文献'是一个意思，为避免误解起见，用'古文献'比'历史文献'更好一些。"（鹭江出版社 2005 年 6 月）就古文献研究而言，"不明底细的人"很多，出现混乱，也属于正常。难怪孔夫子早有言曰："必也正名乎！"

《学礼堂访谈录》第五辑《有斐君子》收录对江庆柏、董恩林和程章灿三位先生的访谈。

江庆柏先生1978年2月就读于南京师范学院中文系，1982年师从诸祖耿先生攻读硕士学位，是南京师范大学文学院研究员，江苏省古籍保护工作专家委员会成员、浙江省古籍保护工作专家委员会委员、"江苏文脉整理与研究工程"编纂出版委员会编委，主要从事江苏地方文献、四库学文献整理研究工作。著有《明清苏南望族文化研究》《近代江苏藏书研究》《孙星衍评传》《〈四库全书荟要〉研究》，编著《清代人物生卒年表》《清朝进士题名录》，整理《四库全书荟要总目提要》《四库全书初次进呈存目》，主编《江苏地方文献书目》《江苏人物传记丛刊》《江苏近现代社会救济与慈善文献丛刊》《清代地方人物传记丛刊》《中国古代女教文献丛刊》等。担任《无锡文库》《泰州文献》《扬州文库》学术顾问，主持《江苏艺文志》增订工作。现为《江苏文库·史料编》主编，国家社科基金重大项目"四库提要汇辑汇校汇考"首席专家，2019年度江苏省社会科学基金重大委托项目"江苏文脉工程史料编研究"主持人。

早在20世纪90年代编纂《三礼研究论著提要》之时，经常查检江先生参与编纂的《江苏艺文志》，但与其相识，是在2004年我调到南京师范大学以后。江先生为人谦和、处事低调、治学严谨，是国内知名的古文献学、四库学研究专家。其代表作《清代人物生卒年表》一书，收录清代政治、经济、军事、文学、艺术、收藏等方面人物25000人左右，逐一著录传主姓名、生卒年份、字号籍贯、资料出处等，是研究清代历史案头必备之书。《清代进士题名录》依据科年甲第名次著录清顺治三年（1646）至光绪三十年（1904）文科常科考试一百十二科所取进士26849名，博学鸿词科、经学科、经济特科在内的制科考试和翻译科所取进士253名，书前有近十万字的《清朝进士题名文献概述》，介绍清代进士题名文献，探讨清代进士题名中清朝文科常科考试录取的进士人数、补殿试与未殿试、宗室会试等问题，说明清朝进士题名、姓氏、名字和籍贯著录的依据，资料详实，翻检便利，是研究清代科举制度的代表性学术成果。

江先生对江苏地方文献非常熟悉。他主持编纂的《江苏地方文献书目》《江苏艺文志》（增订版）、《江苏现存书目》等成果，为江苏省正在进行的"江苏文脉整理与研究工程"提供了基础性的文献资料。对于这几部书，外人一时难以说清，用江老师自己的话说：《江苏艺文志》是著录我们江苏人写的书，《江苏地方文献书目》是著录写我们江苏的书。《江苏艺文志》和《江苏地方文献书目》基本上反映了江苏作家的著作情况和有关江苏的著作情况。《江苏现存书目》是一部工作用书，是将《江苏艺文志》中尚存的著作先选择出来，为《江苏文库》的《文献编》《精华编》《史料编》编纂提供方便。据统计，《江苏现存书目》著录图书25900余部。

董恩林先生1978年就读于华中师范大学历史系，1982年师从张舜徽先生攻读硕士学位，1998年师从熊铁基先生攻读博士学位，是华中师范大学历史文献研究所教授、博士生导师，兼任中国历史文献研究会副会长、华中师范大学国学院常务副院长、中组部中国井冈山干部学院兼职教授，主要从事历史文献学和古籍整理研究工作。著有《唐代老学：重玄思辨中的理身理国之道》《唐代老子诠释文献研究》《中国传统文献学概论》《文献论理与考实》《董恩林自选集》等著作，整理《广成集辑校》《兴国州志校注》等古籍，在《哲学研究》《历史研究》《文献》《文史》等期刊发表学术论文百余篇。先后参加《汉语大字典》《二十五史全译》《儒藏》等国家级社科项目，是国家社科基金重大项目"清人文集'经义'整理与研究"首席专家，同时主持教育部古籍整理重大项目"《皇清经解》点校整理"，承担国家社科基金重大项目《荆楚全书》子课题。

我与董恩林先生相识已有二十多年了。近十年左右，几乎每年在学术会议见面，加之同为中国历史文献研究会会员，往来密切，交谈甚多！其为人也，敦厚诚实，其为学也，勤奋求通。就董先生学术成果而言，大致涉及中国历史文献学、中国古代史、中国道家思想和国学研究等方面。针对古文献学学科名称、内涵外延人言人殊、五花八门的现象，董先生撰写《文献之我见》《论传统文献学的内涵、范围和体系诸问题》《传统文献学几个理论问题再探》等系列论文，探讨文献的内涵和古文献学的研究范围等问题，并主编《中国传统文献学概论》一书，指出"传统文献学"与"现代文献学"名同实异，"历史文献学"与"古典文献学"名异实同。他认为："我们所理解的'文献学''传统文献学''古典文献学''历史文献学'是同一概念，并主张用'传统文献学'作为统一名称。所称'文献''传统文献''古文献''古典文献''历史文献'也是同一概念，并主张用'古文献'作为统一名称。"这些见解，对于推动文献学研究、文献学理论建设具有十分重要的价值。其他诸如对魏晋隋唐道家道教思想中道论、重玄论、修养论的探讨，对国学、经学、儒学和子学概念与体系的辨析，对夏商周政治体制和五代官制的分析，皆有新见，受到学术界关注。

程章灿先生 1979 年就读于北京大学历史系，1983 年师从程千帆先生攻读硕士、博士学位。2008年被评为教育部长江学者特聘教授。现任南京大学图书馆馆长、南京大学古典文献研究所所长，南京大学文学院教授、博士研究生导师，兼任国家古籍整理出版规划领导小组成员，中国《文选》学研究会副会长、中国诗教学会副会长。他的治学涉及中国古代文学、古典文献学、石刻学和海外汉学。研究专著有《魏晋南北朝赋史》《刘克庄年谱》《世族与六朝文学》《古刻新诠》《石刻刻工研究》等，译著有《迷楼：诗与欲望的迷宫》《朱雀：唐代的南方意象》《神女：唐代文学中的龙女与雨女》等，学术随笔有《旧时燕：一座城市的传奇》《山围故国：旧闻新语读南京》《纸上尘：历史的表里》《鬼话连篇》等，发表学术论文200余篇，诗作数十篇。现为《江苏文库·文献编》主编，国家社科基金重大项目"中国古代文献文化史"首席专家。

我与程章灿先生相识于1999年高校古委会在呼和浩特举办的第一届中青年学者研讨会。2004年我调到南京师范大学以后，在南京大学、南京师范大学古典文献专业博士生答辩时，时常见面。2016年3月25日，在江庆柏先生主持的国家社科基金重大项目"四库提要汇辑汇校汇考"开题之时，程章灿先生邀请我参加"江苏文脉整理与研究工程"之"文献编"经部的编纂工作。此后，与程先生几乎月月见面，讨论"文献编"工作进展情况。程先生勤奋好学，待人诚实，治学之广，著作之富，才思之捷，学界少有。他在29岁时，出版《魏晋南北朝赋史》《唐诗入门》，30岁出版《刘克庄年谱》，随后接连出版《汉赋揽胜》《魏晋南北朝诗》《世族与六朝文学》《石学论丛》《赋学论丛》《古刻新诠》《石刻刻工研究》《南北朝诗选》等著作，另有与程千帆先生合作的《程氏汉语文学通史》，学术随笔、翻译著作和他主编的其他学术著作，无不凸显其聪敏、博学、刻苦和多产。

2019年8月31日，在北京香山饭店参加"第二届宋云彬古籍评奖"会，程先生送我一册《山围故国：旧闻新语读南京》，晚上睡觉前，拜读数篇，对其中第一辑《佳丽地》第一篇《两座读书台，一个文化传统》，印象深刻。此文讲述南京清凉山有纪念北宋福建人郑侠（1041—1119）的一拂祠，明人称为"郑侠读书堂"，又名"郑介公读书台"。对于这位乡贤读书的地方，程先生于文末说："书台也好，读书堂也好，总之，位置都是在城西。郑介公读书台与城东南的周处读书台遥遥相望，代表了南京读书史上两个自具特色的文化传统：一个敢于挑战权威，一个勇于改过自新。两个传统，也可以说是一个，那就是'读书改变命运'。"读书改变命运，既是程章灿先生的经历，也是亘古不变的真理！

江庆柏教授、董恩林教授和程章灿教授，三位教授出生于不同的地方，然因中国高考制度的恢复，他们得以考入大学，努力读书，严谨治学，教书育人，传承文脉。《礼记·大学》说：《诗》云："有斐君子，如切如磋，如琢如磨。有斐君子，终不可諠兮！""有斐君子，终不可諠兮"者，道盛德至善，民之不能忘也。《大学》征引之诗句，源自《诗经·卫风·淇澳》。"有斐"，有文采的样子。諠，忘也。此谓文采斑斓、品德高洁的君子，令人难忘。故本辑取名曰《有斐君子》。

2020年1月4日初稿
2020年2月3日定稿

目 录

序·· 001

行走在历史文献的风景里
——江庆柏先生访谈录·································· 001
一、求学经历·· 005
二、师从诸祖耿先生·· 016
三、参编与增订《江苏艺文志》·· 023
四、《明清苏南望族文化研究》《近代江苏藏书研究》··· 029
五、《孙星衍评传》·· 037
六、《江苏地方文献书目》·· 043
七、整理江苏地方文献·· 049
八、参与"江苏文脉整理与研究工程"··································· 060
九、《稿本》··· 065
十、《清代人物生卒年表》·· 071
十一、《清朝进士题名录》·· 080
十二、其他文献整理··· 084

十三、《四库全书荟要总目提要》
《四库全书初次进呈存目》……………088
十四、《〈四库全书荟要〉研究》……………097
十五、《四库提要汇辑汇校汇考》……………102
十六、余论……………106

亦论亦考，求通求实
——董恩林先生访谈录……………117
一、求学经历……………121
二、师从张舜徽与熊铁基先生……………125
三、五代史研究……………130
四、小学、档案学与历史文选……………138
五、唐代老学研究……………148
六、历史文献学研究……………155
七、整理古籍……………173
八、国学研究……………184
九、历史文献研究会工作……………194

卅年身在帝王州
——程章灿先生访谈录 …………………… 197
- 一、求学经历 …………………… 201
- 二、《魏晋南北朝赋史》 …………………… 224
- 三、《汉赋揽胜》《赋学论丛》 …………………… 232
- 四、《世族与六朝文学》 …………………… 240
- 五、《魏晋南北朝诗》《南北朝诗选》 …………………… 244
- 六、《唐诗入门》 …………………… 248
- 七、《刘克庄年谱》 …………………… 250
- 八、六朝唐宋文学研究 …………………… 254
- 九、《程氏汉语文学通史》 …………………… 258
- 十、石刻研究的缘起 …………………… 268
- 十一、《石刻刻工研究》 …………………… 272
- 十二、石刻研究的设想 …………………… 279
- 十三、南京地方文化研究 …………………… 286
- 十四、江苏文脉工程"文献编" …………………… 294
- 十五、哈佛访学 …………………… 300

十六、翻译《迷楼》……………………………………303

十七、翻译《神女》《朱雀》…………………………308

十八、阿瑟·魏理（Arthur Waley）研究……………312

十九、霍克思和杜德桥……………………………………319

二十、国际汉学研究………………………………………324

二十一、研究生指导………………………………………328

二十二、程千帆先生………………………………………334

二十三、周勋初先生和卞孝萱先生………………………342

二十四、程门弟子…………………………………………345

二十五、《古典文献研究》………………………………350

二十六、南大古典文献研究所……………………………357

二十七、关于写字…………………………………………359

行走在历史文献的风景里

——江庆柏先生访谈录

江庆柏先生简介

　　江庆柏先生，1951年生，江苏宜兴人。南京师范大学文学院研究员、江苏省古籍保护工作专家委员会成员、浙江省古籍保护工作专家委员会委员。主要从事江苏地方文献整理研究、四库学文献整理研究。江苏地方文献整理与研究方面，著有《明清苏南望族文化研究》《近代江苏藏书研究》《孙星衍评传》。主编《江苏地方文献书目》《江苏人物传记丛刊》《江苏近现代社会救济与慈善文献丛刊》。担任《无锡文库》《泰州文献》《扬州文库》学术顾问。主持《江苏艺文志》增订工作。现为"江苏文脉整理与研究工程"编纂出版委员会编委，《江苏文库·史料编》主编。江苏省社会科学基金重大委托项目"江苏文脉工程史料编研究"主持人。四库学研究方面，先后整理出版了《四库全书荟要总目提要》《四库全书初次进呈存目》，著有《〈四库全书荟要〉研究》。现为2015年国家社科基金重大项目《四库提要汇辑汇校汇考》首席专家。

一、求学经历

王锷：今天很高兴，我们邀请到江老师接受学礼堂的采访。

江庆柏老师：在这里首先说一下，非常感谢王锷老师和各位同学的好意。其实王老师去年就和我说过了，但是我一直没有答应。为什么没有答应呢？是因为不敢。我觉得主要是有两个原因吧！一个呢，和以前你们采访过的各位学者比起来，我是没有做出什么成绩的，所以不敢登这个学礼堂。第二个呢，这个访谈主要是从经学这个角度来谈的，而我对经学可以说是"敬而远之"，没有专门的研究。因为这两个原因，所以一直没有答应王老师。后来王老师又说了几次，就觉得老是推掉也不好意思。反正就把你们问的，我来简单做一个回答，大概就是这样的意思吧。看看能不能提供给大家一些新的思路！

王：先请江老师谈一谈您上学的经历。

江：刚才王老师说到上学的情况，我的情况跟各位同学来比呢，相对曲折一点。因为在座的各位同学都是从小学、中学、大学，一路读上来的，中间没有停顿，读研究生也很顺利，我们那时候上学经历要比大家困难得多。我记得非常清楚，我是在1958年上的小学，春天上的小学，当时叫春季班。春天也可以上学，是因为1958年那个时候"大跃进"，教育也"大跃进"了。

说到教育的事，我还是想强调一下，我们的国家经历了许多困难，中间也经过了许多周折，但是有一点我觉得我们国家做得是非常好的。从1949年以后，我们国家一直非常重视教育。哪怕在"文化大革命"中间，它的教育内容改变了，比如说语文，跟政治跟得很紧，"教育为无产阶级政治服务"嘛。但对整个国家来说，文化教育始终是抓得很紧的，没有放松过。这段历史，我觉得我们应该正确来看。对它的具体的教学内容，我们可以做些不同的评价，但是对我们整个国家来说，它的教育始终是抓得非常紧的。

我刚才说我是1958年上学的。那时还不到入学年龄，按照道理要到秋季入学，但我们在春季就上学了，是春季班，提前了半年。实际上我们上学是非常匆忙的，连学校也没有。我是在一个由祠堂改建的小学里面上的小学，这是个民办学校。我为什么想到这个呢，也就是刚才我讲我们国家尽管遇到了许多许多困难，也遇到了挫折，但是教育是始终抓得很紧的。1958年正好是人口大幅增长的时候，所以国家打破那个惯例，在春季也开了学。

大概是到三四年级以后，我们才离开祠堂，来到本地镇上的一个小学上学。那个时候条件就比较好了。这个学校虽然后来经过了改建，但原来的样子一直留在我的记忆里。记得一进校门是一块照壁，上面是毛泽东主席手书"好好学习，天天向上"。在我们毕业之前改成了"向雷锋同志学习"。转过照壁，教室、办公室、礼堂围在校园四周，校园中间是十字形的走道，走道两旁是修剪得整整齐齐的冬青，校园里还有两棵高大的柏树。我后来读到杜甫的诗"锦官城外柏森森"，老是会想到小学里的这两棵柏树。礼堂后面还有一排教室，教室前面有一个小桃园，还有一口水井，口渴的时候我们就直接打井水喝。靠墙根种着一片蓖麻。小学有一篇课文，我一直很喜欢，里面写道："春风微微地吹，小雨轻轻地下。大家快来种蓖麻，大家快来种葵花。"不知道学校种蓖麻是不是受了课文的影响。

小学毕业以后，我很顺利地考上了镇上的初中。那是1963年，那个时候小学升初中是要考的。我现在还记得语文试卷的作文题有两道，选其一。一道是记一件有意义的事，一道是写革命烈士诗二首的读后感。诗二首即叶挺《囚歌》、陈然《我的"自白"书》。我选的是写读后感。因为那时候有关的书看得比较多，如罗广斌、杨益言的《红岩》，梁斌的《红旗谱》，杨沫的《青春之歌》，周立波的《暴风骤雨》等小说，还有革命回忆录《星火燎原》《红旗飘飘》，解放军文艺社出版的《伟大的战略决战》，萧三主编的《革命烈士诗钞》，等等，都特别喜欢看。柳青的《创业史》也是这时候看的。所以作文题选了写读后感那一题。感觉写得很顺利。

小学毕业的时候，有两件事印象很深。一件事是有一次校长到我们班上说："现在生活好了，放学了大家还留在教室里做作业，不像以前，一放学就'飙'回家。"校长说的"飙"回家，就是立马跑回家，因为肚子饿啊，其实跑回家也没什么吃的。校长的话说得实在，我们听了也都高兴。1963年国家已经从困难中逐渐走出来了。还有件事就是小学毕业时老师教唱《毕业歌》："七月的熏风吹送着花香，祖国的大地闪耀着阳光。我们走向新的学习，条条大路都为我们开放。再见了，亲爱的母校，再见了，亲爱的老师。看呀看呀，你哺育出来的小鹰，展开了翅膀。"这首毕业歌歌词阳光，旋律深情优美，所以印象深刻，我到现在还能唱。记得更早的时候还有一首很有名的《毕业歌》，田汉写的词，聂耳谱的曲，展现了有为青年的志向和抱负。我们也都会唱。只是里面有些词句已经不太适合今天唱了，如"听吧，满耳是大众的嗟伤！看吧，一年年国土的沦丧！"现在的学校都不唱《毕业歌》吗？我们也应该有新时期的《毕业歌》。

初中也是在我们当地那个镇上的学校上的。说到这个学校，还有一件事需要提一下。原来我们镇上是没有初中的，一般人上完小学就干活了。很少有人能上初中，要上初中也要到县城，或到县里另外一个大镇去上。1958 年"大跃进"的时候，我们镇上也要办初中。没有校舍，就在一个叫毗罗寺的地方上课，校舍不够，就另外建造房子。建房子的木料是从 20 多里外的一个大寺院拆来的。这个寺院当时没有拆完，到 1966 年的时候我和我的同学还又去拆了一次，这次是为了建造另外一所农村中学。没想到的是几年后我会在那所中学教几年书。当时为了发展教育，也带有改造社会的意图，破除迷信，移风易俗嘛，拆掉了好几个寺院。拆的时候，没有人敢说三道四。想不到几年前这些寺院又大都造起来了。

1966 年我上初三，准备要考高中，结果这一年"文化大革命"开始了。"文化大革命"开始以后，就"停课闹革命"。停了几年，到了 1969 年，那个时候恢复高中招生，这样我就到另外一个更大的镇上上高中。课程都改革了，没有物理、化学，只有工业基础知识、农业基础知识，等等。但同学们学得都很认真，没有了前几年的"造反派脾气"。老师们也很负责，很尽心。下课后也有同学围着老师提问的，气氛和"文化大革命"之前差不多。但是我的高中实际上也就只上了一年。1970年，响应国家号召上山下乡，到我们镇旁边一个小山村去务农了，就是插队。因为我本身家里是城镇户口，就是镇上的户口，所以我们就叫插队知青，到山里农村去干活了。

1972年的时候，生产大队通知我去当老师。当时是贫下中农管理学校，所以通知也是我所在的大队口头上说了一下，也没有书面的东西。开始是当代课老师。后来呢，稀里糊涂，我自己也不是太明白有没有转正，就是有没有转成民办老师。我印象中是转了，但是好像也没有人给我一个证明，证明你转了，我就去当民办老师了，小学、初中、高中都教过。

王：您教那么多？

江：对的。开始时是教小学二、三年级，后来教初中，就是在用我们去拆了寺院的木头盖起来的那所学校里教。还教过一段时间的高中。现在人很难想象一个高中毕业生（还只上过一年）能去学校教书，没有"教师资格证"，没有面试，不用试讲。就是今天通知你，明天就上课堂那样。

20世纪70年代是我国人口生育的一个高峰时期，社会也重视教育。就我所在的那个公社，管辖一个镇、22个生产大队，除了镇上的几个大队的学生到镇上的学校上学外，其余每个生产大队差不多都有一所小学，学生都是就近上学。公社里大概六七个大队划为一个"片"，每个"片"里也都有一所初中。

学校的办学经费基本是集体自筹。我所在的初中，由七个大队合办，经费各个大队分摊。学校有自己的土地，可以种植麦子、山芋、花生，还有一片桃园，甚至还有一座山。每年秋天，全校师生到山上砍柴，除了供应学校开伙外，还可以将部分柴火出售。当时学校没有自来水，我们还打了一口水井。

即使是在"文化大革命"中，我家乡的经济也还算可以，办学经费虽然也很紧张，但大体上还能维持。当时缺的是教师。那时正规的师范学校的毕业生不可能到农村，农村只能自己解决。因为人手缺，那个时候农村学校嘛，反正什么都要教。我还上过体育课呢，其实我体育是非常不好的，上过图画课，现在叫美术课是吧，那时候我们简单叫图画课，当然都是小学的课程。到初中后我就教语文了，还短时期教过初一的数学课。

在1973年吧，邓小平复出，主持国务院工作，各项工作都在进行整顿。这时自己产生了报名考大学的想法。1966年开始的"文化大革命"，中断了正常的学校教育，高中、大学都不再正常招生了。到了1968年，毛泽东主席批示："大学还是要办的，我这里主要说的是理工科大学还要办。"1970年大学开始重新招生，当时实行的是群众推荐、领导批准、学校复审相结合的办法。在1970年高中毕业的时候，有一次一个同学问我以后准备干什么，我想了想说还是想上大学。不过在当时这还真的只是想想而已。1973年邓小平复出后，各方面进行整顿，也包括教育整顿，我看到了一点希望。当时虽然仍然是要群众推荐，但好像报名不受限制了。于是我到大队报了名，以后参加考试，一切都很正常。考完以后，自己觉得好像也还可以吧。但是万万没想到，有个张铁生也参加了这一年的高考。他考试没有考好，就在试卷背面给领导写了一封信，大意是说自己不忍心放弃集体生产而躲到小屋里去复习功课，因而导致文化考试成绩不理想。

张铁生这封信后来在报纸上发表了，在当时影响非常大。我们在报纸上看到这封信后，就估计这次考试危险了。我跟我们学校的老师说，这次应该没什么希望了。后来果然没有了录取的消息。这是我第一次参加高考的情况，以失败而告终。

此后还有一次，是那次高考以后的一二年，镇江地区的第二师范学校到我们那里招生。这一次我本也想报名，后来想想报名也不一定能报上，感到有些灰心。再说考大学没考上，去报考二师感觉也没有什么意思，大有"曾经沧海难为水"的感觉。所以那次名最后还是没有报。镇江二师虽是中师，但在我们家乡那里影响非常大的。后来有两位二师的学生到我们学校实习，一位中文专业的，一位数学专业的，学校对他们很看重。自己想想还是有点后悔的。

后悔也没有办法啊，就这样又过了一两年，到了1976年，大概四五月份吧，又到了报名推荐的时候了。我想老是这样下去也不是个事，就再报一次名试试看吧。因为当时还是要生产大队先推荐。结果呢这一次更惨，就是连名都没有推荐上去。推荐名单在大队用红纸公布了，我去看了，上面没有我的名字，是另外两个人。名都没能推荐上去，当然就不能参加考试了。不过那两个被推荐上去的也都没有考上，我心想好可惜，白白浪费了名额。就在此时不久，十月份，大家都知道，"四人帮"被粉碎了。

"四人帮"被粉碎以后，大家都高兴，不过生活基本还是老样子。这样又过了一年，到了1977年10月，有一次，我到无锡去听课。就在那个到无锡去的班车上,听到有人携带的收音机里播送的恢复高考的新闻,并说本年度的高考将于一个月后在全国范围内进行。听到这个消息后,我非常兴奋,当时的理解是终于可以公开报名了,大家都可以参加考试了。到了无锡以后,整个街上已经全部都贴出来了。

我在无锡街头,把贴在报栏里的报纸仔仔细细看了几遍,好像看一遍感觉不真实似的。我特别关心到里面有这么一句话,就是要注意从民办教师中招收大学生。我感觉到这一次,因为"四人帮"被粉碎了,国家也正在改变,那我想就再试一试吧。结果呐,后来去考试,还真考上了。

最近因为校对这个访谈录,我还特地去查了资料。据说当年参加高考的有 570 万,全国大专院校录取新生 27.3 万人。这样算一下的话录取率是 4.78%。当时考试的试卷倒不难,难的是录取的名额太少了。

我们是在 1977 年冬天参加考试的。考试分两次,先是参加了镇江地区的初试,通过后又参加了江苏省的复试。正式入学是在 1978 年 2 月。我们这一届就称之为 77 级。今天的南京师范大学文学院当时还叫中文系。

2018 年是我们入学 40 周年。班上同学

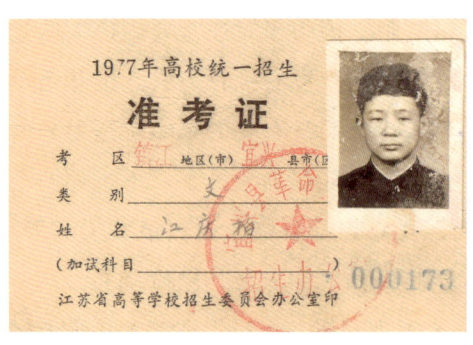

1977 年高考准考证

搞了一个聚会,能来的都来了。回顾往事,感觉当年的选择是非常正确的。

王:在南师上了四年大学,您觉得对您的人生有什么大的影响?

江:在南师上了四年学,影响最深的嘛,我想就是决定了我以后的方向吧,同时读了不少书。那个时候,按照77级的回忆,都有一个共同的体会——读书,来了以后就是看书。因为以前自己比较喜欢看书,所以到了南师后,先到图书馆去了。学校当时只有一个图书馆,就在今天随园校区的华夏图书馆这座楼里面。进了图书馆以后的一个感觉就是书真多,从来没有看到这么多的书。因为耽误的时间太久了,所以进了南师,就是拼命看书。当

2018年入学40周年纪念

然同时也在考虑,既然是读大学嘛,能不能再往后读一读,比如读研究生怎么样的。后来逐步计划,就有了读研究生这样的想法。这个对我后面的工作有很大的影响。

王:大学你们毕业以后是报考研究生?还是推荐呢?

江:那个时候当然是报考了,没有推荐。我报考的是古代文学专业。不过说起来,最早的时候其实还不是这个专业,我是想考语言专业。我对语言非常感兴趣,因为我觉得中国的语言太丰富了,我很想考那个社会语言学。为此我还买了陈原的那本《社会语言学》的书。我记得当时很有兴趣,但是后来我还是放弃了语言。为什么呢,主要是有两个问题,一个问题,因为我是南方人,南方人的话里那个拼音好多都不准啊,翘舌、不翘舌,前鼻音、后鼻音都是分不清的。我现在打电脑用拼音输入法打字,还老是会打错,这些读音打不准。我想音都读不准,也分不清,你怎么去读,怎么去研究语言呢。另外我们在读本科的时候曾经请了南京大学的一位老师来讲音韵学,教我们古音。我听了以后,没有一点感觉,一点都听不懂。我感觉他讲的那个东西太深了。我就想,古音也不懂,普通话也读不准,怎么去研究语言呢。正好那时在读侯外庐的《中国思想通史》,我非常感兴趣,同时南师的研究生导师名单也出来了。其中有诸祖耿先生,指导的是先秦文学研究生。后来我想就报古代文学吧,报诸老的研究生。

王:你们算是南师第一届研究生吗?

江:不是的。"文化大革命"之前中文系有没有招研究生,我不清楚,就我们读书的时候,唐圭璋先生、孙望先生、段熙仲先生、徐复先生等,就已经开始招研究生了。

王:那鲁同群老师是哪一届的?

江:鲁老师是1979年段熙仲先生的研究生。

二、师从诸祖耿先生

王：江老师，您觉得跟诸祖耿先生读研究生，诸先生对您的学术影响主要有哪些？

江：我是1982年跟诸祖耿先生读的。诸老的学问做得很好，他们毕竟是从章太炎先生那边一路学来的嘛，古代文化底蕴非常深厚。当时我和徐克谦两位是正式录取的。同时去听诸老课的，还有赵生群老师、张采民老师，还有一位是江苏教育学院的姚曼波老师。有位本科生也去听了，那就是高正，他也有兴趣，就跟着我们一起去听诸老的课，后来考上了中国社科院的研究生。

诸老当时给我们上课的时候，有一段时间完全是靠记忆，因为他的眼睛患了白内障，视力不好嘛。他对我们经常强调的一点就是基本功要抓得紧。诸老亲手制订了研究生学习方案。当时诸老眼睛已经不好了，所以字写得很大，有的还叠在了一起。但即使这样，还是非常认真地做了周密的安排。

诸祖耿先生

行走在历史文献的风景里
——江庆柏先生访谈录

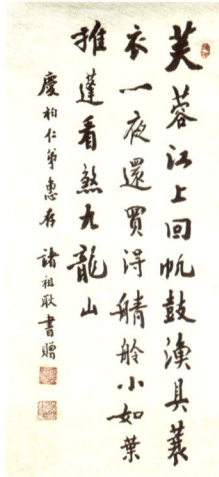

诸祖耿先生墨宝

诸祖耿先生墨宝

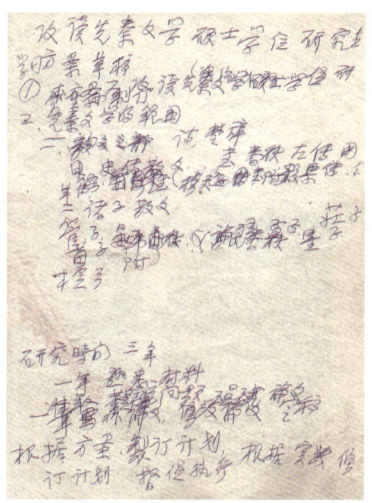

1982年2月17日日记：
诸祖耿先生制订教学计划

诸祖耿先生手书研究生学习方案

因为之前王老师跟我说过要采访的事，我回去翻了翻，还翻到了当年的两本笔记本，也带过来了。

王：可以拍点照片（指笔记本）？

江：可以。这个笔记本是我上大学以后，我的同事送的。这个笔记本封面没有了，我套到其他笔记本上去了。当时为了省钱，买笔记本只买笔记本芯子，笔记本芯子是可以单独买的，然后把用完的笔记本外壳取下，套在这个新的笔记本芯上。还有几本呢，因为搬家，搬来搬去的找不到了。这是第一本，从1982.2.17—4.20，这是第三本，从1982.6.22—1983.3。我上面记有时间。其他的本子一下子找不到了，应该都还在。

江老师为学礼堂师生展示学习笔记本

后来我翻了翻，我感觉最大的一个体会是：我的笔记本居然给我写满了，翻到最后一页全部都是满的。里面有诸老上课的记录，还有我自己写的东西。例如1982年2月17日星期三的一页写道："下午去诸老家，由诸老提出具体的教学计划：从今起，一月内读完《论语》。"以下是自己的读书体会。

王：江老师找几张可以拍的，能够公开的，我们拍几张。

江：要拍的话我觉得这一张还可以，因为这一张正好是有诸老的字，下面还有一些诸老讲课的内容。

王：诸老那个时候是怎样给学生上课的？

江：他每次上课都很认真。我们去了以后，他倒不是那样一、二、三、四这样讲，基本上是围绕一个点，一个专题、一个专题来讲，然后回来我们就自己整理、读书。

王：有没有诸老给您写的字啊？

江：这个是诸老写的，当时已经90高龄了。

王：回头让江老师把照片发给我们，我们将来可以用这些照片。

江：好的，回头我可以重拍一下发给你们，以后可以用。

王：那时候研究生你们也是上3年吗？

江：对，3年，我是到1984年12月毕业。

王：您觉得跟诸老学习三年，诸老对您的学术和治学方面有什么重大的影响？

江：诸老治学领域十分宽广，涉及古今中外、经史子集。其成就突出表现在先秦诸子学、先秦史学等方面。诸老曾为南师中文系本科生开过《先秦学术概论》选修课，专讲诸子学术。诸先生认为诸子学术思想不是固定呆板、一成不变的，它总是互为影响，彼此渗透，又派生演变。例如儒道相黜，但诸先生指出亦可相通。儒家末流有的倾向于道家，而道家庄子讲"朝彻""见独"，则是吸收了颜回"心斋""坐忘"的学说。我觉得这不仅是在教知识，也在教观察问题的方法。

诸老经常强调，做学问就是老老实实看书。因为患白内障，不能用眼睛，诸老上课所讲内容就全都是背出来的。因此，不管是诸老师当年跟我们说，还是我们自己体悟，都觉得要老老实实读第一手文献，诸老也一再跟我们说要自己读文献，读了以后才能有所收获。其他不说吧，就这点来说，我自己到现在也都是一直牢记在心的。这是诸老对我们影响比较深的一面。

我有一个感觉，觉得老一辈学者，都是非常注意语言学研究的。有时候尽管主要方向不在语言学方面，但在自己的研究成果里，多少也会涉及语言学方面的内容。诸老也是如此，诸老虽然主要成就在先秦诸子学、先秦史学方面，但对语言现象也有精深研究。诸老接受并继承了太炎先生的治学方法，注重读书自识字始，而识字又从声音始。诸先生曾说："壮岁游于余杭章公之门，得闻古今语言文字递演互禅之道，始有志于文始语原之学。"从中可见到诸先生对太炎先生的服膺，也可见其学术渊源。诸老这方面的代表著作有《虚字通考》《无锡方言备考》《连语通转》（又名《声语通转》）等。诸老认为，"虚字"只是一个记录声音的符号。由于时代、地域的不同，这代表声音的虚字，不是呆板固定的，而是可以互相转化的。《虚字通考》研究各个不同的"虚字"，分别看它们不同而同、同而不同的现象。《无锡方言备考》以古书与现今无锡人之口头活语言互相映证，以求古今语汇的发展变化和方言、通语间的关系。诸老是无锡人，说到家乡无锡，他就非常有感情，常常有各种生活情景的回忆。诸老写《无锡方言备考》，我感觉也是表达对自己家乡文化的热爱。后来，我做了一些江苏地方文献的整理研究工作，我觉得也可以说是受了诸老的那种感染吧。

王：江老师，咱们学校有些老师经常说南师，尤其是文学院是章黄学派的传承嘛。江老师应该是正宗的章黄弟子，但是很少听到江老师说"我是章黄弟子"这种话。

江：这个以前也有人说到过，排那个辈分。但我自己从来没有掺和过，没有跟人说过自己还能跟章黄攀上关系。为什么呢？因为我觉得章黄他们，尤其是黄，在语言研究方面的贡献很大，那么我恰好是放弃了对语言的研究。最后就算我要学语言，也是想学社会语言学，跟传统的语言训诂也还是不一样的。从做学问及师生关系来说，我就是开始于诸老。有时治学即使在学术渊源方面有继承，也不必攀附什么学术辈分吧。

王：江老师，在诸老本人的想法当中，关于章黄学派，他跟徐老是平辈呢,还是怎么来算这个辈分?

江:我上面说过,我没去想过这个辈分问题。从年龄上来说嘛,诸老比徐老要大一点,从研究上来看,徐老在语言学方面有很高的成就。诸老,我体会,他的成就主要还是在史学和诸子学方面。诸老写《无锡方言备考》是因为他本身是无锡人,对无锡生活习惯很熟悉,也很热爱,所以写了这部书。但从诸老整个著述的情况看,我觉得主要还是在史学和诸子学方面。在史学方面,他整理了《战国策集注汇考》,在原来的江苏古籍出版社出版了,厚厚的三大本。在子学方面,他给我们本科生上的选修课就叫"先秦诸子概论"。

诸老笃于师友情谊。他非常尊崇章太炎先生,谈起太炎先生的音容笑貌、学问道德,抑止不住内心由衷的敬慕之意。诸老整理了不少章太炎先生的著作,如《太炎先生尚书说》《太炎先生国学讲演录》等。诸老与钱穆共事多年,两人切磋学问,相得甚欢。1949年前后,钱穆到香港又到台湾,诸先生常常念叨着。平时也经常说到钱穆先生。但辈分问题,从来没有听诸老说过。

感觉诸老跟黄侃先生关系好像不是很深,平时给我们讲课,或是闲谈,都只说章先生,极少提到黄侃先生。

三、参编与增订《江苏艺文志》

王：到目前为止，学礼堂访谈过的先生，除了做经学研究外，还有从事文献学研究的学者。我到南师十多年来，跟江老师接触较多。江老师在文献学、明清文献、江苏地方文献，尤其在《四库》学等方面，都做出了非常优秀的成绩。刚才江老师讲到跟诸老学习的情况，下面请江老师谈谈《江苏艺文志》的编纂情况及其特点。

江：王老师过奖了！其实我在文献学这一块，也没有做出什么大的成绩。我是从1984年底到古文献整理研究所去工作，起初也是按照所里的安排，东做做西做做吧。到后来呢，主要是做了两块，一块是江苏地方文献整理，还有一块就是《四库》学研究。这两块也都是跟文献学有一定的关系。

说到《江苏艺文志》这个事呢，我想可能还得要往前推一下。1984年底我刚到古文献研究所，当时的所长赵国璋先生给了我三本油印本的书，叫《古文献要略》，这是王欣夫先生的著作。因为当时相关的著作很少，南大中文系就把它油印出来作为文献学教材使用。这个油印本里面有不少文字错误，需要校对一下。当时赵国璋先生是所长，他就对我说，你来工作，暂时也没有其他事，先给你个任务，就是把王欣夫的这本《古文献要略》全部校对一下，尤其要注意校对其中的引文。

当时的情况大家都知道，条件很差，没有互联网，也没有电子书，资料必须要一本本去查书。所长这么安排嘛，我就照着去做。它里面涉及大量的文献，大量的引书，都需要一本一本去查。如果遇到引文有错误，我就记下来。

当时没有互联网，不能上网，就必须要自己去找书。然后找到了这个书呢，还有个问题，就是前人写书有个习惯：一般不注卷次。那一本书你必须一页页去翻啊，这个查起来很麻烦。现在来看，他不注卷次，当时没有互联网，当然对我们查找文献是一个很大的麻烦，一个词、一段话，你必须要在整部书中间去把它找出来。但是，也正是因为这个条件限制，逼得你把一部书整个

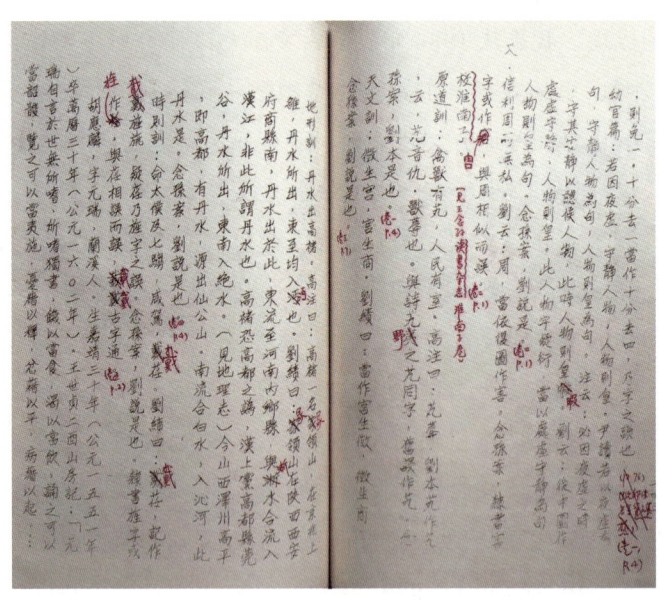

《古文献要略》校勘记录

都翻翻，反而使自己接触了更多东西，无形中学到不少知识。我就觉得，总之任何事情都是有利有弊吧。正是因为那时候什么也不方便，所以呢，逼得我们必须自己去老老实实看书。在这个之前，我没有接触过文献学这一门学问，通过校对《古文献要略》，查了不少书，我觉得这个是很有用的。

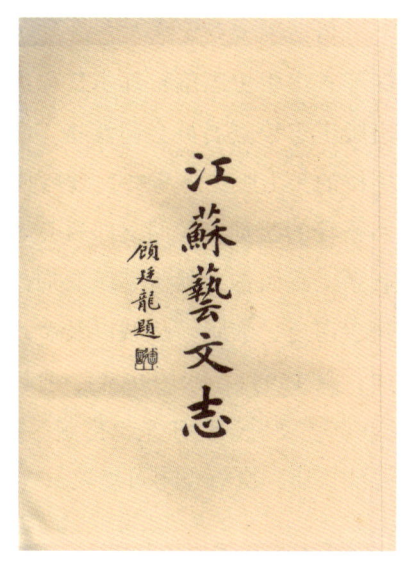

顾廷龙先生为《江苏艺文志》题写书名

当时赵国璋先生要组织省社科项目，组织一个什么项目呢？他说要编一个《江苏艺文志》。他叫我参加，那我就参加吧。这就是我从事《江苏艺文志》编写的开始。当时编写时信心很足，但到后来就发现工作量非常大。我们当时第一卷编的是《常州卷》，量非常大，而且编写的时候已经靠近90年代了，1990年前后吧，那时候出版的形势已经不像原来那么好了。这个书我们能不能编成，编成以后能不能出版，这些事情都是当时要考虑的问题。当时愁得不得了。我常常在想，这个书怎么办啊？就是说已经进入了这个门槛，要退吧很难退，要出版的话，江苏当时是11个市，一个常州市编了一两年还没有结果。我当时也是非常困惑。当时还有位老师说，编不下去，编了也不能出版，就不要再编了。那个时候有一种走投无路的感觉。

俗话说"天无绝人之路"，就在我们一筹莫展的时候，当时的江苏省出版史志编辑部主任穆纬铭先生找到了赵国璋先生，说省出版史志编纂委员会同意将《江苏艺文志》列入江苏省出版总社主持的《出版史志丛书》。得到这一消息，我们非常兴奋，真有峰回路转的感觉。我们立即召开了编写组会议，并积极与江苏各地联系。我们古文献研究所参加这个课题的老师先后去了常州、苏州、南通、淮阴、盐城以及金坛、溧阳、太仓、宜兴等地。就这样，从1994年到1996年，前后经过三年时间，共11卷15册的《江苏艺文志》终于全部出版。现在回头来看看，这部书能够编完并能出版，真有点不可思议。

王：其实最后这个书编完以后，我觉得在学术界影响还是很大的。我当时在兰州的时候，因为做《三礼研究论著提要》，经常要查江苏籍一些学者的著作，比如《常州卷》啊，《无锡卷》啊，里面的一些材料我觉得还是很有用的。所以最后你们把这个书编完，意义重大！现在看，你觉得这个书在学术界，应该是一个什么样的地位？

江：在学术界什么地位，我倒还不太好评价。我想起码有两个作用吧。一个就是方便查找江苏作家作品，还有一个就是大致理清了江苏的著作资源。我们当时在做这个时候，是花了很多死工夫，刚才不是说了嘛，没有电脑，也没有互联网，我们当时把那些有关江苏的地方志中间的艺文志，还有重要的书目全部做成了卡片。从我们这个角度来说，当时还是做得非常细的，我们认为做得也比较好。在学术界，这套书也是非常受欢迎的。南京图书馆开架阅览室放了这部书,有时候去看看,见其中好多册已经翻得很破烂了,心里就感到很有安慰。觉得这个工作没有白做。

到了 2016 年,在江苏省委和省政府直接领导下,由江苏省委宣传部具体组织的"江苏文脉整理与研究工程"开始实施,我们的《江苏艺文志》就作为这个工程的最基本的文献。就我所了解的情况来看,目前像这种地方文献书目,这个规模,好像全国目前还没有超过的。当然这和江苏文献量大有关系,也和我们当时做得比较细有一定的关系。

由于种种原因,《江苏艺文志》也存在一些问题。在江苏省方志办、凤凰出版社的支持下,2014 年我们开始进行增订,省内地

2014 年 8 月 30 日《江苏艺文志》增订启动会合影

方高校、公共图书馆、高校图书馆等单位的学者参加了增订工作，这个工作到 2017 年年底基本完成。2018 年年初，增订本交到了凤凰出版社。①

王：《江苏现存书目》和《江苏艺文志》之间是一种什么样的关系？

江：《江苏艺文志》是收录了存在的和已经遗失的江苏人著作，不管存不存世，我们都把它著录到里面去了。为什么呢？因为当时我们是这样来考虑的，就是说著作吧，作为一种精神产品，也是前人的心血所凝成的，他的著作有的存世了，有的没有存世，是有各种各样的原因，也有各种各样的机遇在里面，但是作为著作这个过程的话，我们不能因为它后来遗失了或者后来没有出版，就否认他曾经付出的艰辛。所以，我们在编《江苏艺文志》的时候，把一些遗失的著作也都收进去了。我们当时甚至还这样想，有的书已经遗失掉了，我们把书名著录下来，说不定以后会出现。那这种情况后来确实有，原来一些遗失的，标注已经遗失的著作，到后来又被发现了，这种情况也有。王老师刚才讲的《江苏现存书目》，这个后面再说。

---

① 《江苏艺文志》（增订本）已于 2019 年 10 月由凤凰出版社出版。

四、《明清苏南望族文化研究》《近代江苏藏书研究》

王：江老师对于江苏地方文化和地方文献非常关注。你前几年出版过一本《明清苏南望族文化研究》，最近又重版了，学生都拿重版来想让您签字。您为什么要写这样一部书？这本书有哪些特点？

江：说起来，写这本书有两个理由吧，第一个理由是我们在编《江苏艺文志》的时候，发现一个重要的现象，即同姓的人非常多，尤其像无锡、苏州，一个姓下来，像"华"那个姓，在无锡能有几百个作家，再仔细查一查，这些同姓的人物之间还不是普通的同姓，他们相互之间都有一定的亲属关系。像这些"大姓"，我们通常也称之为望族。我就想到在我们江苏家族文化太发达了。我想既然编了《江苏艺文志》，能不能利用打下的文献基础来写呢。为什么选择写江苏望族？因为他们不是普通的家族，而是在地方具有重要地位的家族。望族在江苏，尤其是苏南地区，它的社会影响、文化成就都特别大，它的发展水平也远远超过一般家族。我们打开《江苏艺文志》就可以发现，在苏南地区，他的家族团聚性特别明显。我们讲三国时代，所谓苏州的四大姓，顾、陆、朱、张，这四大姓到了明清时代，仍然是大姓。无锡也是这样的，几个大姓，他们的人物特别多，而且历史非常久远。他们都有家族联系，我就想是不是从文化的角度来谈一谈这种情况比较合适。这是一个原因。

《明清苏南望族文化研究》

另外还有一个原因,也是和当时考核制度有一定的关系。因为大家觉得目录书,像《江苏艺文志》这样的不算成果,必须有分章分节的才能算书,才可以用作考核。当时就有这么个想法。

王:这个书您觉得主要探讨一些什么重要的问题?

江:因为我当时是初次写这样的书,所以涉及面不是很广,主要是围绕这些家族的文化性来写的。现在来看,写法上,我更喜欢《近代江苏藏书研究》,更灵动一点。《明清苏南望族文化研究》还是比较呆板的,主要是通过大量家族文献的分析得出一些结论。

王:通过研究望族文化这么一个专题和写这本书,您觉得可以揭示出江苏地方文化,乃至整个中国学术一些什么问题?

江:我们都知道江苏历来被称为"人文荟萃之地",那么"人文荟萃"它不是空泛的东西,它是有坚实的社会基础的。这里就说说教育吧。写这部书的过程中,我发现江苏的文化教育抓得特别紧,家庭非常重视孩子的读书,现在江苏的文化、教育始终也还走在全国的前列,我觉得这是有继承性的。从唐宋以后,文化南移,江苏的文化越来越发达了。再说江苏的自然条件好,自然条件好呢,带来一个很重要的结果就是它的经济比较发达,经济发达,也就可以用更多的财力支持文化教育的建设。

王:《明清苏南望族文化研究》做完后,又接着做了《近代江苏藏书研究》?

江:《近代江苏藏书研究》是紧跟着做的。因为在做《明清苏南望族文化研究》的时候,我就用了里面的不少江苏的藏书。我觉得江苏藏书这一块也是很发达。江苏的文化教育抓得紧,也非常重视图书的收藏。教育和藏书有一定的联系。因为藏书本来就是家族文化建设中的一块,这块始终是江苏非常重视的。

我们当时的所长赵国璋先生非常重视藏书文化。我们参加过赵先生主编的《文献学辞典》的编写,里面有一块就讲藏书。后来我就写了《近代江苏藏书研究》。如果我要全面做江苏

《近代江苏藏书研究》

藏书研究可能力不从心，就专门找近代来做。

刚才我说我自己感觉《近代江苏藏书研究》比《明清苏南望族文化研究》写得要灵动一点。我想通过藏书的研究来反映他们的一些文化观念。有些看法，我到现在觉得还是值得重视的。

例如说到丁福保的时候，我引用了蒋维乔《诂林精舍记》的一段话。蒋维乔说，自古读书人不善治生，甚至不能自给，有的人还自命清高，以孔子"谋道不谋食"来掩饰自己的无能，而有的人就怨天尤人，潦倒终身。蒋维乔认为这实在是"生民之病态，非为人之正轨"。而丁福保则凭着自己的努力创造了优裕的生活条件和藏书、读书条件，"用能润身以润其屋，一洗向者不能治生之耻"。蒋维乔的这段话在今天看来仍然是讲得非常精辟，且切中读书人、藏书人弊端的。在今天似乎也应引起人们的重视。

再比如邓邦述，他在自己的许多藏书上都有题跋。我仔细阅读了这些题跋，发现其中许多看法很有见地。邓邦述曾随两江总督端方出使西方考察各国政治，西方之行使他对国外的政治制度、文化艺术等有所了解，他用来分析中国的历史和社会现象，往往就多了一份独到的理解。例如他在抄本《乌台诗案》一书的跋尾中说，我国历史上常用君子、小人等来区分王安石、苏东坡，将其分为势不并立的两党，互相攻击、迫害。他说西方政治即不是这样。一进则一退，因此无所谓君子小人，"于是有是非而无恩怨，有用舍而无贤奸"。这样即使是异己者也有容身之地，而不必将其置于此地，而一切倾轧排陷之风就可停息。邓邦述更设想道，假如我们国家也能这样做的话，"则坡公（苏轼）虽与半山（王安石）各持政见，而未尝不可互作诗朋"（《书衣杂识》）。这显然是在用近代西方的政治观念来分析这一事件。这一观点是非常新颖的。我不知道研究苏轼、王安石的，有没有能从这个角度来分析历史上的这场争议的。我当时在书中引用邓邦述的这个看法，也是希望引起今天的学者的注意。

再如常州藏书家赵烈文，他不仅收藏图书，还认真阅读了大量图书，并结合晚清的时政发表了自己的看法。咸丰十一年，他看到了王韬从外国商行中得到的太平天国图书四种。他对洪仁玕的《资政新篇》评价非常高，认为"其长处颇能变通用之，亦未可抹杀"。这实际上也反映了赵烈文自己的"变通"思想。赵烈文以读书人的敏锐眼光看到了清王朝的许多弊端，并力图寻找解脱的方法。洪仁玕提出的纲领恰好合乎赵烈文的意愿，因此《资政新篇》虽是"贼书"，赵烈文仍十分推崇，并进而赞赏其作者，"观此一书，则'贼'中不为无人"。作为曾国藩最重要的幕僚，他在当时的历史条件下的这些看法，是值得重视的。我在书中记下赵烈文的观点，也是希望今天的研究者能关注到当时人的看法。

王：通过写这个书，您觉得江苏的藏书和周围的比如说浙江、山东这些地区的藏书相比，它的特色或者说它对中国学术的影响在哪些地方？

江：说实在的，这个问题我还没有仔细考虑过，很难直接加以说明。从直观上来讲，江苏藏书的特点，一是藏书面广，当然这个面广主要是指苏南地区。它除了著名的藏书家，普通人家也都有一些藏书，我觉得这是江苏藏书的一个很重要的特点，就是普遍重视图书收藏。其他地区也有重要的藏书家，但是从一般的面上的角度来说没有江苏那么广。第二个特点是藏书量大。目前全省经普查，已登记目录的约有 21 万部（不包括博物馆所藏）。藏书量大和藏书面广是有联系的。第三个特点是藏书品质精。这个可以举个例子。文化部审批公布的五批《国家珍贵古籍名录》，收录图书 1 万 2 千余部，其中江苏省收藏的有 1 千 2 百余部，占到十分之一多。国家珍贵古籍名录主要收录 1912 年以前书写或印刷的，以中国古典装帧形式存在，具有重要历史、思想和文化价值的珍贵古籍，以及少数民族文字古籍。它是在对全国各级各类图书馆、博物馆及民间收藏古籍进行普查，并由各收藏单位申报，经全国古籍评审委员会反复审议、遴选、论证而确定的，代表着我们国家古籍收藏的最高水平。由此可见江苏藏书的质量。

藏书家经常被人批评只懂收藏，不重视读书。其实，我觉得图书收藏也是一种文化建设，各有所长，你不必去贬低专门藏书的。即使这样的话，江苏有不少藏书家同时也是学问家。比如说黄丕烈、缪荃孙、叶昌炽，这些人他都收藏有大量藏书，你能说他们不是学问家吗？从文化建设的角度来看，藏书是文化建设的一个重要方面。江苏近代的藏书家，我觉得他们的藏书更重要的就是从整体上推动了江苏文化事业的发展。一个地区没有藏书，你说这个地区很有文化，是说不过去的。

说到江苏藏书，还有一点可以说明，近代江苏藏书家与当时江苏快速发展的图书馆事业有着非常密切的关系。这些关系主要体现在这些方面：他们中的许多人都曾经出国考察过国外的图书馆；他们中的许多人积极参加过图书馆工作，为图书馆的建设和发展作出了自己的成绩；他们通过向图书馆捐款、捐书的形式，对图书馆工作进行支持；他们的藏书，通过各种形式和渠道，有相当一部分最后流向了图书馆。一些有经济、政治实力的藏书家，还开办了面向社会开放的图书馆，如荣德生等在无锡开办的大公图书馆、盛宣怀在上海（当时属于江苏）开办的愚斋图书馆等。

近代江苏图书馆的建立在开发民智、提高公众和地方文化水平这方面发挥了重要作用。当时一些图书馆工作者还把图书馆的开办与社会教育结合起来。如1928年修改的《无锡县立图书馆规程》"总则"中第一条即说："本馆为社会教育起见，储集各种图书，借公众之阅读，以表章文化、发扬国光、灌输常识、启迪国民为主旨。"1936年，苏州图书馆馆长在该馆年刊上发表了《图书馆与社会教育》的文章，阐述了图书馆为社会服务的宗旨。普及社会教育，归根结底，也就是普及文化，提高民众的文化素质。

为了说明这些问题，我在《近代江苏藏书研究》中专门设立了《近代江苏图书馆藏书》一章。

王：对，藏书最能体现一个家庭、一个地区的文化程度。

江：写这两部书也是想从文化发展的角度来观察江苏社会的特点。还是说藏书的事。按照通常的说法，我国古代的藏书系统，大致分为官府藏书、私家藏书、书院藏书、寺观藏书几大系统。但除此以外，还应该注意到社会藏书现象。我这里说的社会藏书，是指普通家庭的图书购置和收藏。这种性质的藏书和我们一般说的私家藏书有一定区别。普通家庭的图书购置和收藏主要是以满足家人读书用的，不是单纯的为收藏而收藏。我在《明清苏南望族文化研究》中专门写了《苏南望族与图书》一章，指出图书在苏南望族向文化型发展的过程中具有举足轻重的作用。苏南望族的图书收藏促进了读书风气的形成,培养了家族浓厚的文化气氛,也促进了整个苏南地区文化事业的发达。当时一部分家族、家庭收藏图书,并不是要成为藏书家,也不一定带有明确的学术研究目的,主要是要在家族中营造出一种文化气氛,通过藏书来培养子女的阅读兴趣,发展子女的阅读能力,从而提高整个家庭、家族的文化水平。我觉得江苏的教育和图书收藏两方面是有一定联系的,与社会的发展是有内在的联系的。

五、《孙星衍评传》

王：江老师做的这些书，或者说这些专题，其实都是环环相扣的。那么，后来您又给孙星衍写了评传，您给孙星衍写评传是出于什么样的机遇？

江：《孙星衍评传》这本书不是我一个人写的，是几人合作的，不过我写得比较多。是这样，孙星衍是常州人，我们的《江苏艺文志》其中有一卷是《常州卷》。常州市有个炎黄文化研究会，他们要编一套"常州清代文化研究丛书"，包括清代常州学派的研究，还有十个左右清代常州著名人物的评传。他们找到我，让我挑一下。我就选了孙星衍。为什么选孙星衍呢？有几个原因。一个是其他几个人物，像赵翼、段玉裁、洪亮吉、黄景仁、盛宣怀、李伯元等，都有人写了，所以我就选了孙星衍。还有一个原因就是孙星衍也是非常重视藏书的，很重视藏书文化，同时也非常重视家族建设。我觉得家族、藏书正好和我原来的研究有关系，所以就选了孙星衍。

说到孙星衍的藏书，大家都知道他有部书目叫作《孙氏祠堂书目》。这部书目很值得关注。这部书目和一般的藏书目录相比，有哪些特点呢？最主要的是这部书目不是一般性的为著录家中的藏书编写的，而是为他家族子弟读书编的。它的分类跟一般书目不一样，我们都知道，我国古籍分类通常是用的经史子集四部分类法。但它的分类是十二分类法。他为什么要分成十二类呢？孙

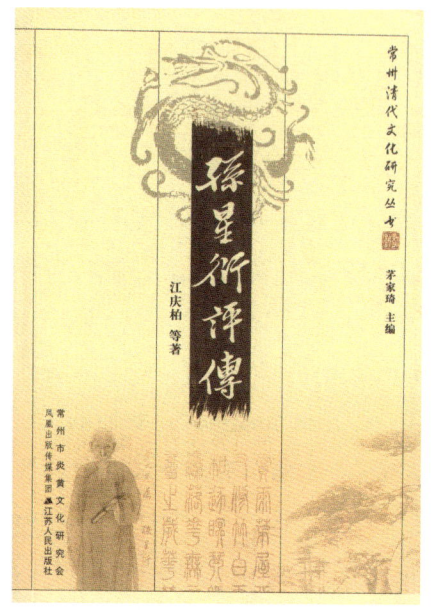

《孙星衍评传》

星衍当年把自己的大量藏书捐存宗祠,用他自己的话来说,就是为了"以教课宗族子弟"(《孙忠愍侯祠堂藏书记》)。他编《孙氏祠堂书目》,并采用了十二分法,也是为了这个目的。十二大类为:经学、小学、诸子、天文、地理、医律、史学、金石、类书、词赋、书画、说部。十二类为的是"以应岁周之数",也就是便于族中子弟按十二个月的时历循序诵习。书目将医学、律学单独列为一类,是因为这两类书不仅是一门知识,而且是一种谋生手段。在古代社会中,对于不能通过科举正途入仕的下层知识分子来说,行医或入幕都不失为较好的出路。而这方面的知识与技能的熟练掌握,是需要进行专门训练的。孙星衍将这两类书单独列出,可以更好地引起族中子弟的重视。这是他致用思想的体现,也是他关注家族建设的体现。

这种通过建设家族图书馆来建设家族文化建设的举动,在其他地区也可以看到。例如在《吴江费氏族谱》中,有一份《养和阁矩约》,这是费氏家族的藏书规条。矩约规定宗族公有财产,

"为五房公共",并规定"永远不准分析"。在昆山县正仪镇,赵诒琛经办了"昆山赵氏图书馆",这是家族提供一定的图书购置经费、设立在家族内,由家族管理并完全对家族成员开放的家族图书馆。这些行为都是有相同性的,都是我平时关注的。这也是我选择孙星衍的原因。

我觉得孙星衍和他夫人王采薇的诗都写得非常好,很有韵味。这是我选择孙星衍的又一个原因吧。

王:这本评传,和同类的孙星衍评传相比有哪些推进,或者说有哪些优秀的地方?

江:这个不好比较。因为当时写这部书的时候,研究孙星衍的论文有一些,但专著还没有,也就是说还没有人对孙星衍做过全面的研究。

就从我自己这个角度来看嘛,这部书里还是有一些内容值得注意的。就举一个方面说一说吧,比如说孙星衍和袁枚的关系问题。我们知道,孙星衍最早是写诗的,而且写得很好,也有一定的名声。孙星衍是常州人,后来到南京读书。当时袁枚买地筑随园于南京,一时诗人学者络绎其门,俨然成为东南风雅之盟主。孙星衍仰慕其人,于是带着自己的诗文前往随园拜见。袁枚一听孙星衍来访,激动不已,匆忙中出来迎接,结果鞋子都穿反了。袁枚读了孙星衍的诗,大为赞赏。随即在诗卷后写下跋语,称:"天下清才多奇才少,读足下之诗,天下奇才也。"

孙星衍对袁枚的奖掖十分感激,他在《答袁简斋前辈书》说:"侍生平知己之感,莫先于阁下。"袁枚似乎想给孙星衍传授师法,孙星衍也了解这一点。但后来孙星衍更多受经学家卢文弨、钱大昕的影响，放弃诗文而专事经学。这使袁枚非常失望，并由此引发了孙星衍与袁枚之间关于考据与文学的争论。这样两人关系就不好了。

不过孙星衍后来写了一篇文章，里面是这样说："先生弃官山居五十年，实未尝一日废书。手评各史籍，字迹历历犹在，则亦未尝不时时考据。世之以嬛薄轻艳诗托言师法随园者，非善学先生者也。"这里说了两个问题，一是说袁枚未尝废书，一是说袁枚时时考据。当年袁枚曾责怪孙星衍"其好考据，以为才不奇"的。可见"考据"是袁枚与孙星衍争论的焦点。而现在孙星衍却说袁枚"未尝不时时考据"，这就很奇怪了。其实孙星衍是在维护袁枚。所谓的"考据"，是袁枚、孙星衍时代区分"主流学者"与"非主流学者"的标准。现在孙星衍特别指出袁枚并没有放弃考据之学，这就把袁枚放在了一个时代公认的共同的评价体系中，并因此使袁枚跻身于时代的主流学者阵营，且有了袁枚的历史地位。可见两人虽有争论，孙星衍最后还是想维护袁枚的地位。

孙星衍的这段话见于其为袁枚《随园随笔》所作的序。但这篇序没有收录到《随园随笔》一书中，只是保留在孙星衍自己的《平津馆文稿》中。就我们查验的结果看，没人留意到孙星衍的这篇文章并由此来评价孙星衍。实际上这篇文章对评价乾嘉学术思想、乾嘉学术评价都很重要。

在开始写孙星衍与袁枚的关系时，我还是停留在一般的看法上：袁枚很器重孙星衍，后来因为两人的看法不同而分手了。但当自己细读了袁枚、孙星衍的有关文章外，才感觉到他们之间的那种"悲"——悲情、悲苦。孙星衍对袁枚的奖掖十分感激，袁枚的赏识使刚刚二十出头的青年孙星衍的影响走出了常州。袁枚、孙星衍"道不同不相为谋"后，孙星衍其实很想弥合相互之间的裂痕。孙星衍借给袁枚《随园随笔》写序的机会，表达了对袁枚的敬意："星衍寻览终卷，窃服前辈之勤学好古，不可及也。"（《随园随笔序》）这是在袁枚去世后两年所写，而在袁枚生前则并无如此表达的机会。可见孙星衍内心有着难言的痛楚。

我这里以这篇文章为例是想说明，如果我们能仔细阅读文献，就有可能有所发现，提出一些别人没有提出的观点。

王：孙星衍后来确实从事学术的工作多一点，而且他关注的面还很广，经史子集的东西都关注。他跟我们甘肃老家学者邢澍一起做过《寰宇访碑录》。

江：是的。史学家邵晋涵曾将自己所编金石目录，录了一个副本送给孙星衍。孙星衍自己很喜欢这部书，二十余年来，出行都带着这部书。用他自己的话来说，"中间游学四方，思以目见手摸，为之增补。盖尝西游河华，北集神京，东揽三齐，南穷越纽。所至山川城邑古陵废庙，或有残碑断碣，无不怀墨握管，拓本看题，录入兹编，岁有加益"（《寰宇访碑录序》）。就是每到一地，即去访碑，并随时加以增补。他自己没有去的地方，就请他人邮寄。嘉庆五年（1800）八月，孙星衍在返回金陵省亲的时候，和邢澍相交。孙星衍对邢澍评价很高，称其"博学洽闻"。于是请邢澍进行修订定稿，并在嘉庆七年予以刊行。此书卷端即题孙星衍、邢澍"同撰"。

我觉得那个时代的学者，除了自己的专长外，还有两门学问好像也是基本都具备的，一门是小学，还有一门是金石学。孙星衍也同样如此，他的相关著作还有《京畿金石考》等。王昶编撰《金石萃编》，毕沅编撰《关中金石记》《中州金石记》，孙星衍也都参与其事。

六、《江苏地方文献书目》

王：江老师，您在广陵书社还出版过《江苏地方文献书目》，那这个书目是什么样的情况？

江：这个问题也经常有人问到。是这样的，如果用最简单的一句话来讲，就是《江苏艺文志》是著录我们江苏人写的书，《江苏地方文献书目》是著录写我们江苏的书。或者说，《江苏艺文志》里面收录的作者都是江苏籍人（包括部分外省流寓并定居于江苏的作者），收录的图书经史子集四部都有，著作内容不一定与江苏有关。《江苏地方文献书目》里面收录的著作内容都是与江苏有关的，而作者不一定是江苏人，有江苏籍的，也有不是江苏籍的。这样的话，两者的区别就非常明确了。

为什么后来又想编《江苏地方文献书目》这个书呢？因为刚才说了，《江苏艺文志》是著录江苏籍人写的书，但是还有不少写江苏的书，由于不是江苏人写的，《江苏艺文志》自然就收不进去啦。例如《金陵金石志》，清浙江海宁陈奕禧撰，按朝代辑录金陵金石。《焦山鼎铭考》，清顺天大兴翁方纲编，辑录前人之焦山鼎铭考释，而附编者见解，并加以补正。《三吴杂志》，明南直隶歙县潘子恒辑，按地辑录吴地湖山诗文。《扬州舆地沿革表》，清湖南武陵杨丕复撰，记扬州的地舆建置和历代沿革。这些著作的作者都不是江苏籍人，但著作内容都和江苏有关。

要研究江苏的文化、历史，自然少不了这些著作。我们想，这些著作无法收进《江苏艺文志》，是非常可惜的。做地方文献整理和地方文化研究，没有这个书目，这个整理和研究也不好进行啊，对吧？由此我们萌发了另编一部专门收录反映江苏地方情况著作书目的想法。如《吴越春秋》，我们讲江苏早期历史是离不开这本书的，但这部书的作者并不是江苏人。在《江苏艺文志》里当然就收不进去，那我们可以将它收进《江苏地方文献书目》。

王：您想要解决与江苏有关的所有文献的著录问题？

江：是的。还比如说，我们再举个知名人物王士禛，山东新城人。顺治十七年（1660），任扬州推官。王士禛作为一个文人，在扬州做官，喜欢吟诗唱和，"昼了公事，夜接词人"，经常召集一批人在一起喝酒、写诗。当然了，他们称作雅集，大家都知道，最著名的叫红桥雅集。红桥也写作虹桥，在扬州瘦西湖旁边，费轩《望江南》称"扬州好，第一是虹桥"。红桥雅集，就是王士禛和他的几位朋友在红桥这个地方喝酒作诗。康熙元年（1662）六月十五日，王士禛与袁于令、杜濬、陈维崧等泛舟红桥。王士禛作《浣溪沙》词三首，名句"绿杨城郭是扬州"即出自此词。然后众人和之。各人所作辑集为《红桥倡和词》。这部集子是谁辑录的，已经难以考查，但后来收在《新城王氏杂文诗词十一种》中。因为王士禛不是江苏人，这部集子按照《江苏艺文志》体例就收不进去。

这类集子非常多，举例说，如《莫愁湖修禊诗》《甲戌玄武湖修禊豁蒙楼登高诗》《扫叶楼秋宴诗集》《己卯重九禊集诗》《二柳村庄酬唱诗选》《锡麓归耕图唱和诗》《蓉湖庚申唱和集》《蓉湖甲子唱和集》《阳羡唱和集》《山塘唱和诗》《橘社唱和集》《东皋唱和诗》《西塘唱酬集》《盘溪唱酬集》《吴会联吟集》《吴中唱和集》《南苑唱和集》《清华唱和集》《意园唱和集》《己未觞咏集》《牛角唱和集》《金阊骊唱集》《翡翠林闺秀雅集》《莺湖唱和》《松陵唱和诗》《遂园禊饮集》《琴鹤堂菊社吟草》《息园四十唱酬集》《东山酬和集》《隐湖唱和诗》《鞠社倡和诗》《春山楼唱和诗》《广陵倡和词》《韩江雅集》《广陵唱和集》《邗上题襟集续集》《小红桥唱和集》《春雨唱和集》《春柳唱和诗钞》《红杏楼唱和诗存》《梅竹山房唱和集》《盐渎唱和诗》，等等。其中许多集子的辑集者都不是江苏人。按照体例，也是不能收入《江苏艺文志》的。

中国古代文人雅士，每每择清节佳日，游名山圣水，品茗论道，吟诗作赋。江苏山水清绝，物产富饶，故在江苏地上的雅集数量甚多，因此留下的相关文献不少。这些集子实际上从一个角度体现了江苏的文人生态和江苏的文化生态，如果不加以专门的著录，很难展现非常具有江南特色的文化生活场景。

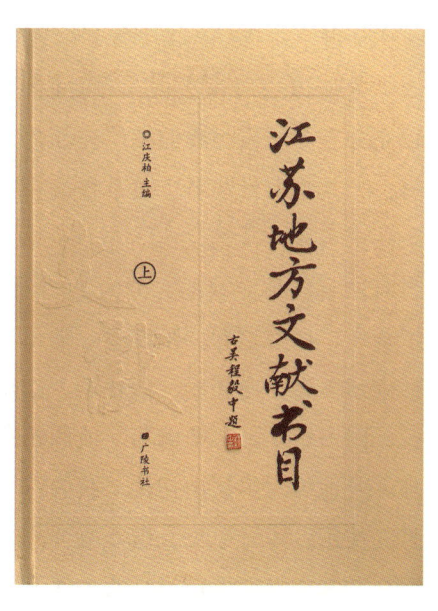

《江苏地方文献书目》

王：《江苏地方文献书

目》大概收录了多少种书？

江：《江苏地方文献书目》收了6000余种。

王：那这几种书目，从《江苏艺文志》到《江苏现存书目》再到《江苏地方文献书目》，基本上是不是就能够反映江苏地方文献的一些著录情况，或者说与江苏有关的一些文献著录情况？

江：我想应该是可以了。当然无论是《江苏地方文献书目》还是《江苏艺文志》，都是会有缺漏的，但是从目前的情况来说，缺漏的情况并不太多。所以可以这样讲，《江苏艺文志》和《江苏地方文献书目》基本上反映了江苏作家的著作情况和有关江苏的著作情况。

之所以可以这么说，和我们编纂这两部书所做的准备工作比较充分有关。当时我们编《江苏艺文志》时，没有互联网，图书资料，尤其是书目资料也很难查找。我们是把江苏各地的旧方志中著录图书目录的《艺文志》全部做成了卡片。《江苏艺文志》是按照当时的省辖市分卷的，分为11个市卷，各市卷我们都和地方进行了合作，如南京卷、镇江卷、常州卷、无锡卷、苏州卷、扬州（包括泰州）卷、南通卷、盐城卷、徐州卷、连云港卷，都有当地的高校、图书馆学者参与编写。他们熟悉本地文献，也热心本地文献整理。各地编写组写出初稿，我们古籍所的编写人员主要核查一般文献的使用，审订原稿，做修改补充，并对体例进行统一。我们互相配合，基本保证了在当时的条件下所能做到的完善。

编写《江苏地方文献书目》，差不多是在《江苏艺文志》编

行走在历史文献的风景里
——江庆柏先生访谈录

纂之后 20 年，文献使用条件比当初有了极大的改善。互联网为查找、使用文献提供了极大的便利。国内主要图书馆以及部分海外图书馆的馆藏目录也都放到了网上，此外还有大量的电子文献可以使用。根据地方文献书名中通常含有地名的特点，我们将有关地名，包括通用地名（如南京、镇江等）、旧名别名（如毗陵、梁溪、昭阳、东皋等）等编成字表，这一字表涵盖从省域（南直隶、江南、江苏）到乡镇坊巷（如里睦、钓渚、双浜、桂村等）的地名，有上百个。我们将此上百个地名通过网络一一查找。同时我们还通过文献的关联性查找相应的文献。在此基础上编出了书目草稿。

还有一点是需要特别提到的，在编写《江苏地方文献书目》时，我们亲自到了省内外许多家图书馆去看书，其中省内地级市一级的有镇江、常州、扬州、泰州、南通、淮安、无锡、苏州等，县（县级市）一级的图书馆有吴江、楚州（今淮安区）、宝应、兴化、高邮、常熟、东台、如皋、江阴、宜兴等，此外还有南京图书馆，国家、上海、浙江、安徽等国家和省市级图书馆，以及多家高校图书馆。通过到图书馆去查书，发现了许多以前没有人注意到、甚至也不见于著录的图书。除了极少量图书外，我们这部书目收录的图书都是我们所见过的。我们的这部书目是根据所见图书编写的，不是仅仅依据书目来编写的。依据书目而编写书目，虽然有不得已之处，但终究与实际情况存在着一定的差异。

我们这部《江苏地方文献书目》还有一个特点，就是收录的所有的图书都需要著录版本和馆藏。为什么呢？方便查找。我们在编《江苏地方文献书目》的时候，意识就很明确，要尽可能地方便读者使用。所以我们在里面除了著录了我们能查到的这部书所有版本以外，所有现存版本都要求有馆藏和索书号，丛书本除外。就是一般的单行本都要求注明馆藏和索书号，所以依据我们的《江苏地方文献书目》著录的图书信息，到图书馆是直接可以查到书的。添加馆藏单位和索书号虽然增加了麻烦，但我们认为是值得的。首先是给读者方便，因为你看到我们这部书后，基本就可以直接到有关图书馆借到书了。根据我们的考察，虽然有些图书馆的索书号会有修改，但大部分图书馆的索书号是稳定的，几十年来没有改动过，所以我们同时著录了这个索书号。同时著录索书号也是保证我们著录的图书是实书，即有实在的图书存在，这也是增加了对我们这部书目著录图书的信任。

在编《江苏地方文献书目》的时候，我就在想，如果我是读者，会要求这部书提供什么？我们是带着这种读者心理来编这部书的。

在本书出版之前，"学礼堂"曾在微信公众号上先推出各篇。这一篇推出后，当年曾参与编写《江苏地方文献书目》的一位同学在评论中说："还记得我们一起去南图查找资料的点点滴滴，以及课上江老师悉心指导提要撰写的细节之处。我负责的主要是扬州部分，有一次用介绍信借一本善本书，有专人负责在加湿雾气缭绕的房间陪读一下午……最后收到江老师寄来的稿费和两大册《江苏地方文献书目》，尤为欣喜！感谢江老师带给我们的青春印记。"感谢各位当年的支持，也感谢各位还记得当年的情景。在看图书校样的时候，特补记于此。

七、整理江苏地方文献

王：江老师，除了这些之外，您还整理过江苏的其他一些地方文献，比如说编纂过《江苏人物传记丛刊》《清代地方人物传记丛刊》《江苏近现代社会救济与慈善文献丛刊》《中国古代女教文献丛刊》，这几种丛刊规模是比较大的，做这样的一些古籍整理工作，您是出于什么样的想法？

江：这些丛刊基本上还是围绕着江苏题材来的，我是想把江苏地方文献整理出版了，大家才能用，这是一个基本的目的。其实最初的想法也很简单，因为平时经常在使用《中国丛书综录》这部书，也经常用到这部书著录的那些丛书，感觉丛书在收集文献、整理文献，以及给人使用文献方面，确实有许多优势。因此想着自己也可以做一些。因为自己先后编纂过《江苏艺文志》和《江苏地方文献书目》，所以我想做江苏的地方文献整理比较合适。一是自己对这些文献相对比较熟悉，二是这些文献经过了我们的初步整理，就是说经过了我们的目录编排，总体情况比较清楚。第三嘛，当然也和我出生于江苏、现在也在江苏工作有关。当时《江苏文库》这样的大型整理项目还没有计划，所以我想做一些专题性的地方文献的古籍整理。

王：《清代地方人物传记丛刊》和《江苏人物传记丛刊》，是什么关系？

江：《清代地方人物传记丛刊》是国家清史工程项目，当时我报了这个，他们也接受了。后来影印出版了。

因为我对清代人物资料比较关注，所以在出版《清代地方人物传记丛刊》后，又陆续收集了一部分人物资料。后来想如泛泛而收的话，很难有效果，不如集中在江苏部分，这样目标集中，容易入手，也容易见到效果，于是又有了《江苏人物传记丛刊》的编纂。

王：也就是先做的《清代地方人物传记丛刊》。

江：对，后来我们搜集了更多的材料，就另外重新做了一部《江苏人物传记丛刊》。

王：您可以介绍一下《江苏人物传记丛刊》的情况吗？

《江苏人物传记丛刊》

行走在历史文献的风景里
——江庆柏先生访谈录

江：传记文献是我们研究历史、评价人物的重要参考资料。江苏地区的人物传记资料也是我们进行江苏区域史研究的重要资料。《江苏人物传记丛刊》一共50册，收录130余种以江苏地区为单位的人物传记文献。这些大多由熟悉本地人文的本地人士撰写，内容充实详赡，补充了大量其他文献缺载的人物史实。其中有稿抄本多种。

江苏人物传记著作为我们提供了丰富准确的人物资料，有助于文献整理，也有助于学术研究，对区域史的研究尤为重要。《丛刊》还能为当下的家族文化研究提供丰富的资料。

为了方便使用，《丛刊》每种书均撰写提要，另外编制了《姓名别名字号综合索引》，可以方便读者对江苏人物传记的查检。

王：《江苏近现代社会救济与慈善文献丛刊》也是这种做法吗？

江：因为内容不一样，这套书的做法与其他几种有区别。

整理《江苏近现代社会救济与慈善文献丛刊》的想法也是在做《江苏地方文献书目》的时候逐步形成的。《江苏地方文献书目》是按照分类编排的。这种编排方式的好处是由此可以形成许多专题文献，这为江苏研究提供了许多选题，也提供了相应的系列文献资料。

我们在做《江苏地方文献书目》的时候，收集到了140多种有关近现代江苏地区社会救济与慈善文献。这些文献我们一一看了，发现所反映的社会问题十分严峻。近现代江苏，是经济快速增长、社会稳步发展的时期，同时也是战争祸害深重、自然灾害频发、社会分化加速的时期，这使得社会上产生了大量需要救济的人口。这批文献所记触目惊心。

江苏地势低下，水网密布，一旦水灾发生，受灾人口往往有达几十万、甚至上百万的。如丹徒县境东西南三面山田，北面临江。光绪二十七年（1901），自五月下旬至六月初三，昼夜大雨，丹徒圩内积水平岸，圩外江潮盛涨，也差不多与岸相平。十九日，东风狂吼，怒涛山立，护圩者多被漂没。爬到屋顶、树梢上的人，也多被狂风卷入波涛中。三昼夜狂风过后，滨江十余万户口遭灾，民房衣服器具尽为漂没（《光绪辛丑丹徒水灾征信录》）。

在任何时候，妇女、儿童都是社会中最弱势的群体，他们最容易受到伤害，因而命运也最悲惨。在我们收集到的文献中，有不少反映这个群体悲惨遭遇的记载。如《镇江济良所征信录》记"柏兰花"道："姓蒋，高邮人，现年十九岁。本名蒋小押子，于三十三年十月十五日由余善堂择配与施鸿恩。讵施具领后仍令为娼。经本所查确追回留养，另待择配。"又记"薛竹清"道："泰州人，现年十四岁。经亲父捆于薛森家为娼，逐日龟鸨捆打，遍体鳞伤。久恐无命，自愿投所，泣求收养。"可以考见女性之凄苦遭际。

又如鲍庆熙编《镇江育婴堂恤嫠堂留养所普仁堂辛酉年征信录》记道：旧有婴儿175口，民国十年新收345口，包括收门口乳婴163口，收门口病婴182口。在开除（指勾销）数中，病故婴儿92口。可见婴儿的被遗弃及病亡率十分惊人。《镇江育婴堂恤嫠堂留养所普仁堂壬戌年征信录》记道：在开除数中，病故婴儿有133口。其数量比上一年有大幅增加。在儿童中，女婴的遭难又更甚。《苏州育婴堂志续稿》中有《育婴堂婴孩统计表》，据统计，男孩每年寄养在育婴堂10人以下，而女婴则在400人左右。由此可以看到当时社会重男轻女的思想是何等严重。

我们觉得这些都是了解当时的社会状况非常有用的文献资料，所以我们将其作为一个专题，进行了整理。这批文献内容涉及乞丐收容、施医施药、义冢安葬、拯救善良、救助寡妇、抚育弃婴、灾荒赈济等。文献涉及的相关机构有儒鳌会、育婴堂、苦儿院、贫儿教养院、地方公所、慈善会、施医局、施诊给药局、普育堂、继抚塾、完节堂、崇善堂、种善堂、平民习艺所、乞丐习艺所等。文献种类有征信录、章程、办事细则、报告书、账略、专志等。这些文献对研究近代江苏民间社会救济与慈善活动的运行机制、组织结构、社会效应、经费来源、经费使用，近代江苏民间社会救济与慈善机构的特点、民间社会救济与慈善机构和官方社会救

《江苏近现代社会救济与慈善文献丛刊》

济机构的联系、民间社会救济与慈善机构和地方政权的关系、民间社会救济与慈善机构和当地社会的关系、地方士绅在民间社会救济与慈善活动中的作用等问题，都有着重要价值。

王：这个丛刊现在影印已经全部出齐了？这个量多大？

江：对，全部出齐了，一套48册。凤凰出版社出版的。曾桂林在《大数据时代的中国慈善史研究及其运用》（《东方论坛》2017年第2期）一文中还专门提到了这部书，说："《江苏近现代社会救济与慈善文献丛刊》（全48册），规模宏大，系晚清民国时期百余年间江苏地区129种社会救济与慈善活动文献的汇总。"

王：从刚才的叙述看，书目编纂和古籍整理有相应关系。

江：是的。书目编纂是基础，从中可以发现许多新的课题。我想再用《南京愚园文献十一种》的整理来说明这个问题。

愚园又叫胡家花园，是南京的一个私家花园。这几年愚园逐渐被人所知，在此之前是很少有人知道这个私家园林的。我们开始时也不知道这个花园，在按分类整理江苏地方文献书目时，发现这么一个园林居然有十种左右基本编纂成集的文献，有的还已经出版。这使我们非常震惊。我们知道全国的公私园林很多，但园林留下相关文献的不多，愚园在全国也不是特别著名，而能有十种左右的文献，这在全国都是绝无仅有的。而且这些文献并不是后人的追忆，而是当时就形成的，它反映的是愚园的实时景象，这就更可贵了。我们从网上得知南京市政府正准备整治、修缮这个园林，于是我们想把这十种文献凑一个专题了，把它整理出来。

正好我当时带的硕士研究生，他们要选论文题目。我想愚园文献这么丰富，写一篇硕士论文应该不成问题。我就叫其中一个学生李菁，我说李菁你的毕业论文就选这个题目吧，"南京愚园文献研究"。她也不知深浅，说好，她就做这个题目了。做这个题目因为是整理与研究一起做，所以首先要找资料。好在大部分资料南京图书馆都有收藏，另外镇江、上海图书馆也有几

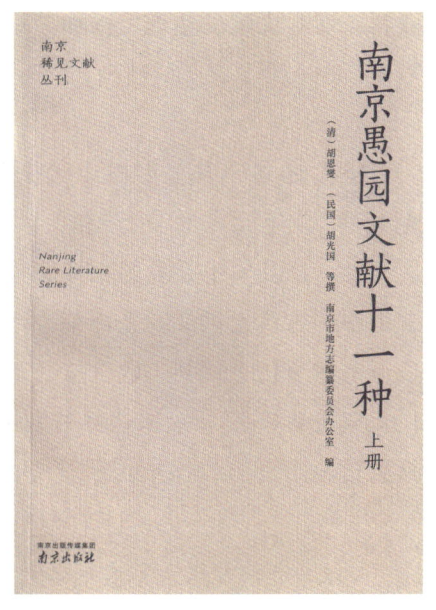

《南京愚园文献十一种》

种。上海图书馆的我请馆里帮复制了，镇江的就让李菁和她的同学沈玉云一起去看。她们很聪明，把资料也复印回来了。资料搜集齐全了，就一面标点整理，一面让李菁写论文。

论文写完了，资料也整理得差不多了。我知道南京出版社一直在整理出版《南京稀见文献丛刊》，我把我们的这部书稿和他们说了，出版社立即就同意列入"丛刊"出版。至于书名是十一种嘛，是因为后来出版的时候，加进了一个愚园主人的传记。这样就变成了十一种。

这个例子也说明，我们专业学生的毕业论文，跟图书整理出版是可以联系起来的。文献学专业的论文的基础是必须有一定的

资料，而对文献的整理可以加深对内容的了解，这有助于论文的写作，也有助于文献的整理。

王：还有一部《中国古代女教文献丛刊》，这是怎么回事呢？

江：这其实也是我的一个研究生当时选的论文题目，我说你就把中国古代女教文献全部编一个系统的目录，然后写提要，再进行一些分析、评判。她也接受了，她的毕业论文就叫"中国古代女教文献考略"。后来这部书出版了，书名叫《中国古代女教文献丛刊》。

王：《中国古代女教文献丛刊》量有多大？
江：有31册。

王：那量不小。
江：对啊，我们收的还是比较全的。

王：现在全部出齐了吗？
江：出齐了，燕山出版社于2017年出版的。

王：就是北京燕山出版社？
江：对，还在写论文的时候，有一次当时还是燕山出版社编辑的夏艳到南京，我们说起这个事，她当场就要了这个项目。后来我们就在他们社出版了。

王：这是全部做了标点整理？

江：影印，标点整理没有做，我们写了提要。

王：每种书前面都写了提要。

江：都写了提要。章艳超的论文就是写提要，再把提要进行归纳，进行加工概述。"女教"，从广义说，即女子的闺门教育。"女教"一词于中国古代妇女教育有着特殊的涵义，它包含道德品行、才智技能等方方面面的具体教育内容。要了解中国古代社会中女子的真实景况，女教文献是重要依据之一。对中国古代女教文献的研究，也是中国古代社会研究的基础性课题之一。

不过说实在的，整理出版这部图书的时候还是有一些顾虑的。因为古代女教文献的主要内容是为封建纲常束缚与限制女子思想和行为服务的，是数千年来中国女子受压迫的有力证据。虽然其中也有一部分内容是与我国传统价值观中积极的一面相吻合的，是于现代文明有益的，但毕竟里面消极、落后的因素太多。

不过我们也看到，到了晚清民国时期，一些有进步倾向的知识女性，已逐渐认识到传统"女教"对女性的精神束缚性，对旧诫条作了猛烈批判。无锡女作家秦森源（1901—1925）所作《班昭作女诫马融即令妻女诵习论》就是这样一篇锋芒毕露的文章。秦森源称班昭是"甘卖其同类之神圣光荣生命幸福，博宫廷上下一时虚誉"之人，抨击《女诫》"开二千年女子奴隶自居之局"，秦森源明确提出要"义务权利，男女平等"。

在原来写《明清苏南望族文化研究》的时候，看到的秦森源作品不是太多，当时只是简单作了介绍，到修订这部书的时候，看到了秦森源的文集。我们认为秦森源对班昭《女诫》的激烈批判，实际上就是要挣脱几千年来紧紧束缚在女性身上的精神枷锁，争取女性的自我解放，联想到我们正在整理的古代女教文献，于是对原书这一部分作了较多的修改。

王：由此看来，这些文献都有着某种内在联系的。

江：是的。同一地区的文献不是彼此孤立的，是一定社会状态的反映，仔细寻绎是可以看到内在联系的。

这个《中国古代女教文献丛刊》不是纯江苏地方的，但里面有一些江苏人编写的书，而且近现代江苏思想界、教育界对传统女教思想有许多反思，所以也放在这里一起介绍。

此外还可以补充说明一下，在章艳超开始做这个论文题目的时候，我就在考虑能不能将这些文献同时整理出版。一开始有这个意识，在写论文、收集资料的时候，就有意识地在做准备，所以我们在收集资料时，就把有关图书的版本、馆藏、索书号都著录进去了，为的就是以后方便查考。和出版社商量出版，是后来的事。从这里面我是想说明一个事，我们专业的古籍整理、古籍研究课程，或者研究生在选题的时候，可以适当地，当然不是必然的，考虑一下出版的事。如果出版的话，学生做论文的情况会不一样。这个和上面说到的《南京愚园文献十一种》有些类似。

王：江老师还合编点校过两种集子，一个是《黄人集》，还有一个是《陈维崧诗》。

江：这两个人都是江苏的。黄人是常熟人，南社早期社员、东吴大学首任国文教授。一般认为他编写的《中国文学史》是我国最早的一部文学史，和林传甲的《中国文学史》差不多同时。黄人也是一个非常有个性的人物，但是他的文集没有好好出版，我们找到了他的一个稿本，再加上他后人保存的资料，一起把它整理出版了。

八、参与"江苏文脉整理与研究工程"

王：目前江苏正在实施"江苏文脉整理与研究工程"，我知道江老师也参与了这个工程，能否介绍一下这方面的情况？

江：这个工程规模很大，目前还在进行之中。我参与了其中的《书目编》《史料编》的编纂工作。下面把有关情况作个简单汇报。

（一）《江苏文库》之《书目编》《史料编》

王：《江苏文库·书目编》准备以什么形式来反映与江苏有关的文献典籍呢？

江：这里首先把《江苏文库》的情况简单作一介绍。2016年2月4日，在南京召开了"江苏文脉整理与研究工程"启动会。"文脉工程"是由江苏省委省政府直接领导、省委宣传部具体组织实施的一项文化建设工程，工程主要成果呈现是编辑出版《江苏文库》。《江苏文库》分为书目编、文献编、精华编、方志编、史料编、研究编六个部分。

《江苏文库》的《书目编》实际上包括三部书，两部书是我们的，一部是《江苏艺文志》（增订本），还有一部是《江苏地方文献书目》。除此以外，还有一部《江苏典藏志》。这个什么意思呢？《江苏艺文志》就是刚才我们说的江苏人写的书，《江苏地方

行走在历史文献的风景里
——江庆柏先生访谈录

文献书目》是写江苏的书,《江苏典藏志》则是著录江苏藏的书。我们知道南京图书馆目前是国内第三大图书馆,除了南京图书馆以外,江苏各地公共图书馆、高校图书馆以及机构图书馆等,也收藏了不少图书。我们沿沪宁线、沿长江一路数过去,镇江、常州、无锡、苏州,还有扬州、泰州、南通图书馆等,都收藏了大量文献。《江苏典藏志》就是想反映现今江苏公共图书馆所收藏历史文献的总量。根据江苏省委宣传部印发的"江苏文脉整理与研究工程"实施方案,《江苏文库·书目编》所要达到的目的是系统梳理江苏文献典籍资源,摸清江苏籍学人在历史上的著述情况,以及历史上记述江苏的著作情况。

王:《江苏艺文志》和《江苏地方文献书目》已经是完成了,只剩下《江苏典藏志》的编纂,是这样吗?

江:《江苏艺文志》和《江苏地方文献书目》都是增订本。《江苏典藏志》是南京图书馆负责编纂的,目前正在进行中。

王:其实这几种书目,《江苏现存书目》《江苏艺文志》,给江苏文脉工程的《文献编》和《精华编》奠定了扎实基础。《江苏地方文献书目》是为您做《史料编》奠定了非常坚实的基础。

江:应该可以这样说吧。《史料编》是《江苏文库》六编中的一编。《江苏地方文献书目》与《史料编》关系密切,也可以说《史料编》是《江苏地方文献书目》的精选版。

《史料编》收录有关江苏的地方史料类文献。这里所说的江苏,指截至2016年江苏省所管辖的地区。所谓江苏地方史料类文献,指专门记述江苏历史、地理、政治法律、社会、家族、经济、军事、教育、科举、人物、金石、语言、艺术、宗教、文学、藏书及出版等内容的著作。酌收少量虽非专记江苏,但内容以记江苏为主、或所记与江苏有密切关系之著作,如《吴越春秋》。收录时间主要是清宣统三年(1911年,含)之前出版、或形成的上述文献。1912年至1949年9月30日期间出版、或形成的上述文献,择取重要的收录。

这个工作自2016年开始,我们成立了专门的编写组。在我看来,我们这个编写组要完成三项任务。

2017年12月15日—16日"江苏地方文献与江苏地方文化论坛"学术研讨会

《史料编》计划收录图书2000余种。编写组第一项任务,也是最重要的任务,就是要为这2000多种图书写出提要。提要要著录书名卷数、版本馆藏等,有一个作者小传,还要概括介绍本书的基本内容、价值特点等,注意突出本书的地域性特点。

除此之外,编写组还要注意深入研究探讨江苏地方文献的文化价值,做好宣传普及工作。为此编写组还提出了两项任务,一是与江苏各地高校、科研机构等联合召开各种形式的研究论坛。通过这种形式的探讨,一方面使得我们对江苏文化的实质有更深入的认识,同时也可以使地方对"江苏文脉工程"有更多的感受,并由此更好地宣传这个文化工程。另一个是推出"江苏记忆"微信公众号,不定期发布江苏地方史料,以"展示江苏地方文献、再现江苏文化记忆、传承江苏文脉精神"为宗旨。同时根据实际情况,开展一些公益性活动。

"江苏文脉工程"计划完成时间为十年。要圆满完成任务,《史料编》编写组还需要得到国内专家学者的支持和指导。

(二)《江苏现存书目》

王:上面说到过《江苏现存书目》,现在请您谈谈编纂《江苏现存书目》的想法。

江:《江苏现存书目》其实不是一部著作,只能说是一部工作用书。在《江苏文库》的《文献编》《精华编》《史料编》开始编纂的时候,首先需要一份较为完整的书目,这样才可以从中进行选择。《江苏艺文志》因为其中还著录有已经亡佚的著作,所以不适合使用。在这种情况下，我们决定将《江苏艺文志》中尚存的著作先选择出来，这样的话内容就大大精简了。然后在从中进行选择，就比较容易把握。《江苏现存书目》就是在这种情况下编出来的。据统计，《江苏现存书目》著录图书 25900 余部。这部书目也存在遗漏，主要是当时《江苏艺文志》还没有增订完毕，而《江苏现存书目》的交稿又有一定的时间限制，不可能等《江苏艺文志》增订完毕后再编写，由此使得作者、作品都有遗漏。这样的话，估计江苏作者著作现存的应该在 27000 部左右。

王：现在《现存书目》是不是马上就要出版了？

江：《现存书目》是不出版的。《江苏现存书目》是一部工作用书，它专门为我们的《江苏文库》选目用的，不出版。

王：后面也不打算出版？

江：它属于工作用书，不准备出版。你讲的后面还要不要出版的话，我理解就是要不要出版一个江苏作者存世著作的书目。那实际上就是一个《江苏艺文志》的精简版，因为《江苏艺文志》是存佚均著录的，这个就是只著录存世的著作。这个主意很好，我们可以再考虑一下，以后如果有机会的话，可以出版一部《现存江苏著作总录》，收录江苏作者的存世著作。也可以改变一下体例，将现在《江苏艺文志》按地分卷、以书系人的编排方式，改为按分类编排。

九、《稿本》

王：以上访谈差不多都是围绕着一个主题，即江苏地方文献的整理和江苏地方文化的研究。除此之外，在文献学方面，江老师还做了一些其他方面的研究，例如2002年出版了一本《稿本》，这本书是在《中国版本文化丛书》之一，当时怎么会想要写这么一本书的？

江：南京大学徐雁先生他们主持编写的一套丛书，他就说要搞一个《中国版本文化丛书》，然后选了大概有十几种版本形态。因为他知道我在做藏书研究，也在教文献学的课，就邀请我也参加。

王：宋本、活字本、家刻本、坊刻本、稿本、插图本……

江：对的。徐雁让我选一个题目。我就选了个《稿本》。为什么当时选稿本这一块呢？因为我始终有个想法，就是我们搞文献学啊，不能仅仅从文献形式上来考虑。因为文献是个知识的载体，我们要通过文献来考察它所蕴含的文化内涵。我觉得在这几种版本形态中间，稿本可能是最能反映作者自己思想原始状态的一种版本形式，所以我当时就选了稿本。因为著作出版了以后，好多都做了修改，和稿本往往有很多差异的。那么稿本的原始状态是什么？还有没有出版的一些稿本，它为什么就出版不了？这些都是值得思考的。

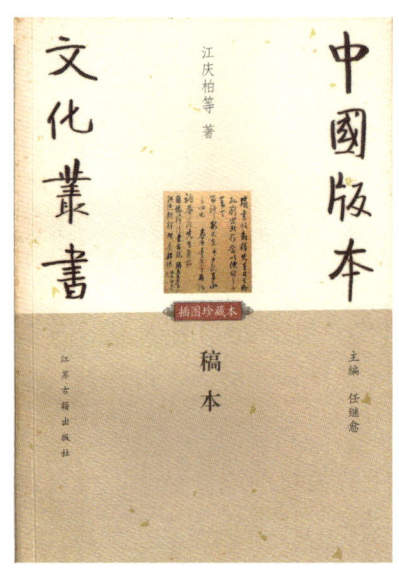

《中国版本文化丛书·稿本》

就稿本和刻本的差异看,有时候是非常大的。例如以《祁忠敏公年谱》相比较,就可以看得很清楚。这是祁彪佳的年谱。国家图书馆藏有祁氏门人王思任撰清初乌丝栏稿本,其临终一段写道:"有顷,东方渐启,见梅花阁前石梯水际,露角巾数寸。急就视,先生正衿垂手,敛足而坐,水才过额,冠履俨然,须鬓无丝毫纷乱,面有笑容。绝笔中有'含笑入九原,浩气留天地'之句,先生盖预志之矣。"

后梁廷枏、龚沅依据王思任原本作了补编,刊刻于道光十七年(1837)。其写祁彪佳临终一段道:"迨晓,见梅花阁前石梯水际,露角巾数寸,趋视先生,正襟垂手,敛足坐,水才及额,有笑容。"

两相比较,可以看到,稿本写祁彪佳投水后的情形十分详细,写人物的神态十分生动逼真,充分显示了他临终时的从容、镇定、安详,而清刻本则显得非常简略,而且删去了临终绝笔诗句。同时年谱纪年也不一样,稿本作"弘光元年乙酉",清刻本则作"顺治二年乙酉"。前者用的是南明帝年号,后者改用了清帝年号。年号代表着一个政权,年号的使用具有强烈的政治色彩。可见稿本的民族情绪十分强烈，清刻本则尽量作了淡化处理。我举这个例子是想说明稿本和刻本的差异比较，是很值得研究的。这也是我选择"稿本"的一个原因。

王：但是这个选题挑战性很大。您必须要看到很多大的稿本，才能来写这么一个专题。

江：好在那个时候，时代已经进入到新世纪了。进入新世纪的一个重要特点，就是文献比较好找了。因为大量书影印出来了，不像90年代，你连目录都找不到，更不用说找书了。2000年好多书都可以看到了。当然我们选稿本，不可能有条件到图书馆把他们的宝贝全都搞出来，我们也就是选了几种，然后和当时的研究生们一起来做了这个事。

王：这本书里面主要讲了哪些内容？比如从经史子集来说，选哪一类的书多，或者从时代来说，哪一个时间段多，明清的多或者还有一些宋元的，大概是一个什么情况？

江：按照规定的体例，这本书分为上下两编。上编概述稿本的一般特点，内容包括稿本的类型、形式，稿本与抄本、印本的比较，稿本与修改，稿本的鉴定，稿本与书法艺术等。下编是对一些稿本的分析。

所选稿本当然是明清多，宋代残存的稿本极少。国家图书馆收藏的司马光《资治通鉴》手稿残页，可以看作是稿本。因为这份手稿确实是作者著作中的一部分内容，它不是孤立的与著作没有任何关系的一份手稿。虽然它只有一页纸，但它是"成书"《资治通鉴》中的一部分内容。当然也有人不认为这个《资治通鉴》是稿本。后来元人留存的多一点，但也很有限，现存稿本主要是明清的。经史子集嘛，大概各方面都选了一点。

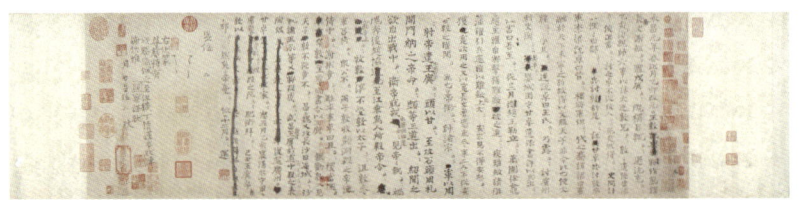

司马光《资治通鉴》手稿残页（见《中国国家图书馆古籍珍品图录》）

王：通过写这个专题，您觉得稿本应该怎样来确定。比如说像焦循，焦循的很多稿子有一稿、二稿，甚至五六七稿都有，这些东西怎么确定哪些是稿本，哪些是抄本，怎么确定它们之间评判的标准？

江：什么是稿本，这个问题实际上是很复杂的。我在书中，按大范围划分，将稿本分为三种情况：手稿本，即作者亲笔书写的本子。它是作者的原始文本，是作者的真迹。有的版本学著作也将其称为原稿。清稿本，是指在作者手稿本的基础上重新誊抄清楚的稿本。修改稿本，一般是指在原稿或清稿基础上，作者又亲笔加以修改的本子。我们看到的许多稿本，上面涂抹勾乙，几乎不可卒读，有的与原稿基本上已完全不同。

在所有的版本鉴定中间，稿本和抄本的区分是最难的。为什么最难呢？一个难处是稿本有多种形态，这个我刚才已经说了。那么稿本的最终边界在哪里？稿本可以是自己亲笔写的，但也有可能是别人帮助抄写的，或者在别人抄写的基础上又再作改动的，等等。别人帮助抄写的，对抄写者来说当然只能算抄本，但对委托者或者该抄本的著作者来说，这个抄本有可能就是稿本。许多清稿本并非作者自己亲自抄写。例如过云楼原藏清翁方纲撰《石洲诗话》5卷，为誊清稿本（今藏南京图书馆）。翁方纲题跋也写得很清楚，谓："此是广东雇人誊写，讹字尚未全校改者。"这个本子仍然是稿本。

许多著作都把字迹作为判断的重要依据。但我认为字迹只能判断是否是作者自己的稿本，还不足以说明是否是稿本。自己的稿本与是否是稿本，这是有联系但又有区别的问题。根据稿本形态的多样性，字迹的判断并不是唯一标准。

因此稿本的判断还是要根据署名、印章、字迹乃至有关著录，作综合性的判断。

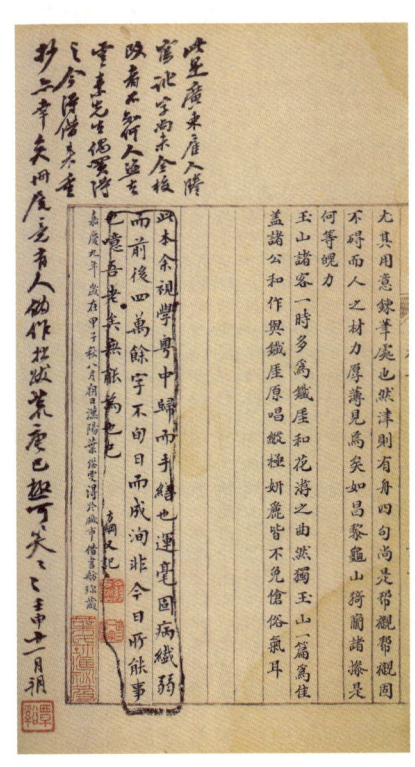

翁方纲撰《石洲诗话》誊清稿本
（见《南京图书馆藏过云楼珍本图录》）

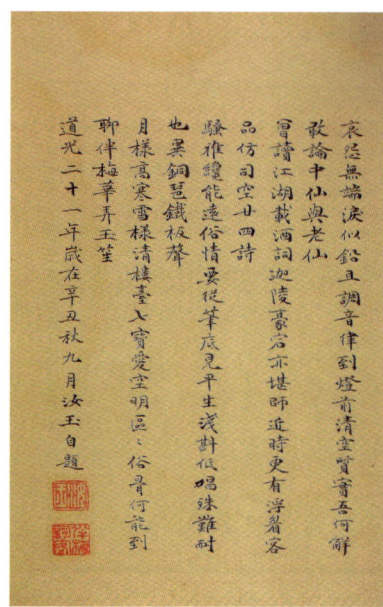

清王汝玉撰《伴楳华馆词存》稿本
钤"汝玉""伴梅词客"等印章

像焦循的稿本,也只能根据具体的样本来判断。

此外,我们通常理解的稿本的第一印象是手写本,这在以前是可以的,但自从电脑技术得到广泛应用以来,许多作者写作都已不再用手写的方式,而是直接在电脑上写作了。这个从电脑里打印出来的书稿虽然不是自己亲手写的,但本质上是一样的,在我看来也应该是稿本。

王:那么这个书写完以后,您觉得通过写稿本这么一个专题,对于文献的演变,或者说对于稿本、抄本、刻本之间的关系的判断方面会有哪些新的启示?

江:我当时在《稿本》里面专门有一节,稿本和刻本、刊本的比较。我为什么要加上这么一章呢?也就是刚才我说的,我觉得稿本是最能体现作者原始思想观念的,但是刻本以后他就有种种变化。当然不是所有的稿本和刻本之间都有差异,也不是说所有的刻本和稿本差异都和作者的思想观念有联系,其实有好多都是文字上的改动,但是也有不少确实是这样的。所以我觉得这个比较的话是很有意思的。

十、《清代人物生卒年表》

王：除了江老师刚才讲的这几部书之外，其实在学术界特别有影响的就是《清代人物生卒年表》和《清朝进士题名录》这两部书，很多朋友都称赞您这两部书。《清代人物生卒年表》这本书前面江老师有一篇很长的序言，讲到人物生卒年换算相关的一些问题，您为什么会想到要编这样一本书？

江：在我们的研究中，经常会用到各种各样的人物资料。使用人物资料，首先一点是要知道其生活年代，最好能给生卒年定位，否则就有可能出现差错。可以举个例子。

常熟女作家宗婉有部《丁丑寓保日记》，关于这部日记的写作时间，有人说："宗婉，生卒年不详，常熟人，字婉生。本书记丁丑年元月一日至十二月三十一日一年中的每日日记。书中丁丑年未识何年。日记中只字未提清代年号。民国丁丑为二十六年（1937），或即此年，或为清光绪三年（1877），或者更早，兹姑推测之，不能确定。"宗婉的年代是可以确定的。其《梦湘楼梓余草》有《己未八月九日五旬初度粲生妹锡以碬辞赋此报谢》一诗。宗婉为宗德懋（1762—1837）侄女。《梦湘楼梓余草》有光绪九年（1883）刻本。据此，诗中所说"己未"应为咸丰九年（1859）。此年五十岁，则生年为嘉庆十五年（1810）。有人不知宗婉的生年，于是只好根据"丁丑"这个年份去推测。然而前后一个甲子即六十年。而对于一个人来说，六十年的变化实在是太大了。这

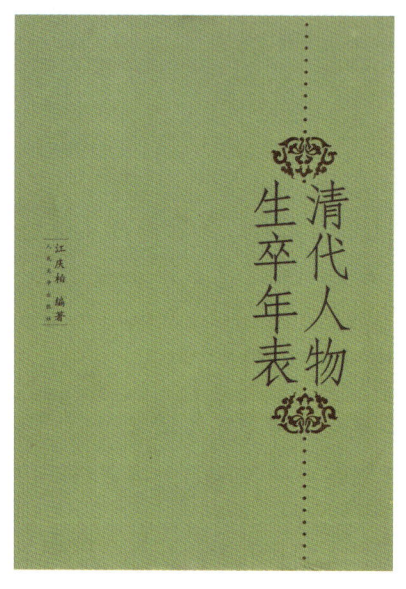

《清代人物生卒年表》

一段文字充分说明了人物生卒年定位的重要性。

我在编写《江苏艺文志》等书时,查阅公家及私人典藏图籍、碑传、家谱及相关工具书较多,在阅读、比对过程中,发现资料颇有歧异,而且往往有许多缺漏。就拿考查人物生卒年来说,以前用得最多的是姜亮夫先生的《历代人物年里碑传综表》,这个年表是从古到今都有的。我们在做《江苏艺文志》的时候有好多人物的生卒年,在这个表里面都查不到。同时我逐步对清代的文献比较感兴趣,精力主要都放在清代文献上面,一个人的精力有限,不可能把全部都做出来,所以我就想做一个简单的、基础性的东西,就做了这个《清代人物生卒年表》。

王:这个书做起来难度很大,收了两万多个人,要一一考订他的生卒年不是一件简单的事情。

江:这个是这样的,你有兴趣呢就没有难度,没有兴趣呢那就很难!小孩儿上课老打瞌睡,他一到网吧就生龙活虎,为什么呢?就是一个兴趣问题。我觉得做这个年表有意思啊,当时不觉得很烦。特别是遇到几个人的说法不一样的时候,最有意思。大家说的一样的就没意思了,大家说的不一样那才有意思。那么你必须要查一查,有的时候发现两个人说得都不对,这种情况也有,当然也有发现其中一个人说对的。实际上这个也是一个逐步考订的过程,后来中间也写了几篇关于清代人物生卒年考辨的文章,但是大部分后来都没有写,因为主要是也没时间。

王:这个书做了前后有几年?

江:前后做了有几年,这个是2005年出版的,那应该陆陆续续做了四五年。当时做的时候虽然电脑已经逐渐普及到个人了,但我采取的还是原始的方法,就是把一个人物一个人物都做成卡片,然后把相同的人物进行合并。当时做了有一二十个卡片盒。从现在的角度看,它的最大的优点是可以保存原始依据,若通过电脑修改过,原来的印记就很难找到了。手工、电脑各有各的优势,主要还是看怎么使用。

王:您从作者的角度来看,这个书给学者研究清代学术会提供哪些方便?

江:也就提供两个方便吧,一个就是提供一个人物的生卒年,还有一个提供生卒年的出处。其他没有什么。实际上大家花点功夫也都会做。这部书编写之前,我就考虑到几个问题:第一,尽可能要求内容正确;第二,尽可能将重要人物予以收入,当然不可能搜全,但也要尽可能完备;第三,数据来源要注明清楚,以方便读者查阅;第四,必须使用方便。

王：那么要做这样一部著作需要查阅大量的资料，您觉得这部书在编纂过程中有什么甘苦可以和同学们分享一下吗？

江：当时是这样的，《续修四库全书》《北京图书馆藏珍本年谱丛刊》等，这些大丛书都出来了。还有《四库》系列图书也都出来了。这样的话对我们使用文献就比较方便了。也就是说重要的文献大部分都出来了，用起来就比较方便了。其实我做《清代人物生卒年表》，当然主要是考察生卒年，实际还有一个重要的目的就是趁机也把这些书顺带着翻一翻。我不是说专门要研究这个书，但这个书哪怕你扫一眼跟你不扫一眼，得到的印象完全是不一样的。我们好多时候不可能把你看到的书都看过了，但是呢，你要知道有哪些书。你照一面和不照一面，完全就是不一样。我们学生做文献也是这样，你们精力有限，还有好多事情要做，也不可能把王锷老师给你的书全部看，但是呢，我倒觉得你哪怕就是翻一翻也可以，以后就知道了这个书是什么样，对吧？包括李佩你们做编辑也是这样的，你们有机会翻一翻，翻和不翻绝对是不一样的。我们去图书馆看书，实际上我们有时候连书都不翻的，就看书名。我有时候到南图，喜欢顺着它的架子，一排一排地看过去。哪怕就是看一眼，我就知道有个什么书出来了，就有个概念，概念非常重要，印象非常重要，以后需要的时候会回忆起来。

王：对，确实是这样。我觉得从做文献研究这一块来说，翻一翻也好，看一看也好，将来对你从事研究是非常重要的。江老师这部书一出版，送给我以后，我拿到这个书，我记得我是一整天的时间在家里读这篇序言，因为这里边关于生卒年，

行走在历史文献的风景里
——江庆柏先生访谈录

江老师讲的很简单,一是提供生卒年,二是生卒年从哪来的,说起来特别简单。其实,我们在遇到一个历史人物,在考察生卒年的时候,往往会遇到一些麻烦,比如说明清之交的人,假如说他60岁,30年是在明朝,30年是在清朝,那这个人算清朝还是算明朝?还有一个人出生是在年末,大多数情况下人们记载他出生的时间是按照阴历来记载的,那么我们今天要换算他的生卒年,把它算成公历,这也就是往往会把这个人的生年或卒年提前一年或者推后一年,我觉得这是几个比较麻烦的问题。江老师在这篇序言当中其实对这些问题有很深入的探讨和一些非常高明的见解。我当时看完以后,就给江老师建议将序言单独拿出来,出版个小册子,我记得我当时给你说过这样的话,后来我说里面讲的一些东西很好。那么,您觉得就我刚才说的这两个问题,怎么样做?判断一个人,是朝代交替的,怎么判断他是前代还是后代?或者说是他的生卒年,阴历和公历的换算,多一年少一年,应该怎么样来做?您给同学们谈谈这些问题。

江:跨朝代的人物,算上一个朝代的还是算后一个朝代的,学术界的认同还不一致。有的呢,按照生活的实际年份,生活在哪一朝长一点就算哪一朝的人。也有的是按照仕宦时间,在哪个朝代做官的时间长,就算哪个朝代的人。还有的是按照人物的思想倾向,眷恋前朝、并且为恢复前朝努力的,就算前朝。我觉得这些都是可以商讨的。

我主张人的朝代认定还是看自然年份,一般入新朝五六年的人,就应该是新的朝代的人。这与其政治态度要分开。所以,这个问题我只能根据《清代人物生卒年表》里面的情况来说。当时是这样的，我们现在好多时候判断一个人物，是上一个朝代的还是下一个朝代的，有一个很重要的标准就是看他的政治态度。我当时是不看政治态度，我是看他的自然年份。因为看政治态度的话呢，有的时候都康熙几十年了，他还说他是明朝人，他的年份还是崇祯多少多少年，其实一算下来，已经康熙几十年了。那么，像这个又怎么算是明朝人呢？那么我就想这个还不能算清朝吗？我做《清代人物生卒年表》主要是从清代这个角度来考虑。我觉得这个人物进了清朝，死在顺治几年的，都可以算是入清的。刚才我说了，这个是做断代的嘛，时代可以由我来断定。其实，每个朝代都有这个问题。例如《绥寇纪略》的书名题签作"宣统辛巳"。宣统只有三年，并没有辛巳年。查干支纪年，这一年实际是民国三十年。显然题签者题"宣统辛巳"，是要表明自己不承认民国的统治。这是题签者的政治态度，但不能由此否认其是民国人。

所以，还是具体情况具体分析吧。我是觉得呢，去看它的政治态度，还是看他的自然年岁，要根据具体情况具体分析。思想史上的人物看他的政治态度更多一点，如果是一般的历史著作，还是根据作者进了新的朝代，就可以算作这个朝代，不必去管他。

此外断代和通代还是应该有区别的，应该分开来讲。有的人是搞通代的，从上古一直搞到民国，跨朝代的话，就有一个协调的问题。这个人是归宋还是归元、归明还是归清，要协调一下。但如果是搞断代的，光搞一个朝代，这样的话相对来说就比较简单，你觉得是哪一朝就是哪一朝。为了保证研究的完整性，有些人物移前或延后一些都是可以的。

关于人物生卒年农历、公历换算跨年度的问题，去查一下他的实际月份日期就行了。遇到这种情况我们是这样处理的，如果他的年号纪年和相应的公元纪年不跨年份，我们就直接写成公元多少年，比如说乾隆元年，就是 1736 年。如果在乾隆元年年末要跨年了，你著 1735 年显然是不妥当了。但是如果你硬著 1736 年的话，跨一年，人家也会以为乾隆元年去世的，你怎么到下一年去了呢？像这种情况呢，我自己会这样处理，把下一年的月份和日期都著上去，比如说 1 月 6 号，这样一看呢，就很明确了。为什么你的公元纪年会比阴历纪年多一年。

王：这样就方便了，不然总会有些人，有些 1735 年或者 1736 年，就差一年。

江：对，这样也免得人家疑问。为什么就比他多一年呢？不多一年实际上是不合理的，那么你加了一个月份和日期呢，人家就清楚了。

王：这是按照中国传统的习惯，比如说一般 2016 年腊月三十晚上生的，腊月三十晚上出生的人，虽然只有几个小时，可能就算他 1 岁了。其实腊月三十晚上，按照公历他已经进入 2017 年了，这种情况下如果用公元写 2017 没有问题，但是按照传统写还是要写到 2016 去。

江：这个问题前几年比较混乱，例如人物生卒年：

王守仁，《辞源》作 1472—1528，《辞海》作 1472—1529。

徐霞客，《辞源》作 1586—1641，《辞海》作 1587—1641。
卢文弨，《辞源》作 1717—1795，《辞海》作 1717—1796。
戴震，《辞源》作 1723—1777，《辞海》作 1724—1777。

人物生卒年著录的不一致现象不仅存在于辞典中，也存在于一些论著中。如游国恩等主编《中国文学史》、袁行霈主编《中国文学史》等，著录袁枚生卒年均为 1716—1797，而王英志主编《袁枚全集》则作 1716—1798。

以上都是我国历史上有影响的人物，上面提到的辞典、著作也是人们经常使用、且具有相当权威性的，出版社也是国内一流的出版社。所记各人的年份，都有一年的差异。这也是没有注意到农历、阳历两种历法不同而形成的年代交叉问题。最近好像已经比较注意了。

王：虽然这些是表面一些细小的东西，其实还是要用一些方法来处理的。不然会带来很大麻烦。

江：当时为什么这样写？因为我是这样想，有时候我著书吧，会想到如果自己要用这部书，需要什么，我做的时候尽可能按照我自己的要求去做。所以，我们当时在做《江苏地方文献书目》时把馆藏号都注出来，那这样的话，我拿到书就可以去找书了，对不对？我们把生卒年换成公元的月份和年份呢也是这个道理。我自己也需要用啊！

王：方便。

江：对，我觉得你给人家提供方便，最后方便的还是自己。

《年表》出版后，陆续看到了一些纠正、补充的意见。我还准备要修订这部书。为此也做了一些准备。主要是三个方面。一是把自己看到的这些意见都收集了起来。二是自己平时看到的一些资料作了记录。三是购置了部分资料，尤其是近年出版的清人年谱。

十一、《清朝进士题名录》

王：江老师您为什么要编《清朝进士题名录》，这本书编起来也不容易啊！

江：说起来也是当时在做《明清苏南望族文化研究》的时候，看到江苏的进士特别多，我们常用的一本是《明清进士题名碑录索引》，那本书有明有清嘛。后来我想把清代部分的整理一下吧。因为清朝进士，也是清朝一个重要的政治力量，把他们的进士题名重新做一下，也很有意思。科举在众多古代文人生命里占了很重要的部分，"金榜题名"更是人生大事，所以我决定纂辑一部清代进士的题名录。

当时自己的基本想法是要把国内现存的清朝进士题名文献都看到，在此基础上做一个全面的校勘。从后来的情况看，这个想法基本实现了。

清朝进士题名文献包括

《清朝进士题名录》

硃卷、小金榜、题名碑、会试录、登科录、履历便览、齿录、题名录、地方性进士题名录、地方志中的"选举志"等。这些文献凡现存的我全部看了。我在书后附了一个参考文献，所列出的图书也就差不多是现存的清朝进士题名文献。其中有几次看书的印象比较深。

宁波天一阁收藏了大量的明清科举文献，其中顺治三年、四年，康熙三年、六年、九年、三十三年的进士三代履历便览，顺治三年丙戌科会试春秋房同门录、康熙二十一年壬戌科殿试题名全录（残），都是国内图书馆没有收藏的，只有天一阁才有。有一年的春节期间，我先到上海图书馆看了书，然后去宁波。在上海的时候天气已经不太好了，就有些犹豫要不要去宁波。后来竟然下雪了。坐在到宁波去的火车上，看着车窗外飘起的雪花，心里一直发愁。因为大部分图书馆遇到雨雪天气是不让看善本的，而我这次要看的还是国内孤本。所幸走到一半天气已经渐渐好起来了，到宁波时天气已经完全好了。这次在天一阁图书馆看书非常顺利。中午闭馆休息，去天一阁博物馆转了一圈，特别去看了天一阁宝书楼。清廷收藏四库全书的藏书楼就是仿照天一阁构置的。

在首都图书馆，看到了所藏清朝进士题名碑的全部拓片。拓片品相极佳，除少数几件因原碑已漫漶因而字迹模糊难以辨识外，大多清晰可认。我把这些拓片全部拍摄了下来。在第一历史档案馆，看到了该馆所藏的小金榜。清朝文进士考试恩正科共112榜，现在实际存小金榜73榜。馆里将所存的小金榜全部摄制为缩微胶卷，我是在显微胶卷阅读机上阅读的。后来还借出了小金榜原件，目验了小金榜的真实形态。

在北京期间，还去孔庙观看了清朝的进士题名碑。进士题名碑是指镌刻有清朝全部进士姓名及甲第、籍贯的碑石。为了验证文献的记载，还实地丈量了题名碑长宽厚的尺寸。因为碑身太高，够不着，还去附近的建筑工地找了两个竹竿。先用竹竿竖着量好高度，再把竹竿横放到地上，用随身带的卷尺量竹竿的长度。因为去北京之前就准备去看题名碑的，所以事先带上了卷尺。

清朝进士题名碑碑身大小相差是非常悬殊的。从丈量结果看，顺治三年碑是最高大的，高 3.2 米，为清朝进士第一碑。后来建立的所有碑都没有达到这一规模。乾隆二十五年的碑高 1.62 米，只及顺治三年碑的二分之一。还有更矮小的，康熙二十四年题名碑只有 1.33 米。

王：这个书和您刚才提到的那本《明清进士题名碑录索引》相比，您觉得在清代的进士研究这一块，有哪一些推进？

江：《明清进士题名碑录索引》编得也是很不错的，也是我自己常用的工具书。我这个编的角度和他不同，它是从索引的角度编的，我则按照每一科进士题名碑的原始顺序来整理的。跟它相比嘛，我觉得一个很大的重要变化就是，好多人物我都做了考订。如上面所说的，我们国内的清朝进士题名文献我差不多都看了，做了认真的校勘，还与实物作了对比，所以在进士题名的著录上比较准确，也纠正了前人、包括这部《明清进士题名碑录索引》的错误。

王：通过做这样一种书，您觉得这部书对研究清代的一些学术文化会带来哪些方便?

江:当然还是查考方便。我当时在做这个书的时候,就有两个想法,第一个就是力争为使用者提供一个完整的名单,第二个就是力争为使用者提供一个准确的名单。

王:通过这部书,能不能反映出当时清代科举考试的一些问题?比如地域的问题、教育的问题。

江:当然可以,这个题目我本来也是想做的,后来就放弃了。我原来是有这样一个打算的,这个进士题名录已经全部录到电脑里面了,我要做分析是很现成的。我想从几个角度,从科举考试的年龄、地域分布等等去挖掘,可惜呢有这个想法,没有做下去。后来我知道有人在做,而且经常和我联系,我就不做了吧。再说那时候又转到做《四库全书》上面去了,也就没有继续往下做。

十二、其他文献整理

王：江老师在古文献所早期和徐老一起合作编过《广雅诂林》，这个书在学界影响蛮大的，当时你们怎么想到要做这样一本书？

江：是徐复先生指导我们做的。徐老是我们古文献所名誉所长。徐老说《广雅》一书的价值非常大，想仿照丁福保《说文解字诂林》的样子，编一套《广雅诂林》，需要有人参加。当时我到古文献研究所刚刚参加工作，所里就让我参加了这个项目。所里还有其他几位老师也一起参加了。

王：我看是手抄影印的。

江：对，因为这没法排啊，主要是有两个原因。一个原因是《广雅》里面异体字太多，没法排印，我们现在都没办法，当时更不可能排出来。《广雅》是三国魏清河人张揖所撰的一部训诂书，其书按照《尔雅》的体例，补所未备，被认为是研究汉魏以前词汇和训诂的重要著作。《广雅诂林》就是把解释《广雅》的有关著作，如卢文弨《广雅注》、钱大昭《广雅疏义》、王念孙《广雅疏证》《广雅疏证补正》、张洪义《广雅疏证拾补》等书收集起来，然后按照《广雅》原书的分条顺序，把相关的解释编排到每一条下面。但因为原书大大小小，放在一起不好看，阅读也不方便。这是第二个原因。这样，徐复先生就请了金坛的三四位书法家来抄写。

王：现在这个稿子还在出版社？

江：在不在，我不知道了。作者的稿本进了出版社，一般就不退了，这是规矩。

说到这个稿子的事，又回到上面的问题了，即送到出版社的这部稿子是抄本还是稿本？这部书稿是徐复先生主编的，这没问题；但这部书稿不是徐复先生自己书写的，是由金坛的书法家抄写的，这也没有疑问。你说这个是稿本还是抄本？就这一份，我们拿到出版社出版了。

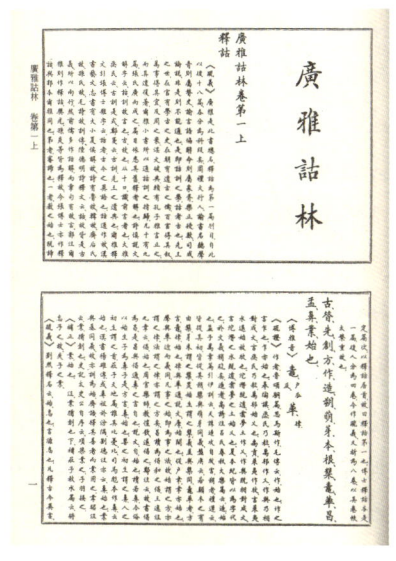

《广雅诂林》

王：严格来说应该是稿本，就《广雅诂林》这个书来说是稿本。

江：是的，我认为这就是稿本中的清稿本。《广雅诂林》的价值这里没法说明，就把当时编纂的情况简单说一说。

王：江老师还和赵国璋老先生一起合编过《文史工具书概述》，我到咱们这来，上过几轮工具书的课，这个教材我觉得是用得最顺手的一本书。当时我用这个书，上这门课，上课前让他们每人读一章，一共十六章，上十六次。每次上课前，学生先读，读完以后，我直接找这一章比较重要的问题来讲，我不知道效果怎么样，也没问过。但我觉得这书很好用。从编的角度来说，您觉得这部书，与同类型的工具书相比，它的一些特点在哪里？

江：这部书编得也是比较早的，当时全国高校古委会要编一套教材。"文史工具书"就给了赵国璋先生。赵国璋先生就让图书馆的王长恭老师和我也参加，分头编写。如果说要和其他书比，有什么特点。因为这本书本来就是为了古文献专业编写的，所以相对来说古文献专业这方面的内容比较突出一点，也更复合古文献专业的实际需要吧。后面还有实例，赵先生非常注重通过实例来解决古籍检索工具书存在的一些问题。我们就结合自己平时考订的一些经验，结合教材的特点，做了一些编排。后来这部书在韩国出版了韩文版，古典翻译院2008年出版，2015年重印。

王：江老师，您觉得我们现在的本科生，无论是咱们古文献的学生，还是文学院其他专业的学生，对工具书这门课程，表面上好像有相当的人还是有抵触情绪的，说为什么要开这样的课程。

《文史工具书概述》

您觉得从编这个书，到上这门课的情况，这门课程对于学生从事文献研究有哪些作用？

江：学生有抵触情绪是自然的。因为他的想法或方向跟教科书的方向肯定是不一致的。因为教科书只是解决普遍的问题。作为学生来说，他有自己特殊的研究方向，那么在他看来，和他的爱好没有关系的东西，认为都不重要。另外，他还可能认为工具书无非就是教自己怎么样查查书。其实，工具书要用好的话，对自己以后的研究工作，会非常有帮助的。我想解决一个问题，研究一个课题，首先需要解决两个问题，即需要哪些图书，到哪儿去找到这些图书。在海量的文献中，怎样用最短的最经济的方式，最快地找到所需要的资料，这些都需要具备一定的文献检索知识和文献检索能力。这对我们学生来说，是非常重要的，这也是工具书的价值吧。

至于学生认为有好多内容跟自己的爱好不一致，每门课程都会有这种情况存在吧。所以我觉得要上好这个课，一方面呢，学生要端正自己的认识，另一方面呢，老师也要尽可能在不影响教材系统性的前提下，根据学生的特点做一些适当的调整。

王：对！其实一些课程可能有时候不仅仅是说你感不感兴趣，关键它和你这个专业要相关要有用，对你有帮助，是吧！这样可能会更好一些。

江：是的。

十三、《四库全书荟要总目提要》《四库全书初次进呈存目》

王：我们知道江老师最近还在做四库学方面的研究，可以把这方面的情况介绍一下吗？

江：好的。我最早知道《四库全书》，还是在大学上工具书课的时候。当时任课老师是赵国璋先生，他说如果能把《四库全书总目》从头看一遍，就可以对中国古代学术有大致的了解了（大意）。当时自己也没过多去想，因为感觉自己也不太可能去读一遍。参加工作以后，因为校对《古文献要略》，才想起看《四库全书总目》。看过几篇，觉得很有收获，就想自己买一套，放在身边，可随时看。这时南京书店里没有这本书，恰好去北京出差，我到琉璃厂去转了转，看到有这书，赶紧买了下来。这时候是1985年9月。但图书买回来后实际并没有认真去读，除了偶尔需要用到这部书才去翻一翻外，一直没有认真细读，当然也谈不上研究。

王：那么后来怎么又开始做四库学的研究了呢？

江：是这样，我原来不是一直在做清代和江苏的文献整理和文献研究吗？大概是在2006年前后，《清朝进士题名录》基本做完了，我就在想接下来做什么，怎么也得找个事情干啊。这个时候我就想起来，那套《四库全书总目》放在那里好长时间了，拿起来看看吧。这样，就逐渐转到四库学研究这方面来了。开始时是写了几篇文章。

王：江老师，您最早整理的四库学著作是《四库全书荟要总目提要》，您通过整理这书，觉得《四库全书荟要总目提要》和《四库全书总目》，他们之间是一种什么关系？有什么差异？

江：《四库全书荟要总目提要》和《四库全书总目》这个说起来，就是两部书，当然它们之间有紧密联系。我们都知道《四库全书总目》，这里面包含有提要。《四库全书荟要》里面有一个《总目》，另外还有一个提要，为说明方便，可以分别称之为《荟要总目》《荟要提要》。我们都知道《四库全书总目》是纪晓岚最后定稿的，《荟要总目》是谁定稿的呢？没有人提到过这个问题。也许这和以前大家对《四库全书荟要》不熟悉有关，也许大家认为也是纪昀最后定稿的。

其实不是的。《四库全书荟要总目》是陆费墀写的。正是这个作者的不同，使得《四库全书荟要总目》和《四库全书总目》有许多差异。我写《〈四库全书荟要提要〉与〈四库全书总目〉学术立场差异考论》一文，只是比较了《荟要提要》和《四库全书总目》的差异，没有比较《四库全书荟要总目》和《四库全书总目》的差异。当时也没有意识到两部"总目"的作者（或定稿者）不是同一个人。这个是我后来在做《〈四库全书荟要〉研究》时发现的。因为这两部书的作者不一样，所以它的好多观点从文字上来看几乎没有重复，从观点上来看，有好多都是不一样的。所以在

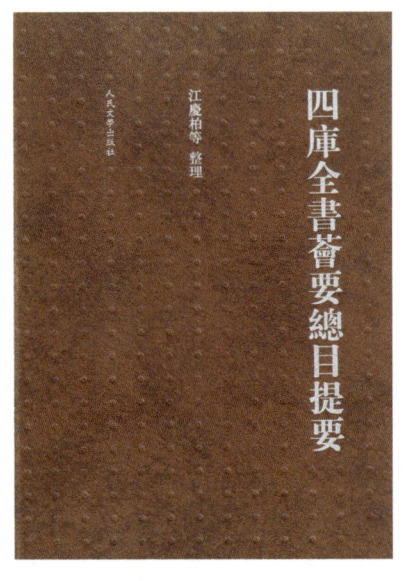

《四库全书荟要总目提要》

我的《〈四库全书荟要〉研究》里面,专门有一章讨论了《四库全书荟要总目》和《四库全书总目》的差异。

王:《四库全书荟要》里的总目和《四库全书》是不太一样的,提要基本上是一致的,是不是这样?

江:《四库全书荟要》里面的提要和文渊阁《四库全书总目》的作者还是同一批人,不过这两部书观点也有差异。这与提要后来的修改有关。

王:你们整理《四库全书荟要总目提要》这个书的时候,做了哪些工作?

江:《四库全书荟要》原书在台湾故宫博物院,1988年台湾世界书局出版了影印本,500册。我们学校有一部,但一直在图书馆里。使用的人不是很多,主要是不方便。它的《总目》在全书的前面,提要则在里面收录的每部书前面,去翻看很麻烦。为方便阅读及比较,我们将原各自分开的《荟要总目》与《荟要提要》,按著作予以合并,即将《荟要提要》中各书提要,分别并合在《荟要总目》各书下。《荟要总目》和《荟要提要》各自的内容未作改动。这样，书名也改称为《四库全书荟要总目提要》。

王：把两部书并到一起，做了整理本。

江：把同一部书中的两个部分合并到了一起。

王：刚才您还说到《四库全书初次进呈存目》是在《四库全书荟要总目提要》做完之后整理的，为什么想到要整理《进呈存目》这本书呢？

江：这个书是这样的，2010年我正好到台湾去参加一个学术会议。在去之前有人告诉我台湾的图书馆里面有一部《四库全书初次进呈存目》，那个时候这部书影印本还没出来，也没有一篇论文研究这部书。这部书究竟是什么样子，大家都不知道。他告诉我以后，我想正好去台湾，就去看看吧。那次在高雄开完会以后，就去了台北。到图书馆后，我想把这部书看一下。书已经全部扫描好了，可以在图书馆的电脑上看。我正好把我的笔记本电脑也带过去了，《四库全书》都安装在里面。我就把这个《四库全书初次进呈存目》和自己电脑里的《四库全书总目》两个一对照，发现文字完全不一样。我从来没看到过这部书。我立即意识到这部书对四库学研究具有相当的价值。于是我就和图书馆商量说，能不能请他们帮我打印一下，我付费用。因为我在台北也就一天多时间，来不及看完。工作人员说不好帮你复制，因为费用很难算。他们当然不能白白帮我复制，馆里制度不允许的；我要支付打印的劳务费呢，他们又说不知道能不能收费、该怎么收费。最后他们说你可以自己打印。打印机就在电脑旁边，你自己看到需要的你就把它打印出来。他们这么一说,我就想只能自己来办了。

非常感激的是,"中研院"陈鸿森先生知道我要去图书馆看书,特地派了他的助手来帮我。既然馆里不能帮助打印,就自己来吧。好在馆里的电脑是连着打印机的,一页一页往下打印,自助打印,插卡计费,还是很方便的。我和陈先生的助手两个人一起在图书馆打印了一整天。我是第二天下午回南京的飞机,第二天一早赶到图书馆,又打印了一个上午。两台机子同时打印,到中午所剩已经不多,我就请陈先生的助手帮我打印好寄过来。我记得我当时把已经打印出来的稿子装在一个空的复印纸箱里,装了满满一箱,一共有 2000 多页。就这样拎着那个纸箱上了飞机,拿回来了。

《四库全书初次进呈存目》

王:《四库全书荟要总目提要》是姜雨婷他们那一届整理的,《四库全书初次进呈存目》是李佩他们那届整理的。

江:是的,姜雨婷他们那一届有门课叫《古籍整理研究实践》,那一次是我给上的。我说我们不要纸上谈兵了,不搞"模拟"的,干脆来一个实打实的,搞一个能出版的。既然是"整理实践",大家分工做一下。学生分头录入,录入稿打印出来后又分头校对。我通看全稿,写出校记,并写了前言等。《四库全书荟要总目提要》就是这样做的。从台湾带回来的《四库全书初次进呈存目》,是李佩他们这一届整理的,他们班上同学也是每个人分了一点,录入整理,最后我来汇总。基本和《四库全书荟要总目提要》的做法相同。这部书 2015 年由人民文学出版社出版了。

在我们这部书初步整理好、还没有出版的时候,我们看到了台湾大学中文系夏长朴教授研究这部书的论文,认为这是《四库全书》"各书提要的首次编辑成册,虽无《总目》之名,却有《总目》之实,可以说是《四库全书总目》的原始面目"。2012 年台湾商务印书馆影印出版了此书原稿,共 9 册。2016 年 3 月陕西师范大学出版总社出版了赵望秦教授等整理的《四库全书初次进呈存目校证》。

王:咱们的本科生有一门课是"古籍整理研究实践",我觉得这个课程上得最好的是江老师,江老师带学生整理了两本书,而且两本书都出版了。您觉得通过这样一种方式,整理这个书,对学生学习文献学会有一些什么样的帮助?

江:王老师过奖了,不敢说是上得最好。我觉得这门课,重要的是实践。这门课一般安排在大三、大四,在此之前,同学们基本学完了专业的课程,这个"实践"就是要把以前学到的知识、培养的能力,综合运用起来。以前我们上这门课,一般就是找一些书,大家标点整理一下,然后就交上来。这样来培养大家文献基础知识的应用当然也是很重要的，但是我想，如果实际整理一部书，这部书又能出版，那对大家不是更好一点，更"实"一点嘛。做实际的图书出版，跟"模拟"的古籍整理实践，大家的感觉可能会不一样，效果可能也会不一样，大家的积极性也会更高一点吧。所以我想，既然我手边有这两种书需要整理，就不妨让大家一起来做一下。当然最后还是我把关。

从我们专业建设的角度来说呢，我觉得也可以考虑以后让学生做一些工作量不是太大，适合出版的那些书。通过实际整理，完成课程教学，也完成图书出版，这是好事。

就在整理这篇"访谈录"时候，读到了一篇"文献古籍'伪整理'现象愈演愈烈，正本清源已成当务之急"的文章。文章说，近年来古典文献的整理出版出现了无视学术规范，粗制滥造、简单拼凑和袭用他人成果不加说明的情况，致使"伪校点"等出版物屡见不鲜。愈演愈烈的古籍文献"伪整理"现象，破坏了这一领域的学术生态（《中华读书报》2018年4月21日《2017年度中国人文学术十大热点》）。我想我们的这些实践，就是能让学生实实在在从头做起，将最终的成果建立在自己劳动的基础上，而不是轻易使用他人的研究成果。学生对这个也是欢迎的。我们有个学生徐远超，在网上发了一篇"《四库全书初次进呈存目》整理体会"的文章，说："我认为，这样的实践总体来说对我们的古籍阅读能力、古籍整理能力、古文献研究能力起到了促进作用。"

王：《四库全书初次进呈存目》这本书做完以后，给《四库》学研究带来什么样的便利？

江：大家用这个书比较方便。台湾影印的《四库全书初次进呈存目》9大册，价格很高，一般人不大可能买那个书。我们现在把它整理出来，为四库学研究提供了一个基础文献。

王：在《四库总目》里面经常会提到谁进呈什么书，那个记录和这个相比起来有什么大的差异吗？

江：《四库全书总目》里说到的那个"进呈"，和《四库全书初次进呈存目》这个"进呈"没有关系。《四库全书初次进呈存目》的确切意思是什么，不太清楚。我们推测这个书名中的"存目"即"留存之目"的意思，就是当时留存在四库馆中的一部书目。

王：就是初次进呈的这个都是一些比较原始的资料。

江：对的，它就是一个对图书相对来说比较简单的说明，所以没有像后来的《四库全书总目》那么完善。这部书以前没有人注意到，所以一直没有对此书的研究。还是近几年才被学者关注到，台湾大学夏长朴教授、北京大学刘浦江教授等，先后都写过研究论文，但总体上对这部书的研究还可以再深入。

《四库全书初次进呈存目》虽然内容简单，文字单薄，但在四库学研究，尤其是四库提要的研究中，却有着特殊的意义。在《四库全书》诸提要稿中，《四库全书初次进呈存目》处于承前启后的地位。承前，即上承各分纂官撰写的分纂稿，它是各分纂稿的汇总；启后，即它又是构成各四库本提要以及《四库全书总目》的基础。可以这样说吧，有了这部书，才形成了一个完整的四库学提要文献系统。

　　当然就我个人来说，这部书的整理以及自己对这部书所做的初步研究，也为后来申报国家社科重点项目提供了文献依据和学术基础。

十四、《〈四库全书荟要〉研究》

王：江老师即将有一部大作要出版，就是《〈四库全书荟要〉研究》，这个书是和最近几年做的项目有关吗？请您谈谈相关情况。

江：之所以做《四库全书荟要》，主要有两个原因。第一个原因是这部书当时还没有多少人在研究。台湾学者吴哲夫先生出版了一本《四库全书荟要纂修考》，我感觉还是简单了一些。这部书大陆图书馆有收藏的并不多，南京图书馆就没有。我们学校自己图书馆有一部，不用就太可惜了。资源浪费了。第二个原因是，我和学生一起把《四库全书荟要》的总目、提要整理出来，而且出版了。在这部书前面我写了一个《概述》，大概有几万字吧，把《四库全书》的基本情况系统说了一下。后来刚好要申报国家项目，我就抱着试试看的心态，报了一个叫《〈四库全书荟要〉研究》的题目。

王：就是作为国家项目的成果。

江：对，后来我就把它作为国家项目申报了，还批下来了。我就说啊，有的时候你想的事情很多倒实现不了，有时候你觉得没希望的很多都有希望了。我开始还只是试着报报看，结果还真给批下来了。

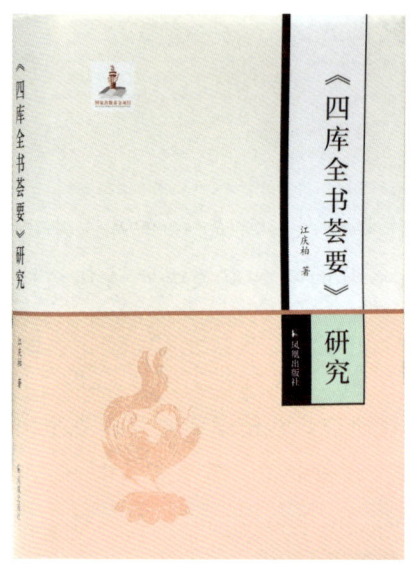

《〈四库全书荟要〉研究》

王：《四库全书荟要研究》这本书中主要是在讨论一些什么样的问题？

江：这个我是想把《四库全书荟要》作一个系统的研究。大致上说，包括三部分内容。一个是《四库全书荟要》编纂的一般情况，一个是四库提要的比较研究，还有一个是《荟要》本的比较研究的问题。

王：江老师您说到每个选题，为什么要选，选了以后怎么做，主要讲一讲您的思路。

江：我这个呢，跟各位同学研究方向也不一致，不一样啊。

王：方向虽然不同，但做法其实是一致的，尤其是这个思路和治学方法都非常重要。

江：《四库全书荟要》是一个国家项目，就刚才说的嘛，我是在《四库全书荟要提要》整理和前面概述的基础上报了这个项目。从整体的情况来看呢，基本还是按照原来的路子来走的。《〈四库全书荟要〉研究》这部书的具体内容就不再一一细说了，就我自己的几点体会跟大家说一说。

第一，做任何课题首先还是要充分掌握文献资料。就《〈四库全书荟要〉研究》这个课题来看，我把500册的《四库全书荟要》原书资料都收集到了。除此以外，我还收集了文渊阁《四库全书》的全部原始资料，还有目前能看到的所有的四库提要类文献，等等。这些文献收集到后，对文献的比较、研读，带来了很多方便。例如随时随地在家里就可以使用，不必全部要跑到图书馆去了。

第二，我们做文献学研究，要注重文献的比较。因为有比较才有鉴别，有比较有鉴别才有话可以说。因为收集的资料相对较为齐全，所以文献的比较也相对较为顺手。从比较的角度着眼，发现了好多重要的问题。

可以举一个简单的例子，我们都知道，传统的图书分类法是经史子集四分法。而在这个图书分类体系中，存在着一个各有等差而不并列的情形。也就是说，四部之中以经部为最大，史部次之。而同一部中的不同类目之间，也存在一个等差问题。按照这个标准，我们看以下的两个表中，比较《四库全书荟要》和《四库全书》部类的变化。

表一：

书　名	作　者	《荟要》分类	《全书》分类
御定孝经衍义	顺治帝	经部孝经类	子部儒家类
圣祖仁皇帝庭训格言	雍正帝	史部诏令类	子部儒家类
圣谕广训	雍正帝	史部诏令类	子部儒家类
御批通鉴纲目前编	康熙帝	史部编年类	史部史评类
御批通鉴纲目	康熙帝	史部编年类	史部史评类
御批续资治通鉴纲目	康熙帝	史部编年类	史部史评类

续表

书　名	作　者	《荟要》分类	《全书》分类
附录：御定资治通鉴纲目三编	乾隆帝	史部编年类	史部编年类
附录：御批历代通鉴辑览	乾隆帝	史部编年类	史部编年类
御定广群芳谱	康熙帝	子部农家类	子部谱录类

表二：

书　名	作　者	《荟要》分类	《全书》分类
钦定西域同文志	乾隆帝	史部地理类	经部小学类
御制律吕正义后编	乾隆帝	子部数术类	经部乐类
钦定淳化阁帖释文	乾隆帝	子部杂艺类	史部目录类
钦定叶韵汇辑	乾隆帝	子部类书类	经部小学类
御览经史讲义	乾隆帝	集部奏议类	子部儒家类

表一的情形是类目的"降"，即从上一级类目降到下一级类目。表二是类目的升，其基本情形是史部、子部、集部图书升到经部、史部、子部。如果看一下作者，就会发现，乾隆帝以外的三代皇帝的敕撰本部类全部下降了，而乾隆帝的敕撰本部类全部上升。最明显的是有关"通鉴"的几部书。《荟要》都在编年类，《四库全书》则将康熙帝的三部移到了史评类，乾隆帝的两部仍留在编年类中。《四库全书》史部分为15类，编年类为第二类，史评类为最后一类。

通过比较可以看到，从最初编纂的《四库全书荟要》，到其后编纂的《四库全书》，其间时间虽不长，但四库馆臣对皇帝的态度却有了截然不同的差别，一个基本的倾向是贬抑前朝皇帝，抬高当朝皇帝。通过比较，这个差异很容易看出来了。

所以，从方法论的角度来看，在充分掌握文献的基础上，进行充分的比较，考察其间的异同，往往能够得出许多新的结论。这是我深有体会的。所以，在我这个书里有一块很重要的内容就是《四库荟要提要》的比较研究，就把《四库全书荟要总目提要》和其他的四库提要进行比较。

第三，注意文字的差异。文字的差异很多时候不是光从文字的比较上能够考察出来的，必须进行综合分析。

十五、《四库提要汇辑汇校汇考》

王：这几年我跟江老师接触，江老师的《〈四库全书荟要〉研究》是国家社科基金研究项目，已经结项了，马上要出书了①。另外江老师手头还有一个国家社科基金重大项目，还有一个上面已经说到的"江苏文脉工程"里面的"史料编"。这两个都是非常重要而且难度非常大、工作量很繁重的项目，我不知道江老师您是怎么样来运作这两个项目，或者是怎么样来处理难度这么大的工作和平时生活之间的关系的。我经常在家里想，我手头也有一些事情，如果我要像江老师这样，可能就垮掉了，什么也干不下去。因为这么重要的项目，江老师做得游刃有余，而且江老师每年不断地有成果在推出。目前这两个重点项目的进展是个什么样的情况？请您来谈谈？

江：王老师客气了，其实你也做了不少课题，而且反映很好。我手头现在就是两个项目，一个就是国家社科基金重大项目《四库提要汇辑汇校汇考》，还有一个是江苏省社会科学基金重大委托项目"江苏文脉工程史料编研究"。这两个课题也不是凭空掉下来的，也都是以前逐步积累下来的。很明显，之所以后来省里"江苏文脉工程"找到我，肯定跟原来我们编过《江苏艺文志》《江苏地方文献书目》有一定关系。刚才不是跟大家说过了嘛，在编第一

---

① 《〈四库全书荟要〉研究》已于2018年8月由凤凰出版社出版。

本《江苏艺文志》常州卷的时候，那个时候真的是很愁啊！一两年下来看不到结果，而且看不到出版的希望，以后还不知道该怎么办。而且据说当时的职称评定也在逐步地改变，那么很有可能做出来还不被学术界承认。当时能不能做完都不知道，后来真的是硬着头皮在做。但是很幸运的是，遇到了机遇，而且我们也抓住了，然后才一步一步做出来的。

江先生在杭州文澜阁留影

《四库全书》也是这样的，实际上我老早就买了《四库全书总目》，但后来一直没有用。我真正沉下心来做《四库全书》研究，是2007年前后，后来遇到一些困难，但都坚持下来了。如果没有原来的积累的话，我后来要承担这两个项目也是不可能的。所以我说事先的积累很重要，做着做着，自然而然项目就会扩大开来。所以我觉得一定要打好基础，同时还得要时刻关注一下学术界的发展情况。

王：现在《四库提要汇辑汇校汇考》的这个重大项目目前

有没有完成一半啊？

江：一半倒还没有，正在慢慢做。现在来看，这个题目我们原来设想还是简单了一点。汇辑、汇校相对好一点，汇考难度很大。四库提要之间是有许多差异的，如何分析这些差异，是一个难点，但做好了也是真正体现这个课题的价值的地方。

这个课题是2015年批准立项的。课题被批准后，我们主要做了以下工作：调整课题队伍、制订工作手册、举行开题报告会。2017年进行了中期检查。

2016年3月19日国家社科基金重大项目
"四库提要汇辑汇校汇考"开题报告会

在课题进行过程中，我们陆续发现了一些新的四库提要文献。

例如《文源阁提要》。天津图书馆藏内府写本《四库全书》的卷前提要，共 1433 篇，约九十七万字，分装六十册。其篇幅相当于《文渊阁提要》的十分之四，字数超过《文渊阁提要》的一半。由于书中没有留下任何标记，单凭提要自身难以直观地看出是属于哪一阁的提要，所以长期以来一直被忽略了。此前该书不见著录、无人言及、更无研究成果。我们经过分析比较，认为这部提要就是四库七阁之一的文源阁提要。《津图提要》很有可能就是从已经抄写好的文源阁提要中撤换出来的。

再如《永乐大典本提要》。在四库提要的撰写过程中，根据不同的阶段、不同的文献类型，会形成一些有一定阶段性的、或具有独特性质的提要文献。例如《武英殿聚珍版提要》即属于这类提要，《永乐大典本提要》也属于这类提要。《四库全书》中的永乐大典本是指从《永乐大典》中辑出的佚书。这批辑本在收入《四库全书》时，同样都会撰写一篇提要。我们在现存四库馆臣辑《永乐大典》抄本（四库底本）中，发现了《东观汉记》《宣和北苑贡茶录》《王魏公集》《环溪诗话》四篇书前提要。这几篇提要在文字上和今本四库提要有许多差异，有的如《环溪诗话》与现存书前提要完全不同。在形制上和今本四库提要基本相同，但也有一定差异。所以我们倾向于认为《永乐大典本提要》与《武英殿聚珍版提要》一样，是一种具有一定独立性的四库提要。

王：江老师的精力好，协调能力也非常强，这个很难。

江：这个主要还是大家支持。

十六、余论

王：江老师做的这些成果，像《清代人物生卒年表》我是摆在桌上，几乎每天都是要翻的。我在想，刚才江老师提到一个学术界的评价体系问题，评职称的各种问题，我们难免每个人在从事学术研究的时候，躲不开也要考虑，哪个算成果，哪个不算？其实，江老师的《清代人物生卒年表》和《清代进士题名录》这两部书在学界影响很大。但是可能如果在评职称时，这两种书还比不过《明清苏南望族文化研究》《近代江苏藏书研究》等。

江：这两个书，《清代人物生卒年表》评职称可能用不上，但是《清朝进士题名录》我觉得应该还可以，因为我这里面有不少考证。当时，我把我们国内的有关的进士题名文献都看过了。

王：我是想说明一个什么问题呢？学界评职称的时候，古籍整理啊，编工具书啊，可能他们总觉得工具书嘛，编编而已。但其实里面所涵盖的知识量和所付出的辛苦，绝不亚于你写一部专著。

江：这个也不太好比较。

王：对。

江：各有各的难处吧。关于王老师刚才说到的评职称成果认定的问题。现有的评定方式肯定是有问题的,这个需要大家呼吁改革,并提出切合实际的方案。不过在改革之前,还是要适应这个规则。要找到各方面都满意的平衡点太难了。

王:所以,江老师提到您编的《江苏艺文志》,包括其他的书目,做了很多目录学的工作。要是没有前面这些编纂目录的工作,恐怕您这后边的项目都落不实。

江:对,是的。就《江苏艺文志》来说,纯粹是一部书目。一条一条的,就是一个人写了哪些书,如果这部书今天还存世的话,有哪些版本,都藏在哪个图书馆里;如果这部书不存在了,那么最早是在什么地方著录的。很简单的样子。但其实它对社会的作用是很大的。例如好多做地方文化研究的学位论文,都会用到这部书提供的资料。这次省里编纂《江苏文库》,我们也是依托《江苏艺文志》先行编出了《江苏现存书目》,为课题组提供了文献依据。就我自己的一些研究工作来看,也都和编这部书时打下的基础有关。

王:咱们古典文献专业现在调整课程设置,要给学生上目录学的课。请您从做项目的经验中,谈谈目录学有什么用?或者怎么样做,能做得更好一些。

江:目录学是做学问的基础,这个古人早就说过了。王鸣盛说:"目录之学,学中第一紧要事,必从此问涂,方能得其门而入。"这段话是许多人都熟悉的。你做学术研究,当然需要目录,需要文献资料。文献资料到哪里去查,有目录学基础的人肯定效率更高，可以少走不少弯路。当然走弯路也不一定全是坏事，起码你看到了另一番风景。这个可能和你目前的研究工作没有关系，但说不定以后就会有用了。我这里说的效率更高，是针对正在做的事而说的。

王：江老师一下午讲了快四个小时了。辛苦不辛苦？

江：挺高兴的，没感到辛苦。我们都是古文献专业的，不管是现在学习，还是以后工作，可能会经常有需要到图书馆查找文献。尽管电子书的大量出现，给我们提供了许多便利，但还是会需要到图书馆去的。我送同学们一句话，以后我们去图书馆看书，要尽可能跟图书馆员搞好关系。有时候你要找一本书吧，认识人和不认识人差别还是很大的。

王：其实，江老师做了这么多成果，做学问也非常严谨，踏实认真。勤奋更不用说。有好几个老师都跟我说，江老师骑车去南图，整日在南图查阅资料，来回奔波，十分辛苦！

江：那是以前，因为书都在图书馆里嘛，只能去。现在有好多电子版的书提供方便。说到纸质文献和电子文献，其实我倒觉得应该说各有所长，也各有所短。我现在做《四库全书》研究，好多都是在用电子版，但我最早的时候其实是不用电子版的。还在 2005 年的时候，我在南图古籍部看书。南图当时还在城西干道上，我的一个研究生李言告诉我，南图阅览室电脑里面安装了《四库全书》电子版，检索非常方便。我按照她所说的，随便做了个检索，确实很方便。不过自己当时并没有多想，还没有什么意识，因为我想《四库全书》根本不可能会安装到我的电脑里。后来我看《四库全书总目》，还是看我买的那本，就是一页页翻下去。这是我所做的记录。

这个是我当时查看《四库全书总目》著录的各地图书进献者时所做的记录。因为我看到一些著作，介绍各省进献图书的数量各不相同，于是想自己核对一下。我发觉自己数数经常会出现差错，要对一堆数字进行统计差错率更高。我就把数字（页码）都填写在方格子里了，一格一格挨着往下填，这样就不会出现数漏或数错的情况了。这是我的一个小"窍门"。做任何事都是有窍门的。

查看《四库全书总目》的记录

我把这个数字（页码）一一填写好后，又作了进一步的分析，马上就发现了几个问题。在此基础上，写成了《殿本、浙本〈四库全书总目〉著录图书进献者主名异同考》《四库全书私人呈送本中的家族本》《四库全书地方采进本的地域性问题》等文章，都是2007年写的。这实际上也是我正式写四库学研究文章的开始。

我后来在班上也跟同学们说过，再回过头来看，非常庆幸的一点是什么呢？就是我没有过早地用《四库全书》电子版，我不会用《四库全书》电子版，而且没有想到《四库全书》会安装在自己的电脑里。如果当时有电子版了，那么这个《四库全书总目》就不可能去一页一页翻了。不去翻的话，许多问题就不会发现。因此我体会到，在我们实质性进入一个课题时，开始的时候最好还是认真阅读纸质文献比较好。阅读使用纸质文献会促使自己花很多"笨"功夫，而这个功夫会在后来的研究中得到想象不到的收获。

还有当初查校《古文献要略》的时候，没有网络，没有电子版，全靠自己去翻，也是花了不少"笨"功夫。我现在来想，这个收获真的比直接使用电子版大。翻书这个过程是很重要的，绝对有必要的。现在都用电子版了，电子版没有的，才去查原书。

王：网络有它的便利之处，也有它的缺陷。

江：缺陷非常明显。当然我绝对不是要否认对电子文献的使用。事实上我现在也常常在使用电子文献，在我的一些论著中，也常常把常用古籍数据库及古籍检索系统列入参考文献中。我还在自己的电脑中专门做了一个文件，收藏所知道的电子资源库。这是一个不可回避的问题。我想强调的是，最好的是两者能够结合起来。2014年我在给陈鸿森先生《钱大昕潜研堂遗文辑存》一书所作的序言中说："陈先生取得这些成就不是偶然的，而是穷年累月辛勤搜集的结果。陈先生辑录钱大昕遗文始于一九八四、八五年间，二十余年来，穷搜冥讨，翻检之书不下二万种，且全是一人徒手检阅。而这些数据又极为分散。这是何等的付出，需要何等的毅力！电子技术的广泛应用，电子图书的大量出现，为今天的辑佚工作带来了许多便利。使用得当，可以收到事半功倍的效果，极大地提高效率。我们应该注意充分利用这些新技术。

但如果把整个辑佚工作都建立在这个基础上,并因此认为只要充分利用电子资源、辑佚工作从此就可以变得十分简单,则是十分危险的。"当然我知道今天的大部分人也都是这样做的,即把电子书和纸质书的使用结合起来,我这里不过是强调一下。

王:江老师刚才说到翻书。闲下来没事,到图书馆也好,书店也好,反正是把书架上的书,挨着这么过一遍,真的是有非常大的好处。江老师刚才说翻《四库全书》。我原来在西北的时候,西北师范大学有个教师阅览室。《四库全书》文渊阁台湾版,学校最早买了一套就放在教师阅览室。教师阅览室是夏延龄老师负责,我跟她很熟,老跑她那看书。她有什么事情,就让我帮她值班,我经常帮她看管书。有时候中午她不回来,我中午也就不吃饭了,就在那看,翻《四库全书》。后来恩师李庆善先生整理《大金吊伐录》,我就帮他借书,帮他去复印。经常翻,当时也没觉得翻了怎么样,但起码《四库全书》抄得怎么样,版式如何,还是清楚的。翻过和没翻过不一样,而且每个人抄的字迹也不一样。所以,有时候浏览书库或书店之书,从表面你不觉得怎么样,或者到图书馆去,比如说你在南图看书,看两小时书,累了,利用休息时间将书架上的书浏览一遍,我喜欢去浏览,如果有时候想起来找什么书,你就立马能找到,十分便利。

江:是。平时看书你不可能都记下来,也不需要都记下来,但是翻过以后,会有个小印象。这个印象非常重要。以后或是遇到某一类问题的时候,会有所回忆,自然而然会浮现这个以前的印象。所以我主张平时养成随便翻翻的习惯。浏览是非常有道理的。浏览和细看，泛读和精读，或者用现在的说法，碎片式阅读和深耕式阅读，是要结合起来的。

王：像现在说的，你看书最多的时候恰恰是你没有书的时候。你现在书多了，你能一本一本看嘛？不可能，但是还要把它翻一翻。

江：所以，很多事情都是前后有联系的。

王：江老师做得这些学术研究工作，真的是环环相扣的。我们专业老师给学生上课，江老师上"古籍整理研究实践"这个课是做得最好的，这两本书不仅锻炼了学生，而且出了成果。我给苏芃也讲（苏芃在上这个课），我说你可以按照江老师这种方式上。

江：这个不一定的，各人有各自的方式。我认为如果要做的话，量不要太大，也不要太复杂，本科生嘛，对吧？就是简单一点，可以出版，也有一定影响的。当时和学生一起做的两本书，量也都不是很大，这样容易把握。但这两本书我一直都在用，在我申报国家重大课题时，这两本书也是重要的组成部分，并且整理的过程也成为自己相关学术经历的构成部分。

王：表面上看，江老师怎么突然拿了国家重大项目，其实不是随便拿的，前面肯定有很多的基础研究做铺垫。

江：我的一个国家课题《〈四库全书荟要〉研究》，就是在整理《四库全书荟要总目提要》的基础上做出来的。没有那个书的整理基础，也就不可能写成《〈四库全书荟要〉研究》这部书。所以文献整理是基础，当然更好是把整理和研究结合起来。两者不是对立的，是相辅相成的。

王：今天下午我们向江老师请教那么多问题，江老师的主攻方向我觉得可以概括为三个方向：一个是明清文献尤其是清代文献研究，一个是江苏地方文献，还有一个是《四库》学研究。我那天向江老师请教，江老师给我一个您的论著目录，我最近一直在想向江老师请教什么问题。这些书目你如果不了解的话，貌似一个个的是不衔接的，但通过江老师讲解来看，它其实环环相扣，每个书之间都是有关系的，而且往往是有了前者才有后者，有了后者才会使前后更加相得益彰，从治学的角度给我们很多启发。但是同时我想向江老师请教这么一个问题，我们现在指导学生，无论本科生也好，研究生也好，我们经常还要指导他们写论文，指导他们治学，从您指导学生这个角度，怎么样去给他们引导，能够让他们更快或者更好地从事文献研究这一块？您有哪些好的经验？

江：经验也谈不上，而且各位老师的专业不一样，培养方法也会不一样。如果要说基本一些的，第一就是要立足"读"，要专注于基础文献，要反复读。俗话说"读书百遍，其义自见"。其次要善于"悟"，书中讲的道理也好，存在的问题也好，都必须自己去体味出来。再次要注意"通"，触类旁通，善于迁想。还有一个要做到"勤"，勤就是勤快，不松懈。勤于读书，勤于思考。刚才给大家看了我当年的笔记本。你看我当时写了这些东西,其实我现在想想写的这些东西后来也都没派上什么具体的用场。但是你不能说我当时写这些就没有意义,我就觉得实际上是在积累。

王:所以,我觉得江老师说的这些治学方法和经验,有很多对你们学生有借鉴作用!有时候我遇到一些问题,碰到江老师就请教,江老师讲得很简单,但对我启发很大。江老师这几年出版的书,我没有从头到尾读,但是每本书都读过一些,我知道江老师在做什么事情。所以,我觉得治学经验和方法,非

[史部 别史类]
《吴越春秋》

《荟要提要》云:"惟其後又列紹興路儒學學錄留聖。"其中"留聖"兩字,在文淵閣、文津閣《四庫全書》書前提要中作"留聖",在文溯閣《四庫全書》書前提要、《總目》中作"留堅"。

按:《四庫全書荟要總目提要》(人民文學出版社,P262)云:"元大德十年丙午紹興路儒學刻明修本、明萬曆十四年馮念祖臥龍山房刻本作'留聖'。"故文淵閣、文溯閣、文津閣《四庫全書》書前提要《總目》所述"留聖"、"留堅"均爲誤,觀其字形相近,當是因字形相近而誤。

批注[U179]:"留堅",文淵閣、文津閣《四庫全書》書前提要作"留聖",文溯閣《四庫全書》書前提要、《總目》作"留堅"。

批注[U180]:文淵閣《四庫全書》書前提要等作"留聖"、"留堅"均因字形相近而誤。

《十國春秋》

(1)《荟要提要》云:"任臣以歐陽修作《五代史》,于霸國仿《晋書》例爲載記,每略而不詳。"文淵閣、文津閣《四庫全書》書前提要與之同。"于霸國",在文淵閣《四庫全書》書前提要、《總目》中作"于十國"。

按:清周中孚《鄭堂讀書記》卷二十六史部十二(民國吳興叢書本)中有關《十國春秋》的内容,雲:"歐陽氏《五代史》附十國世家於末中,閒敘事,稱雅潔。然頗多遺漏立傳者,獨孫晟劉仁瞻數人而已。又於十國事時有未覈讀史者,或不足焉。"與文淵閣《四庫全書》書前

批注[U181]:文淵閣《四庫全書》書前提要、《總目》作。

江庆柏先生为学生毕业论文作批改

行走在历史文献的风景里
——江庆柏先生访谈录

常重要。而且江老师做这么多事,也没觉得难,江老师讲得都很简单,其实做起来也很辛苦。

江:其实应该是这样的,后面这个事基本是从前面这个事基础上来的,跟前面都有关系。

2014年,我们家乡的报纸有一个专栏,给我做了一篇专访,题目是《行走在历史的风景里》。感谢家乡的厚爱,自己觉到做得还很不够。而且就题目来说,也大了一点,感觉"行走在历史文献的风景里"可能还更准确一些。王老师命我在访谈录定稿之后,拟一标题,最好是八个字,能概括自己的学术经历。我想了许久都没有想到合适的,看到这篇专访,忽然想到不如就以此为题目吧。我觉得这还比较贴切。

王:是。江老师就是希望你们都像喜欢上网一样,对学术研究有兴趣。只要有兴趣,肯花功夫,都可以做得好。另外,一定要重视文献学,任何学术研究,不立足文献,是做不好的。从事学术研究,不要老想有什么好处,想太多了,没有用,还不如踏踏实实读书、认认真真做事。最后,我代表学礼堂师生,再次感谢江老师!谢谢!

2017年10月14日,王老师于学礼堂采访江庆柏老师,访谈稿由王宁玲、李学辰、李佩、李姣、侯婕、刘晓咏、陶晓婷、李猛元、吕梁、王少帅、刘婧恩、孙术兰、蒋林佳整理,已经江老师、王老师审定。

亦论亦考,求通求实

——董恩林先生访谈录

董恩林先生简介

董恩林，1956年生，湖北阳新县人，历史学博士。现为华中师范大学国学院常务副院长、教授（博士生导师）。兼任中国历史文献研究会副会长、中组部中国井冈山干部学院兼职教授。主要从事国学、经学、儒学、历史文献学研究和古籍整理工作。先后参加过《汉语大字典》《二十五史全译》《儒藏》等国家级社科项目研究，主持了教育部古籍整理重大项目"《皇清经解》点校整理"，目前正主持国家社科基金2017年度重大招标项目"清人文集'经义'整理与研究"。已先后在《哲学研究》《历史研究》《文献》《文史》《史学理论研究》《宗教学研究》等期刊发表学术论文百余篇，在中华书局、中国社会科学出版社等出版《唐代老学：重玄思辨中的理身理国之道》《唐代老子诠释文献研究》《广成集辑校》《文献论理与考实》《兴国州志校注》《中国传统文献学概论》《董恩林自选集》等著述与古籍校注多种。

一、求学经历

王锷：董先生，您好！今天很高兴到您这里来，也非常感谢您接受学礼堂的访谈。请您先谈谈您上学的经历。

董恩林先生：谢谢你啦！你这是抬举我啊。我上学的经历，可以说既简单又有些滑稽。我这个人，这一生读书求学还算比较顺利，没有经过什么曲折与坎坷。从小学到高中毕业，在我们那个地方算是小有名气，过去叫荻田区吧，离阳新县城最近的一个区，现在改叫浮屠镇，我在我那届语文、数学两科成绩都很好，可以说是名列前茅的，老当班长，但理化课不好。1973年是所谓"修正主义教育路线回潮"时期，我们那地方搞了个全区统考升高中，我考了个总分第一和数学第一。所以呢，我高中毕业以后，就直接被安排到小学教书去了，没有任何家庭背景。那个时候你要想去教书，是要有一点家庭关系的。我教书以后，先在大队（相当于现在的"村"）小学教了一年，全武行，语文、数学、体育等都教，而且是复式班，一个教室坐三个年级三十来个孩子，给一个年级讲课，另两年级就做作业；一年后调到区属荻田中学教语文。1977年恢复高考，就考了大学。因为我教过书，在学校是教语文，我觉得教语文特别辛苦。我们那时候教语文，跟现在很不一样。像现在我儿子读小学、中学，写了作文，老师基本上是不批改的，就写一个"阅"字。我对儿子说，就这种写作文，写一万篇也不可能提高。我们那时候在中学教语文，一个星期写一篇作文，然后呢，我们老师从字词句都是要给修改的，而且最后还要写一段评语，指出作文的优点和不足，这样教语文我感觉很累很累！就是这么一个简单的原因，所以我高考的时候，填的就是历史系，觉得毕业以后去教历史会轻松些。本来我的兴趣爱好是文学，就这样走进了历史学。

还有一个滑稽的事，就是我的高考志愿。第一志愿是华中师范学院历史系，第二志愿是复旦大学新闻系！在现在这些小孩看来，这是很荒唐的事情，而我当时是怎么想的呢？因为我们那个时候年龄大了，高中毕业后都已经历过几年的上山回乡生活。我进大学是22岁，在我们那届还不算大，但是作为农村的孩子来讲，自己已经觉得很大了，所以希望一次考取。一次考取，最大的把握那就是考师范学院，因为我是民办老师出身。但是我又不甘心，我又喜欢文学，喜欢新闻报道。因为我高中毕业出来教了小学以后，中途又被借调到了区广播站做了一段时间的通讯员，那时候叫通讯宣传员，写报道，每天跟着我们区里一个副书记一起到处跑，写新闻报道，我很喜欢这种当记者的感觉，第二志愿我就填了复旦大学新闻专业。当时我心想，我的分数考得高，复旦这样的好学校肯定录取我。如果考不到那里，这个低一点的师范学院可以保底。就这么一个荒唐事。我考取以后，到我舅舅家里报喜，舅舅把我好骂了一顿。他说：你真是苕货啊，你怎么那样填志愿呢！你要是把复旦大学新闻系放到第一志愿的话，你就到复旦大学去了。我舅舅、舅妈在通山一个中学教书，原来他们通过华师的老师打听到了我的高考分数，那时候高考分数是不公布的。我就做了这么一个糗事。所以，我这个求学经历，就这么阴差阳错地到了这里来。

王：您的大学生活如何？

董：那时候，我家在农村算是比较好的，因为只有我一个小孩，几个大人都是劳动力。结果我一进大学，我父亲就病倒了。大学一年级，我们是1978年春天入学的，12月份，我父亲去世了。一下子，我们家天塌了，顶梁柱没有了。那个时候，正好赶上农村包产到户。原来大集体，家里没有劳动力还不要紧，结果一下子包产到户以后，地没有人种了，我爷爷年纪大了，我母亲身体不好。所以，我当时准备退学，就写了退学报告，准备不读大学了。我想我原来是民办教师出来的，我回去以后还可以做民办教师。结果我们全班同学给我捐款捐粮，要我留下来。那个时候大家都困难啊，还有两个同学，一个匿名给我寄了十块钱，一个匿名给我寄了五块钱。在现在看来，那太少哦。但是，我们那个时候一个月的生活费就十八块钱。所以那时候一般的同学都只能捐一块钱、两块钱，那十五块钱就可以生活一个月了。所以，我在同学们的挽留下最终没有退学。还有一个原因就是我高中的几个要好的同学，他们都在县城工作，那两年就轮流给我资助一点。这样，我就坚持下来了。我在大学之所以能够坚持下来，能够刻苦一点，可能与这些是有关的。我觉得不能辜负这些同学的深情厚谊。再一个，那个时候我每年都拿困难补助，还有衣服、棉袄、棉裤等，都是学校支持的。同时，大学四年，每年暑假我都回县城打工，主要是在建筑工地卖苦力，挣一点零花钱。毕业的时候，我们班考取了五个研究生，我是其中之一。

王：研究生生活应该好一些吧？

董：读研究生的时候，又出问题了。读研究生第一年5月份，我爷爷去世了，家里就只剩我老母亲一人了。然后大概是12月份，我又得了肺结核病，半夜突然大吐血。我那个时候是跟刘韶军、马敏、朱英，我们四个在一个宿舍。刘韶军你认识，马敏和朱英也是我本科同班同学，他们俩是章开沅先生的研究生，他们俩现在都是国内外知名近现代史专家。马敏后来做了我们学校的两任校长，现在是校党委书记。朱英现在是长江学者，在国内近现代史这块，他是名列前茅的，还得过霍英东教育基金会高等院校青年教师研究类一等奖吧。他们三个同学，连夜把我送到医院里去。肺结核病治了一年，整整治了一年！他们硕士论文题目一年级的时候就选好了，我是三年级才开始选题做论文。最后还是赶着跟他们一起毕业了。

本来我是想考博的，但是，得了肺结核病以后，我这个情况就不能考了，再者家里还有一个老母亲，我也不放心把她一个人放在家里。所以，毕业后我就没有接着考博，分配工作了。我前一段的求学经历就是这样的。后来攻读博士，时间就晚了，工作了十年以后才读。20世纪90年代，1992年我正准备想考博士的时候，张舜徽先生去世了。

所以，我这个身世和求学经历，如果用一个不好的心态来讲的话，那讲起来就要讲得流泪了。但是如果以一个达观的心态来谈这段经历的话，我觉得也挺有意思，不是太曲折，但有时候很滑稽。遇上了好的长辈和家庭，遇上了好的时代，不幸中有幸运。俗话说：大难不死，必有后福。我大概属于这种情况。

二、师从张舜徽与熊铁基先生

王：您跟着张先生读了三年的硕士，毕业以后虽然没有接着跟张先生读博士，您也陪侍张先生这么多年，您觉得张先生对您的学术研究产生过哪些影响？

董：张先生对我的学术影响，应该说是很大的。这个大在哪里呢？一个是他为人的态度。他的那个态度，对我的影响是潜移默化的，可以说我这么多年来，在做人处事方面，我是在按照张先生的这种路子走。其实这些年来，我也应该有一些机会去从政，也有一些在社会团体、私立机构担任会长、山长之类荣衔的机会。我也曾去井冈山干部学院挂职，担任该院教学科研部主任助理（正处职）一年，我担任那个主任助理时，实际那个部当时根本就没有主任，我是助理职干主任的活。很多人觉得我去挂职就是想从政！其实我去挂职，当时是想出去放松一年，在学校太累，我是抱着这样的一个目的去的。实际上，因为我参加的是中共中央组织部组织的博士团挂职，博士团挂职一般是挂正处、副厅。我们在井冈山干部学院的时候，我们那一批博士团的成员到西藏、到新疆、到内蒙、到宁夏挂职，全都是挂的副厅。在江西行政机关挂的几乎都是副厅级的。所以，如果说我想要改行从政的话，我是可以提出申请的。但是，我实际并不喜欢行政差事，我不喜欢在外面整天与人与事务应酬，尽管我觉得自己并不缺乏应酬与行政组织能力。我就觉得像我们张先生那样，整天安静地在书斋里写自己喜欢的文章、读自己喜欢的书，这是最好的。我这个人，表面上看起来好像有儒家的那种进取心，事实上，我是外儒内道的人，内心里基本上是主张与世无争的。这么多年来，我从来不为名利这些东西去跟其他人争，我就是抱着那种顺其自然的心态，能够进就进，不能进就不进，就这么回事啊。我今年正好六十周岁，这是我自己早就定好退出行政与社会事务的年龄，因此，我已给有关部门送上辞职报告，准备马上辞掉文献所所长、国学院常务副院长及所有委员头衔。实际上，张先生给我的就是这样的影响。所以这方面我所受张先生的影响，是一种潜移默化的影响。

　　第二个在学术上呢，我也受他影响，就是走通人之路。实际上，我知道这条路不好走，而且在目前的社会环境下，在急功近利、偏重理论的学术评价机制下面，走这条路是吃力不讨好的。其实，当初我是想走专门之路的。我曾经写过一篇《张舜徽先生的读书与著述之道》的文章，在《中华读书报》上发表。我写那篇文章的时候，把张先生的学术道路进行了系统的梳理，我就发现我这些年来走的差不多也是这样一条路。当初的起点实际上是想走专门之路，但是我要研究这个问题，我就一定要把这个问题研究好、研究透，这是我的一个特点。那么，想研究好，研究透，你就会涉及其它学科，涉及其它学科就会影响你的进度，那么你往往就会把这个问题放下来，去学其它东西。学习其它学科知识，在那个领域又会碰到另外一些问题需要研究，你又得去涉及更多新学科，又不知不觉跑到更远的地方去了。这样久而久之，专门之学没学好，就走到通家之路上去了。我发现张先生他其实就是这么一条路，他一开始是想学司马迁和郑樵，写一部能够流芳百世的通史出来。但是他觉得要走这条路,从秦汉到明清这方面的书要读遍才行,要读懂弄通文史经典,就得先通文字音韵之学。所以他就觉得首先要弄懂小学,小学弄得差不多以后,他就觉得从先秦两汉学术做起,于是把大量精力放在汉学研究。那汉学做得差不多了,这个宋学、清学不搞清楚不研究透那也不行,那通史也是写不出来的呀,是吧?于是又要把宋学、清学一个个弄透。等到把这些东西都搞通以后,一看自己七八十岁了,把之前所有研究的笔记啊,整理成专著出来,差不多年纪就到了,最后,就只能匆匆忙忙地写了一部简明的《中华人民通史》。其实他当初最主要的目的就是写一部像《史记》那样的详尽的大部头的《中华人民通史》,是吧?

王:我记得,张先生说过一句话:"我一生学术的目的就是为了写一部《中华人民通史》。"

董:是啊!然后,为了不断地把这个做好,做扎实,因为吸取郑樵写《通志》的教训嘛!郑樵写《通志》,花了几十年时间,结果"二十略"写了以后,其它的没有精力写就草草收场了。我也想好好地做好这个文献学,做古籍整理校注这种大部头的工作,一生做出一两种出来就行了。但是我觉得做这个东西吧,首先你得打好其它基础,所以一点一点的这样分、分、分,就成了东一榔头、西一棒槌,什么都不专,就成了这样一种状态。我们这一届是第二届,只有三个人,第一届有六个,到我们这一届以后他又有博士了。我们这一届,张先生直接给我们讲课只讲了几次课,一个学期吧,讲的课不多。张先生给我们这些弟子的影响,主要是在这两方面,这两方面对我们的影响是很大的,所以,张门弟子基本上都是走这种通家之路。

王:我记得熊铁基先生说,张先生非常用功,那时写作的时候,限于条件吧,可能张先生住的地方不太好,住在一个澡堂里边啊什么的,有时候早上起来为了提神,把脚放凉水桶里。是有这样吗?

董:对,是有这样的事情。夏天热,把脚放凉水盆里面,然后开始写作。那是"文革"的时候,因为"文革"的时候,他是"白专"道路典型,被批判嘛,被赶到澡堂里去住的,吃了不少苦。

王:那您后来跟着熊先生读博士是哪一年呢?
董:那就晚了,1998年吧。

王:您跟熊先生读了三年博士,您觉得熊先生的治学方法对您有什么影响呢?

董:熊老师对我治学方面的影响呢,也是很大的。但他跟张先生是不一样的,他给我的一个是生活上的关心,他对学生这方面做得是相当好的,问寒问暖。我们这些在学校里面的,他经常到家里来。我在学校东区装修房子的时候,他就跑到我家里去过,隔不了几天就问一下"装修得怎么样啦?",这方面很关心。再一个,在学术上呢,他就是比较具体的指导。张先生给的是这种大方向、潜移默化的影响,熊老师他是给具体的指导,然后就不断

亦论亦考，求通求实
——董恩林先生访谈录

地催，在你后面打鞭子。我后来能够快速地做出一些成果，与熊老师的督促有很大的关系。我博士论文后来是出了两本书，虽然比较粗制滥造。在这方面，他是一个急性子的人。所以我这些年培养研究生、指导研究生这个风格就有点像熊老师。我自己做研究的风格有点跟张先生那样的，但是我带学生的风格就和熊老师有点相像。因为我们张先生呐，他是自学成才的，他就希望你也是自学成才的，他就有这个性格特点。他不太管你今天读什么书，明天你写什么文章，他不在乎。张舜徽先生在路上遇到我们，他只问什么呢？"你吃了饭没有？你运不运动啊？"他特别注意这个运动。那熊老师见面就说："最近在写什么文章？"就是这样，他就这样问。所以他在这个方面给我们这些弟子影响比较大。因为他知道我那个时候是在职嘛。那个时候孩子也小，而且像我们这种在职读博的，一般都要四五年、七八年才能毕业。而我在职读博三年，照常给本科生上课，按时毕业答辩，加上毕业后的一年整理和出版博士论文，共发了十几篇文章，博士论文出版了两本书，在当时应该是不多见的，这些多亏了熊老师的督促。

三、五代史研究

王：曾经有一段时间，您专门做《旧五代史》的研究，为什么会研究《旧五代史》？

董：这个方面啊，这是我硕士学位论文的选题方向。我常感叹，现在这些年轻学生总是觉得找不到论文题目，其实呢，我的体会，只要自己去认真读书，是很好找到研究题目的。我这些年和我带的这些学生讲论文选题和学术研究时，经常讲我的一个观点，那就是中国自清末以来的现代学术研究，都是可以重新审视的。为什么呢？因为20世纪50年代以前的社会生活环境和学术条件使那时的学者既不可能安心静心地做深入的全面的学术研究，也不可能有充足的资料可资利用，基本是在动乱的间隙，凭借自己对资料的记忆来做研究，资料既不太充分也不太准确，这个看看《古史辨》就知道了；50年代至70年代末的学术研究因为受到极左思潮、阶级斗争的影响，更没有学术深度和广度可言；80年代至今虽然各方面条件都不错，但急功近利的环境和先天不足的自身功底，同样使得我们这一代学人不可能静下心来、深入下去做出具有长远生命力的学术研究与成果。所以，就中国古代文史而言，几乎每一个方面每一个课题都不是题无剩义，而是都有继续研究的空间。我选择五代史研究的过程就说明了这一点。

我做《旧五代史》研究的动机源于什么呢？我大学四年，学的是历史，我觉得对统一王朝研究得比较多，我们那个时候学的

亦论亦考,求通求实
——董恩林先生访谈录

历史基本上对统一王朝都是歌颂的,对分裂时代都是批判的。但是,那个时候我对春秋战国那一段也很感兴趣。我觉得春秋战国那一段,还有魏晋南北朝那一段,各个地区的经济发展不见得比统一王朝差,思想文化的兴盛就更可圈可点了,特别是局部的一些地方政权。我当时就有一个想法:凭什么只肯定中央集权的统一王朝呢?比如说西周,我一直认为西周就是现在的联邦制,它的统治时间四百多年呢,比后来那种中央集权的统一王朝的时间长得多。我觉得这个分裂时期应该值得很好的研究。而且在我的论文中,我不把它叫作分裂时期,叫作"分治"。我总觉得这个春秋战国、魏晋南北朝、五代十国是一个分治时期,不是分裂时期。统一肯定是要的,我也是赞成统一的,但这个统一不一定非得要那种中央集权的专制不可。当时我想春秋战国和魏晋南北朝研究得比较多,而五代十国研究则比较少,因为中国的几大分裂时期,一般认为最黑暗、最没价值的就是五代十国时期。所以我当时就先入为主地认为这一段并不一定那么黑暗,我要研究这段,这是我研究生阶段开始硕士学位论文选题时的想法。我就去看书,我最后确定要研究这一段的时候,我是看了陈垣先生的学术笔记《陈垣学术论文集》第二辑,它里面有两篇文章,一篇是《旧五代史辑本发覆》,还有一篇是《旧五代史整理计划》。我一看就很感兴趣啊。因为这个《旧五代史》是从《永乐大典》中辑出来的,但是陈垣先生他们很多人都不满意。因为辑《旧五代史》时,那个《永乐大典》已经残缺了,很多都是不全的,而《册府元龟》里有一个很完整的"旧五代史"。但是《册府元龟》有一个很大的问题就是所有资料没有出处,没有出处的话,就不太可靠,就不能够说服人，你认为那是《旧五代史》，就不能说一定是《旧五代史》，《旧五代史》有那么多资料啊！现在社科院的陈高华先生，还有复旦大学的陈尚君先生都在做这个研究。我对这个很感兴趣，就下决心做这个。我们是文献学专业的，首先从校勘做起，我就去看中华书局点校版的《旧五代史》，并和《五代会要》对着看。而对着看问题就出来了，那个错误很多，残缺的、讹的、衍的、脱的很多，我就这样开始做校勘了。但是，校勘考证讹误那个东西做出来，当时我们这边不能作为硕士论文，人家不承认。不晓得现在你们那边承不承认校勘记作硕士论文？

2016年10月参观马鞍山褒禅山景区留影

王：单独做校勘记也还是够呛。必须通过校勘发现问题，总结归纳，得出结论。

董：所以我当时边做那个《旧五代史》校勘，边寻找硕士论文题目，最后我的硕士论文题目做的就是《五代官制考》，有五万多字。我在看《旧五代史》的时候，把所有人名、官制的资料都辑出来了。我们那个时候做东西是下笨功夫，下傻功夫的，然后把《册府元龟》里面有关的这些东西也全部把它复印出来。说老实话，我们那个时候读书啊，读研究生的条件比现在好，为什么这么说呢？我们那时复印资料都是可以报销的，不需要自己掏钱。我记得那个时候每个月是五块钱的书报费，买书复印资料够用了。那个时候生活费也高，四十块钱的生活费，80年代四十块钱的生活费加上五块钱的书报费，四十五块钱，很多啊，够两个人一个月的生活开支。我那个时候还可以给我妈寄钱，还有钱可以买书。所以，我把《册府元龟》里的五代史资料全部复印出来，可惜啊，这么多年就再也没有去摸它了。同时，撰写硕士学位论文《五代官制考》时，我还阅读了大量的宋人文集，从中搜集了不少资料。

王：写了一些系列论文？

董：对！我记得当时答辩时，我的硕士论文是全优，当时答辩基本都是从外面请来的专家，主席是卞孝萱先生，他当时可是隋唐五代史研究方面的大家哦，当时他的名字对我这样的学生来说不啻如雷贯耳。记得卞先生当时还带了两个学生来参加答辩，其中之一就是薛飞，后来好像在江苏古籍出版社工作，另一个女同学已不记得名字了。卞孝萱先生对我印象很好，不仅对我论文评价很高，对我个人的研究前景也寄予厚望，特地嘱咐我与他保持联系。大约1988年前后，卞先生还特意让我给他的《五代史话》写了一篇书评，发表在山东一所大学的学报上。后来我一直与卞先生保持联系，曾两次到南京他家中拜访过他，获益匪浅。新世纪初，卞先生主编《中华传统优秀道德文化丛书》和《江苏学术流派丛书》，让我以张舜徽先生的《清代扬州学记》为基础，撰写《清代扬州学派》一书，我花了很大精力很多时间来写这部书，并专门自费到扬州考察。全书分为上下两编：上编综论七章，分别论述扬州学派的孕育、形成、特征、成就、学术渊源、历史地位、研究现状等问题，下编分论十一章，分别论述陈厚耀、朱泽沄、王懋竑、程晋芳、李惇、任大椿、汪中父子、王念孙父子、朱彬、凌曙、凌廷堪、江藩、焦循父子、黄承吉、阮元父子、仪征诸刘、宝应诸刘等扬州学派学者。可惜这部书只完成了大约百分之七十的写作，就因中途卞先生去世后的后续工作没跟上而搁下来了。这大约是我这一生到目前为止唯一半途而废的一部书，等退休后如果有时间我要争取续写完成，争取出版，以告慰卞先生在天之灵。

王：硕士论文后来发表了吗？

董：我参加工作后，把硕士论文拆成三篇发表了，一篇是发表在中国历史文献研究会会刊《中国历史文献研究》第二辑（1988年）上的《五代枢密院考述》，这是硕士论文的主体部分，有14000字左右，当时的《中国历史文献研究》基本都是名家的文章，几乎不发表研究生论文，我那时也不敢想能在那上面发表文章，是参加我论文答辩的王瑞明先生主动找我，说我的论文写得很扎实，让我把论文的精华部分摘出给他发表的，他当时是实际主持会刊编辑的。另一篇是《五代中央财政体制考》，发表在《湖北大学学报》上；一篇是《五代政治体制考》，发表在《中南民族学院学报》上。这三篇文章无论在资料上还是在结论上，都应该说有一定深度，有所创新。然后再把我校勘《旧五代史》的成果发了两篇考证文章，其中一篇发表在《文史》上面。本来是想在《旧五代史》这一块做下去的。我要是不转移，在《旧五代史》方面一直做下去的话，就可能做出更多的成果来。陈尚君兄的《旧五代史新辑会证》出来以后，他给我寄了一套。那个时候我并不认识他，他给我寄了一套，就跟我说他吸收了我那两篇《旧五代史》考证的文章嘛。那个时候我就觉得，尚君兄是真正的学者，够朋友啊，很不错！

王：他现在是《旧五代史》研究的专家了。其实真是应该坚持做下去，在中国历史的研究上，大家都太关注那种大的统一的朝代，汉代啊，唐代啊，宋代啊，等等。相反，对所谓历史上的分裂时期，研究得很不够。您刚才说是五代十国那个时期，其实魏晋南北朝时期何尝不是如此？我记得当时我们读史书的时候，魏晋南北朝那一段，大家研究十六国的也不少，特别多。可是在甘肃，我们老家那边，有一个国家叫仇池国，仇池杨氏前前后后延续大概有四五百年，一直到隋代统一的时候才把它搞掉。那么对它的研究，除了李祖桓先生《仇池国志》（书目文献出版社1986年）外，甘肃文县的韩定山先生做过一点研究，但是至今我还是觉得缺漏很多。一个小的国家坚持四五百年，那是个什么概念？而且那一带恰恰是先秦时期秦人祖先放马放牧的地方，秦人祖先的大墓都在那边，这一段历史为什么能延续那么长时间？我们如果从史学的角度来说，一个很小的政权在那个地方安定地存在几百年，为什么？

董：绝对有它的内在的原因，有它的合理性的。

王：对啊，所以这些也是很重要的。当时您要把《旧五代史》研究做下去，一定会出大成果。

董：这就与我的毕业分配有很大关系，当然也有个人处世原则与做研究的志向的因素。我这个人的处世原则，一是以工作为重，这是我的一贯原则，到哪里，工作是中心，我自己的事情是次要的。二是顺其自然，从来不会刻意去钻营某个事。我研究生毕业的时候，历史系当时是戴绪恭老师当系主任，他后来做了我们学校的党委书记。因为他是教过我们近现代史的，然后我的本科毕业论文是他指导的，我本科毕业论文题目是《赴法勤工俭学运动研究》，后来发表在《中南民族学院学报》上。所以他对我比较了解和欣赏，我记得研究生毕业前夕，他自己跑到我研究生的宿舍来（那时候老师是常常到学生宿舍来的），跟我说希望我留在系里教《历史文选》。但他跟我说这个事情的时候，我已经联系了湖北省社科院历史所。湖北省社科院当时也刚成立了一两年，那时候研究所对我们这一代人来说还是很有吸引力的，觉得很高大上，我当时是一心一意想做学术研究的。然后我考虑了一天、两天，经过一番激烈的思想斗争以后，我最后还是决定去研究所。我就回复戴老师说,我还是不留在系里了,因为我不想搞教学,后来戴老师就留了另外一位同学。这是一个很简单的想法,不想搞教学我就不想留。我们毕业分配的时候,你可以自己联系工作,但是呢还要服从分配,因为那时候还是分配制。那时刚成立了湖北大学,由武汉师范学院刚改的。我们既然想去湖北省社科院,就得先分配到湖北省劳动人事厅,结果我们这一届华师研究生二十五个人中,我一个,中文系两个,还有哪个系一个同学,我们四个,一下子被省劳动人事厅分到湖北大学去了。其实当时坚持不去的话,也还是可以的,因为已经改革开放了嘛。我这个人就是这个特点,服从大局,顺其自然。而且当时很自信,我当时经常说的一句话就是"是金子在哪里都会发光",现在我就不这么想,现在我体会到金子在烂泥里面,发了光那光也是出不来的。所以我就去了,我觉得反正它也是个研究所,当时压根没有部属大学与地方大学有区别这种概念。湖北大学古籍研究所,原是《汉语大字典》的一个编写组,湖北大学成立后,改制为古籍研究所。我说也行吧,只要是研究所就行,我就傻乎乎地跑去啦,其他三个都没去。他们都坚持不去报到,最后有的到社科院去了,有的留在了华师。

到了湖北大学古籍研究所,那里是搞《汉语大字典》编写的,我当然以工作为中心,个人研究兴趣是次要的,这是我的处世原则,五代史研究就这样放下了。

四、小学、档案学与历史文选

王：那就是后来参与《汉语大字典》的编写，也是这么来的？

董：对的，就是这么来的。

王：做《汉语大字典》编辑好多年？

董：我刚去时，湖北大学古籍所的《汉语大字典》已经编完了，我一去就参加《汉语大字典》审稿工作。我心想幸亏我在读研究生三年中，对文字、音韵、训诂是下了一定功夫的。我记得读研时，我买了一本《说文解字》，刘韶军也买了一本，然后他就把《说文解字》每一个字都剪下来，把部首贴到一个大本子上，然后把看到的其它有关这个文字的解释也放到这个下面，他做这样一个工作，一本《说文》是不够的，于是又用他的一本《说文段注》把我的那本《说文》换去。因为我们上下铺，我知道他怎么弄。那么，我做了什么工作呢？我把图书馆里所有看得到的古汉语的语法书全找来看，然后把它们有关语法的内容全部集中起来，记了厚厚的一本笔记，这对我的古汉语水平与阅读古文的能力提高是大有帮助的。我那个笔记整理出来，肯定就是一本很好的"古汉语语法纲要"。

王：你们俩相当于分头做不同的长编嘛？

董：对，做不同的功夫。其实文字学、音韵学的书我也看了不少，也做了很好的笔记，那些笔记现在还保存着呢。但没有像他那样在一个个的字上面，文字的字形、字义上下工夫。因为有这样的功夫，我到那里参与审稿的工作就不怎么吃力，他们还很满意。在那里三年，我工作是第一位的，既来之则安之，我那三年的全部精力就花在这个上面，文字、音韵的研究，把《说文》《尔雅》《方言》《释名》《广韵》《集韵》《切韵》《四声篇海》《经籍籑诂》等等文字、音韵、训诂方面的工具书翻了个遍。那三年在审《汉语大字典》的同时，我还参与了他们刚刚编完的《汉语成语大词典》的审稿工作，和舒焚老先生一起在郑州的河南人民出版社住了近一个月，看清样，审改。我有篇文章是那时候写的，但是过了好多年才发，在《文史》上发表的，叫作《窾窾辩证》。为什么写那篇文章呢？让人感觉很奇怪，怎么搞起文字的文章来了？就是因为当时参加了《汉语大字典》的审稿，发现"窾窾"两个字在古字书中经常混淆，于是我做了一些考证。我记得当时还在编词典之余集体编了一本《中华掌故类编》，我承担五代十国部分，写了大约六万字，由朱祖延先生主编，河南人民出版社出版。《汉语大字典》编完了，审稿完了以后，古籍所要有新的项目才行，当时就决定要搞《尔雅诂林》。搞《尔雅诂林》呢，因为我在那里最年轻嘛，几个老先生就决定由我来做第一步的工作，就是收集资料。所以我就把《尔雅》所有的东西都加以收集整理，一个是版本方面，一个是目录方面，所以我后来就写了《〈尔雅〉郭注版本考》《〈尔雅〉研究述评》等文章，也先后发表了。我就是这样：一个是要敬业，以工作为重；还有一个想法就是，我既然在这里花了这个时间，我就要挖一点研究成果出来，不然的话我这个工夫就算白费了。在那三年，当时我还有一个想法，也是张先生他们老一辈学者说的，你想要做经学、史学，首先要从文字、音韵、训诂开始。所以我心想，借着这么好的一个机会，我就专门把这方面的基础打好，就这样做下去，所以把五代史研究就这样丢了，这个东西就没办法回头了。三年以后我就调走了，《尔雅诂林》没有做完。

王：当时《尔雅诂林》做了一些，没做完？

董：没做完嘛，没做完我就走了。

王：那么到中南民院（中南民族大学）那边，做什么工作呢？做档案？

董：对。说老实话，现在我有时候觉得，从湖北大学到中南民院去的这一步棋从人生上来讲，可能是走了一段弯路。因为湖北大学这三年的开端真的是非常好，湖北大学上上下下都对我很好，包括当时的校领导。因为我在那里三年，不管是待人接物方面，还是内部做专业研究，应该说都做得不错，得到了他们的认可。入党就在那里入的，所以说那三年应该是不错的一个开端。

因为我当时已经发表了一些文章，所以到中南民院以后，他们那边也很重视，一去就给了一个历史文献教研室主任让我当。然后去了一两年，1988、1989 年正是改革的时候。那时候遇到高校改革，历史专业这时候招生不行了。不行了就得另谋出路，于是就提出来要建设档案学专业，档案学跟我们文献学最靠近

亦论亦考，求通求实
——董恩林先生访谈录

董先生与王锷合影

呀，就由我这个历史文献教研室主任主持建设。我主持建设档案学专业那几年，不知道外界怎么看，就我自己的感觉来讲是做得比较好的，这也还是我的特点，既然要我做这个工作，我就一定把它做好。虽然我内心上很排斥，档案学尽管跟文献学有联系，但是又跑到另外一个方向上去了嘛，而我觉得我要以工作为重，这是我一贯为人的一个原则，所以我当时全力熟悉档案学领域里的东西，在短时间内就编写了一本20多万字的《档案学概论》的讲义，这是一方面。另外一方面跟湖北省档案局加强联系，跑到他们档案局去拜访他们，请他们档案局局长、教育处处长到我们这里来讲学，很快就把这个关系给打通了。然后跟国家档案馆的关系也打通了，同时我个人也很快加入了中国档案学会，成为其个人会员，也与国家民委相关部门建立了联系，所以我这个档案学只办了两年，就批准为本科专业。当时武汉大学图情学也有个档案学专业，一直都是专科，所以他们当时那个负责人还曾对我说，说你怎么这么神通广大，一下子本科专业办下来了呢？其实，之所以这样，我想一个原因就是中南民大是国家民委管的，民委有得天独厚的条件，它不经过教委,经过民委要容易一些,这是一个很重要的原因。还有一个很重要的原因就是我肯出力做这个事。我接手档案学这个专业,不仅很快打通了各方面关系,还很快在中国人民大学《档案学通讯》上发表了一篇《档案学概论二题》的论文,《档案学通讯》是老牌杂志,当时可以说是档案学界最好的杂志,后来中国档案学会的《档案学研究》创刊,《档案学通讯》才退居其次。同时,我又在招生,又在编教材,有这方面的文章,那申报档案学本科专业当然就容易了。所以,那几年就搞这玩意儿,一干就七年。说老实话,那时年轻,精力旺盛,做事效率高,加上中南民院的学术风气,跟华师、跟武大比起来,还是稍微不同一点,我在那里呢,不需要特别用功,就可以处于一个比较领先的位置。所以这七年我虽然一直在努力做事,上课、写文章、搞学科建设、做家务,还是觉得时间比较闲,我那几年还经常打麻将,你可能想象不出,通宵打麻将呀。然后我最后还是下决心,要调回华师来,我觉得不能再这样荒废下去了。我就找母校文献所李国祥老师,正好这边文献所经过80年代末90年代初的下海潮,一下子走了好几个,所以我就调回来了。我调走后,听说中南民院历史系的档案学专业就慢慢垮了,也是很可惜的。

王:等于调回来这时候才跟着熊先生读博士?

董:调回来以后才去读博士。其实啊,当时我们家的那口子是要我不调,直接考博,要我去北京考。我当时就不想这么做,还是懒惰,上进心不强。我觉得何必呢,只要自己认真做学问能做出来就行了,不一定非要读博不可。

王：等于你是绕了一大圈又绕了回来。

董：绕了一大圈又绕到起点了。老实说，这是没出息的表现哦。

王：您在中南民院主要做了哪些事？

董：我在中南民院那七年，主要做了两件重要的事，一是1990—1992年实际主持了国家民委资助的全国民族院校《历史文选》的编纂工作。为什么说是实际主持呢？因为当时确定由中南民大和西北民院、西藏民院、中央民院、贵州民院、云南民院等民族院校联合编写一本专供民族院校本科生使用的《历史文选》，西北民院派何兆吉副教授作为副主编参加，西藏民院派石俊华副教授作为副主编参加，中南民大自然是老大，我们历史文献教研室的郑铁钜教授就成了当然的主编，我作为副主编参与，署名第四。郑老师当时是历史系副系主任，是华师毕业的老教师，当时大约五十多岁，但他因为"文革"受到迫害，当时已有帕金森氏病症的全身症状，四肢颤抖，基本拿不了纸笔，写不了字。所以，从提出框架、起草体例，到实际组织编写，都是我代为主持的，郑老师也非常信任我，放手让我干，应该说这部书体现了我的历史文选编纂思想。全书按照历史文献体裁分为十一个单元，分别是经书子书、编年体史书、纪传体史书、典志体史书、纪事本末体史书、别史与方志、史评史论与史考、汉文民族文献、少数民族文字史籍、笔记、文集，每个单元包含典籍概述、文章选读、古汉语通论、读史常识、练习文选等五个部分。这是我综合参考王力先生《古代汉语》和张大可、徐景重先生《中国历史文选》体例提出的体系。全书分上下两册，大约60多万字，由中央民族学院出版社于 1993 年 9 月出版。当时出书周期比较慢,这个书还没出版,郑老师就因病去世了,很可惜。后来我写了一篇 6 千多字的文章,叫作"采众家之长　绘一方丽色——全国民族院校专用教材《中国历史文选》编后琐语"发表在《西北第二民院学报》1994 年第 2 期,介绍了这部书的编纂经过和特色,也算寄托对郑老师的哀思。正因为我有这样一个经历,所以后来中华书局 2000 年派人找到我,提出来想编写一本《历史文选》,我给他们提供了一个编纂大纲,主张把《古代汉语》和《古文选》结合起来编写。次年在你们西北师大召开文献会年会,中华书局派了路育松和一个年纪更大一点的编辑去参会,与我们谈《历史文选》编写的事,因为老周当时是会长和所长,中华书局就请他做主编,主持这个事,老周就让我实际主持做,我当时正在做博士论文,实在没时间主持这个事。我不主持,这件事就拖下来了,一拖两三年,直到中华书局换陈虎兄接手这个书的编辑以后才实际启动,编纂成功,2006 年出版。

王:第二件是什么事?

董:二是 1992—1993 年我独立策划和组织编写了一套《中国皇室丛书》,我自己感觉

2017 年 3 月参观江永故居留影

这事比编纂《历史文选》更值得圈点,因为这是我第一次独立策划和组织的一套丛书,当时我才 36 岁。我拟订了皇室文化的十二个专题,分别是:

1. 皇位更迭——一领黄袍千重浪;
2. 皇族婚媾——玉树流光照后庭;
3. 后妃干政——宫闱难禁权利梦;
4. 后妃争宠——道是有情却无情;
5. 皇子教育——雕龙刻凤盼成器;
6. 皇室礼仪——规天矩地贵贱明;
7. 宫廷饮食——玉盘珍馐值万钱;
8. 帝王养生——众里寻它千百度;
9. 皇室娱乐——君王游乐万机轻;
10. 皇宫侍从——紫禁承恩梦一回;
11. 皇宫规制——劫灰何处认前朝;
12. 皇陵奇观——势入浮云亦是崩。

从十二个方面通俗地叙述皇家文化与历史,每个专题一本,共 12 本。首先去找出版社,结果很快有华中工学院(现在的华中科技大学)出版社非常乐意出版。然后我开始分别请武汉地区的同学、同事、朋友担纲主编,于 1993 年出版,这大概是我这一批同学中最早组织编写的丛书之一。当时编这套丛书的动机,一是研究爱好。我调去中南民院以后,一边抓紧整理发表手中已有的科研成果,那几年先后发表了十几篇文章;一边寻找史学研究的新热点。从读大学时起,我就有一种感觉,以为中国古代一切伟大的成功得益于中央集权专制制度,但中国古代一切社会病症与政治上的黑暗腐败等也源于这个制度，加上80年代以来学术界批判封建专制主义的热潮也久盛不衰，从而使我逐渐对皇室文化发生了浓厚兴趣，便确定以中国历代皇室为今后的研究对象，意在深入揭露中国几千年专制政治的黑暗与残酷；二是当时通货膨胀比较厉害，大学教师普遍经济拮据，都希望教学科研之外弄点稿费，当时也有一些老师外出到公司兼职或自制早点夜宵出去摆摊销售，我组织编纂这套丛书坦率地说也有这方面的考虑，要知道当时一本书20多万字的稿费是几千上万元钱，相当于几年的工资呀，故这套丛书的编纂原则确定为学术性与可读性结合，以通俗易懂为原则。我当时所写总序有这么几句话："我们意在探索、创新，以便最大限度地满足大众的鉴赏需求，闯出史学自我求生、长青不老的新路。"这可以说表明了我们的这种编纂宗旨。这套书出版后，销路颇佳，并很快卖了版权给台湾的文津出版社，作者除了领到华中工学院出版社的稿费外，都拿到了文津出版社的一点美元稿费。但我当时身在中南民院，参加者大多是华师、武大等高校的师兄弟与朋友，所以我没有以主编身份出现，只是署名"总策划"，实际上这套书，从拟定体例，到每一本书的标题与副标题的诗句，再到部分专题的资料，都是我提供的，最后我还审看了全部的书稿，远比现在的主编做的工作要多得多。有意思的是这十二个专题，当时我是采取让同学同事朋友们自己挑选专题，我自己则准备写"皇室礼仪"一题，但没想到"后妃争宠"这一专题没人选，最后只得我自己来写。

结果是，其他十一个专题，他们都可以拿来作学术著作报成果，其中有些作者评职称还用上了这个成果，唯有我这本《后妃争宠》不敢拿出来当学术成果用。实际上我真的是从学术研究的角度来写的，我记得全书分为"历代后妃生活与命运纵横谈""历代皇后之位争夺战""历代后妃生子与不育的悲喜剧""历代后妃性妒忌的直接戕害""历代后妃别出心裁的争宠固位术"五个部分，着重揭露皇宫生活的悲惨与残酷，里面有些猎奇史实与文学描述，但一点黄色的低俗的东西都没有。我自己觉得这部书是我所有著作中文采最好的一本，那时年轻，涉猎较多，记忆力好，所以写东西既快又好。我现在随便给你找一段话看看："后宫佳丽成千上万，年复一年，相伴的只是头顶一片天、脚底几尺地，等待的只是供皇帝一人淫乐。饱食终日，无所用心，形影相吊，孤芳自赏。所剩几何？无非爱与恨！出路安在？只有拼与搏。"这样的文笔，虽然不无论述的痕迹，但应该是很具有可读性的。但人家一看这《后妃争宠》的题目就俗呀，没办法，我只好把它打入自家"冷宫"，从来不敢把它作为学术著作提起。这套书锻炼了我的组织能力，检验了我的号召力、思考选题的目光，等等。这大概也是我虽然出去转了十年，但仍然能够顺利重回母校的一个潜在原因，因为我在外十年的为人处世能力与科研水平得到了张门师友的普遍认可。最近几年还有出版社来找我，建议我重新组织原作者修订和再版这套丛书呢。

所以，现在回想起来，从学术研究来讲，我在中南民院的七年，还是做了不少事，有长进、有收获的。

五、唐代老学研究

王：您在外面转了十年，又回到华中师大跟着熊老师读书。您的《唐代老学》这部书应该是博士论文吧，谈谈这个书的想法和思路？

董：这个书我都快忘了，全名应该是《唐代老学：重玄思辨中的理身理国之道》，被收入《中国社会科学博士论文文库》，由中国社会科学出版社 2002 年出版，准确地说应该是我博士论文的理论归纳。其实我这个博士论文是命题作文，纯粹是熊老师因为他要搞一个老学研究系列。我做这个博士论文的时候，当时已经有好几本这方面的书了，如卢国龙的《中国重玄学》、强昱的博士论文《成玄英李荣重玄思想研究》等。特别是我们近现代史所的何建明老师，比我年轻，他已经写了一本《道家思想的历史转折》，专论唐代道家思想，好几十万字呢。所以，我当时是不肯做的，我说这已经有几本书了，怎么做法？熊老师说，你可以寻找他们的破绽，他们都不是从文献学的角度做的，你从文献学的角度去做。所以这是他给我的一个命题作文，我心想，行吧，反正我觉得我对道家的思想还是很认可的。我觉得我为人处事应该有一点道家思想。道家思想也符合我这个人内心的性格，所以我就接了这个题目做。我仍然是用我的笨办法、死工夫，把唐代老学的有关著作，还有庄学的著作，全部找来一句一句地读，一点一点地做笔记，就这样做出来了。

亦论亦考，求通求实
——董恩林先生访谈录 / 149

王：您做老学研究有何新见？

董：做老学研究我还是老想法：既然要做的话，光有一点叙述性的东西是不行的，我觉得还是应该要有一点特色的东西给别人，用现在的时髦话说，就是要有所创新。所以我就抓住老学中的一个核心问题——重玄，因为《老子》的第一章"玄之又玄，众妙之门"，这个"玄之又玄"就是两个"玄"、两重"玄"，在道家道教思想

《唐代〈老子〉诠释文献研究》

中就形成了所谓"重玄学"。这个"重玄"的解释啊，历来众说纷纭，莫衷一是，大多理解为有、无双遣，所谓双遣，就是双重否定，既否定"有"也否定"无"。而且大多觉得是受佛教"非有非无"中观论影响而产生的，好像中国人本身就产生不了这种思辨意味很浓的理论似的。但是我通过研究以后，就提出了一个新结论，可能不一定被认可。以为重玄学的内涵是：遣有、遣无、遣其遣，即"既不滞于有，也不滞于无"，"不滞于滞，亦不滞于不滞"，也就是既否定"有"，也否定"无"，还否定"否定"本身，实际是三重否定，并不仅仅是有、无双遣的一个双重否定的问题，而佛教的中观论只是有、无双遣；同时，我认为，"重玄"既是一

种方法论，也是一种本体论，它是一种纯哲学思辨，不属于哪一门、哪一派，而是为儒、道、释三教所融摄、所应用。我还说明了它肇源于郭象的《庄子注》，孙登将其运用于诠释《老子》，最后由成玄英在其《庄子疏》和《道德经义疏》中集大成。当时我把这个中心思想写成了一篇文章发在《华中师范大学学报》上，题目叫作"论重玄学的内涵与源流"，后来人大复印资料《中国哲学》版全文复印了这篇文章。反正就是有关这方面的一个理论思考，这应该是我这本书的一个理论亮点。再就是《唐代老学》这本书主要就是提出了唐代老学的一个理论体系，以"重玄"为核心，由道论、修身论、治国论和诠释方法论四章构成的一个理论体系，其特色前期以凸显重玄理趣、归宗道教修炼为主，后期以突出理身理国、会归政治为要。一个是体系，一个是特色，主要是这两个东西。

这本书我后来就把主要的观点归纳写了一篇文章，叫作《论唐代老学的理论特色》，2004年在《哲学研究》上面发表。2006年，我又在《哲学研究》发表了《葛洪道论辨析：诸家道论比较》一文。后来，因为出版的《唐代老学》是带有理论性的，所以资料的引用就删除了很多啦。后来我就把这些资料汇聚到一起，撰成《唐代老子诠释文献研究》一书，申报了古委会的出版资助，我心想这个出版资助可能不一定成功得了。没想到获得了批准，得到了资助，所以就又出版另外一本书了。这本书由成玄英《道德经义疏》、李荣《道德经注》、唐玄宗《道德经注疏》、杜光庭《道德真经广圣义》四章构成，主要解析这四部老学诠释文献，资料更多，就是这样。

王：博士毕业以后，为什么没有继续研究老学？

董：博士毕业以后，本来熊老师是希望我继续做下去，但是我这个人呢，比较理性，我总觉得我不是做哲学研究的料，我觉得我的抽象思维能力还是不强，这个东西太难了。我在《哲学研究》上发表的两篇文章，累死了我很多脑细胞啊，我觉得我不适合做哲学方面的研究，一个是太辛苦，还有一个原因，就是觉得这不是我的本来领域，是别人的领地，我没有自主性。所以我就跟熊老师说，我不想做这个了，我要回归文献学。时间大约是2006年我从井冈山挂职回来后。就是这样的情况，就没有再继续做这个老学研究了。

王：您刚才说您的《唐代老学》，您后来写了一篇文章，总结了哪些特点呢？

董：这个不太记得了，应该是《哲学研究》那篇文章吧？那篇文章里，我只谈了唐代老学的教理化、政治化两个特点。在《唐代老学》那本书里，我从诠释方法论的角度总结了唐代老学的四个特点：一是宗教化，即道教教理化，这个以成玄英、李荣为代表；二是政治化，这个以唐玄宗为代表；三是儒家化，以中期的陆希声为代表；四是多元化，这个以唐末的杜光庭为代表。

王：您刚才说到老庄是和儒家不一样的，当然他们也是注重个人修养的。我记得《老子》第十六章有"致虚极，守静笃。万物并作，吾以观复"，您觉得通过您研究老庄、老学，您怎么看待这几句话？我们现代研究老庄的人，能做到这些吗？

董：当时《老子》八十一章我都是会背的，现在我记不得几句了。

王：这是我读《老子》里面最喜欢的几句话。马未都先生创办的"观复博物馆"，其实也是来源于这几个字。因为我自己把我原来的藏书室还起过一个书斋名叫作"虚极静笃斋"。我的理解就是，老子也是希望你们做事能够静下来，所谓的"虚"，我想也就是排除杂念，静心，只有心静下来，沉下来，才能够去思考问题，做一些事情。其实也就是变成一种修养了，读书也是一个修养的过程，而现在很多人在读这些书的时候，一方面给别人讲如何如何，你去修养你去干什么，他自己却无所不为，这显然还不如不读。对不对？

董：你说得对，我就是这样想的。现在的确有些人一边在台上讲古人如何如何的讲究修养、讲退让柔弱，但是一方面又为名和利争得头破血流。我是主张做学问，首先就是陶冶自己的情操，你在外面一天到晚宣讲人性修养，你自己的个人修养一塌糊涂，那是太要不得了。那就等同于骗子，忽悠别人，你们都去搞好修养啊，我自己则不讲修养。因此，我以为现代人很难做到"致虚极，守静笃"。这句话要是跟现代，跟修养联系起来的话，这是可以从方法论上来理解的，我觉得这是修养的最好的方法之一。"致虚极，守静笃"，我觉得要解释它的话，应该从方法论上去解释它，字面的训诂没有多大的难度，"致虚"和"守静"都要达到极点并始终保持，可以作为一种修养的方法来理解。我理解，致虚也好，守静也好，一时做到并不难，也不会有什么效果；关键是

"虚""静"要致之极、持之恒、守之笃,做到恒久虚静,才能达到"万物并作,吾以观复"的境界,即在万物纷繁中掌握事物终而复始的发展规律。也就是你所说的,只有静下来,只有排除杂念,才能客观对待事物、思考问题。平常我们说"遇事要冷静",可能就是这种方法。"静"的方法,这个方法其实大概跟儒家的心性修养,特别是王阳明的心学有一致性。

王:有殊途同归的感觉。您后来还搞过一个《隋唐韬略》,您来谈谈这个书。

董:这个书呢,算不上严格的学术研究,也是个命题作文。因为它是长江文艺出版社的一个约稿,让我们写一个韬略系列,从先秦一直写到明清。所以这套书严格来讲是不算学术研究的,但是像我这种人做这种书,还是把它做成了学术研究著作,至少表面上是这样的。如全书分为十八章,基本是按照隋唐时代先后顺序来安排的,如第一章杨坚窃国,大智若愚,第二章平定三叛,快斩乱麻,第三章征服突厥,离强合弱,第四章统一江南,

《隋唐韬略》

先声后实，第七章大唐兴起，关中为本，这都是从政治与军事的大战略来谈的。又如第五章开皇之治，君臣用智，第九章太宗治国，任贤纳谏，第十二章武后政治，善恶相济，第十三章玄宗中兴，贤相理政，则是治国用人方面的基本方略归纳。再如第十六章封疆大吏的奇谋妙策，第十七章的中枢宰臣的宏韬伟略，则是具体而微的处事理政的策谋。还有第十章的《贞观政要》，资治宏论，第十八章对杜佑《通典》、李荃《太白阴经》、赵蕤《长短经》等书的介绍，则是对政治军事战略理论的总结。这个书引用的资料是很丰富的，但是这个引用的资料跟我们平时的学术研究不同的一点就是，引用的时候全都译成了白话文，都是用我的话讲出来的。在《隋唐韬略》里面，我是比较注意宏观的战略和具体的谋略的区别，我在这里面做了这样一个区别，并且主要着眼于宏观战略分析。这个书去年湖北人民出版社约我们重新把它改编成更通俗易懂的读物。我说我不干了，我没有时间做，出版社说你一定要做，或者找你的学生做一下子也可以。结果我找了我一个在出版社工作的学生，我说你做吧，著作权都给你了，我不要了。他们大概明年后年会重新出版。

王：那说明社会还有这个需要。

董：怎么说呢。我以为，社会现在需要的是诚信，不需要这种谋略。

六、历史文献学研究

王：您老兄呢，我跟您接触多少年，觉得您擅长于理论的思考，文献的基础也好，对文献学学科的建设，对历史文献学学科的发展，有很多的思考。您主编过《中国传统文献学概论》一书，当时这个书在做的过程中，几次会上我们也有过讨论。请您谈谈在历史文献学学科理论框架方面的一些思考，包括为什么想做《中国传统文献学概论》？

董：其实我并不擅长理论思考呀，我只是喜欢反思一些问题，这个特点是大学时代就慢慢形成的。我们班有个学姐，前几年还经常提起。她说，很奇怪，董恩林，大学四年每次听课，我看你都没怎么做笔记的，但是后来考试又考得比较好，怎么回事？她的确说得很对，有些课我是不太记笔记的。我就跟她解释，我为什么不记笔记呢？因为我课前的功夫和课后的功夫做得多，我课前都预习过，每一门课差不多都预习过。我知道老师讲这个课，哪一些是教材上有的，哪一些是没有的。教材上有的，我就不会记，没有的我才记一下。那么其它的时间，老师在讲课我就可以思考一些问题。所以我是喜欢白日做梦式地想一些问题，当然有时候也会乱跑马，但这样养成了我喜欢思考一些宏观问题、喜欢逆向看问题的习惯。具体到《中国传统文献学概论》（以下简称《概论》）这本书和我在这本书里提出的一个理论框架，就是我爱好思考问题好多年的结果。我第一篇有关文献学的文章是1986

《历史文献与文化研究》

年发表在《文献》上的《文献之我见》,内容是与天津图书馆一位学者有关文献定义的商榷,那可以说是我看了别人文章爱钻牛角尖、反向思考问题的一个体现。当时的《文献》《文史》杂志恐怕比现在要重要一些、稀缺一些,基本上都是名家大家发表文章的平台,要不是与《文献》上所发表的文章进行商榷,像我这个30岁的年龄恐怕是很难在那上面发表文章的。我写那篇文章前后反复修改了至少五遍以上,为了反驳人家文章中的逻辑错误,我甚至专门花了一周时间泡在图书馆广泛阅读形式逻辑方面的书。那篇文章我拿了一百多元的稿费,相当于当时我两个月的工资。我发了那篇文章之后,文献所这边顾志华老师还特意给我打了个电话,他说,董恩林,我看到你在《文献》上发的那篇文章了,不错呀,你去了才一年就在《文献》上发了文章。也就是说,从那时起,我就在思考文献与文献学的一些理论问题。

王:您思考的结果如何?

董:话说回《概论》一书,那编纂缘起在哪里呢?缘起在我读张先生的《中国文献学》。他在绪论里面，有这么一句话："我们整理文献的最大目的，便是要在对文献进行了整理、编纂、注释工作的基础上，去粗取精，删繁就简，创立新的体例，运用新的观点，编述为有系统、有剪裁的总结性的较全面、完整的中华通史。"我80年代读他的这部书的时候，当时是当作一种纯介绍式的书来看的。到了90年代，再读这个书的时候，我就觉得如果文献学研究最后是为了做这个工作，编纂中国通史，最后的目的是这个的话，那我这文献学跟历史学区别在哪里？我就在思考这个问题，我觉得这个文献学不应该是这么一个定义。然后呢，其它的文献学著作，也提出了一些定义，最典型的是套用这几十年来西方学科概念的界定方法，基本模式就是"历史文献学是以历史文献为研究对象，探讨历史文献的发展规律的一门科学"，套路都是这样"以什么什么为研究对象，探讨什么什么规律"。我就觉得这个定义有问题。

第一，我们来想一想"以历史文献为研究对象"，什么是历史文献？世界上所有的文字记录都是历史文献，是不是这样？那意味着，我们历史文献学是以天地之间所有的文字记录为研究对象的，那是个多大的概念呐！历史文献它有形式，有内容；形式上有著作，有通史，有编年史，还有档案资料等全都是，这是从形式上来讲。从内容上讲，那就多得很了，政治的、经济的、文化的、军事的等等，太多了。那我们历史文献学能研究这么多东西么？这个研究对象，我觉得有点太大了。

第二，历史文献发展规律是什么？或者说历史文献有什么发展规律？可以说，目前已出版的文献学专著，我差不多都翻阅过，我看这些文献学论著，除了版本、目录、校勘、注译、辨伪、辑佚等分支学科与学说外，没有人总结出来文献学其他的发展规律。原杭州大学洪湛侯先生的《中国文献学新编》，他专门在最后设有一个"理论编"，想要把文献学理论单独归纳和整理出来，就是受了这种发展规律的影响。他那个理论编虽然设了四章，32开的70页，但对于一本462页的书来说，份量显然比前面三编要少得多，除了一章介绍文献学理论形成发展史和一章介绍中国历史上的文献学家外，真正介绍文献学理论的两章基本还是空的，没什么内容。

董先生正在接受学礼堂采访

我一直在想，历史文献学没办法研究所谓的发展规律，它就是一个应用性的学科，讲究的是一套整理古文献的方法而已，它的发展规律就是版本、目录、校勘、注译、辨伪、辑佚等分支学科与学说。它就是整理历史文献的，只有实用方法，没有纯思辨的理论和规律。我们文献学家就是把这个资料、这个档案整理好，提供给别人去研究。别人研究军事的，从这里面吸取军事的资料；研究哲学的，从这里面吸取哲学的东西去研究。我只是做一个整理工作。所以我这样思考以后，我就提出来我的一个思想，历史文献学不是以历史文献为研究对象，而是以历史文献的"文本形态"为研究对象。"历史文献"这个研究对象太大了，可以说，所有的学科都是以历史文献为研究对象的。历史学不以历史文献为研究对象，怎么研究历史啊。搞哲学史，搞军事史，搞文化史，不以历史文献为研究对象，怎么行，是不是啊？因此，我以为，我们文献学是以历史文献的"文本形态"为研究对象的，以它的外在形式为研究对象的，以它的编纂形式为研究对象的，不是以它的内容为研究对象的，我们要把历史文献的内容从历史文献学的研究对象中剔出去。这个内容，就是历史文献的政治内容、军事内容、文化内容，等等，这是那些专门家去研究的，军事史家去研究历史文献的军事内容，政治史家去研究历史文献的政治内容，等等，我们文献学家不研究这个东西。我们就是研究它的文本形态形式，包括它的文字，脱也好，衍也好，这实际上也是一种外在的形式，相对这个文字的义理、内容来讲，它还是一种形式。我看这个书，看到这个字错了，这个字脱了，这个字衍了，它还是一种形式。这个字、词、句子所代表的内涵，这个义理的内容，这一段话表达了一个什么样的思想，对我们现代人有个什么意义，等等，这个不是我去研究的问题，我们就不管它啦，我只管这句话从文字学上，从字义上，从字音上是什么，我搞清楚，然后我保证其他人读这个书的时候能够准确地理解它、把握它。

因此，我在《概论》这个书里提出一个观点：文献学的研究对象不是历史文献，而是历史文献的"文本形态"，外在的形式。我们也不是研究什么文献的发展规律，特别是我们不是为了去编一部通史。编一部通史那是史学家的事情，那不是我们来完成的。我们是保证史学家去运用这个资料的时候，能够看到可靠的资料，是不是啊？我们是做这个工作的。所以，我最后得出的结论：历史文献学、古典文献学是一个历史文献的整理学。我这样想，也许这是因为我们这一代文献学的学人要比舜徽师那一代学者治学规模与气魄小一些、眼光与胸襟狭隘一些吧。反正我觉得我这个书的观点有点偏离了业师的教诲，所以我在那本书里不敢提及张先生的有关论述。我想起来，20世纪90年代川大的一位刘老师写过一本《古籍整理学》？

王：刘琳吧？

董：对，是刘琳先生。还有黄永年先生写的《古籍整理概论》，1985年出版，我如获至宝地买了这个书，其内容就是底本、影印、校勘、标点、注译、索引等，简明扼要，通俗易懂，非常好的一本古籍整理入门教材。刘琳先生的《古籍整理学》也是由校勘、标点、注释、今译、辑佚、抄纂等章组成，也是很有章法的一部书。但你说《古籍整理概论》《古籍整理学》跟我们这个历史文献学、古典文献学能区别得开吗？大同小异，基本一回事，都是讲的版本、目录、校勘、注译嘛。为什么讲版本、目录、校勘、注译？实际上版本、目录、校勘、注译都是一种方法论，我是从方法论角度来看这个问题的。什么方法论？整理文献的具体实用方法，是吧？你整理文献，你要运用目录学的知识与方法，要运用版本学的方法，要运用校勘学的方法对不对？所以说，这个所谓历史文献学，所谓古典文献学，我觉得就是一个古籍整理学，或者说扩大一点，古籍整理利用学。我就是为其他的人提供服务的，我就是做这个铺路石的。那么为什么从80年代以来，我们都不愿意承认这个事实呢？实际上学术界，特别是我们古籍整理学界，有一个"心病"，就是一定要强调整理古籍后还要做进一步的研究，那才高大上，生怕别人说我们的古籍整理只是一种剪刀加浆糊的简单工作。包括每次申报项目，它一定要你带上"研究"两个字，而且强调这个古籍整理出来了，一定要做进一步的研究。实际上一个人哪来那么多精力？我们搞古籍整理的整理了一本书之后，还要接着研究它的内容的话，那还得了？我经史子集四部都在整理，今天搞个项目，整理经部文献，明天接受出版社邀请，整理史部文献，等等，我每天都在整理不同的历史文献、古籍，我哪能一部部的接着研究呀？哪能研究得了那么多呀？当然了，之所以有这样的"心病"，就因为我们国家这些年只重视研究，它不重视整理，觉得你的整理就是剪刀加浆糊的东西，不是学问，不是研究，学术评价体系有严重偏差，所以逼得我们古籍整理学界的同仁们要强调整理之后的后续研究，不然，我们上不了职称、评不上奖励。而我是抱着一种什么态度呢？实事求是的态度。我们这个工作就是剪刀加浆糊，相比理论思辨，它就是要简单一点，因为我自己做过一些理论思考与研究，有比较。但剪刀加浆糊的工作实际是包含研究的，这一刀怎么剪、那一纸怎么糊，没有研究与思考怎么行？整理古籍本身就是一种科学研究，只不过是一种比理论思辨要稍微简单一点的研究罢了。标点、校勘就是做这个工作，这个工作做了就是为别人服务的，必须要有人做这个服务工作，要有人做这个牺牲。为什么在中国港台地区、在日本，他们编索引、编目录那是最受人尊重的工作？其实这是一个为他人做铺路石的工作，但是大陆这些年都不愿意做这个工作，觉得理论研究才是高大上，所以我们给文献学的定义最后也一定要带上"研究"二字，一定要带上理论色彩。事实上，做历史文献就是做整理工作的，从孔夫子到刘向、刘歆，都做这个整理工作的。至于理论研究，你个人有兴趣，你可以去做后续研究，但是不要把这个历史文献学跟理论学科联系在一起。我这不是一个理论性学科，就是一个应用性的学科。你要觉得这个学科不高大上，不能跟别人平行，那你就做理论研究去吧！我心态很平和，我不怕别人说我是做剪刀加浆糊的整理工作，不怕别人说我没有理论水平。一个社会，必须要有人做基础的基层的工作，不可能个个都去做高大上的工作，这没有什么可讳言的，也没有什么自卑的。所以这是我写这本书、写这篇文章的一些基本想法。

王：《概论》一书具体有哪些创新？

董：《概论》除了对文献、文献学的定义有思考外，我还提出了一个自己的文献学体系与框架，这个框架正是从古籍整理角度出发，按照文献整理程序一步一步来结构的。《概论》分为五编，第一编就是"文献的形体认知"。因为整个文献学虽然都是做的文献形态的外在研究，但是这个外在形态还有自己的形式和内容，我是这样认为的。一个是形体的认知，这就是载体。这本书是纸质的，还是布帛的，还是石头的？再有一个就是版本，我认为有版本学家的版本学，还有文献学家的版本学。文献学家的版本学，就是讲究校勘的底本、善本、校本。版本学家的版本学呢？他除了主要从版本类型、名称、著录、鉴定、考订方面去研究外，还从欣赏的角度来考虑这个问题，往往美学的东西在里面，我们是不讲这个的。我们只讲这个版本可不可靠，是不是完整的，等等，所以我觉得这是文献的外在。还有一个，我估计第一编中最不能够得到认同的是第三章的体例，我认为这个体例实际上也应该是一种内在形式，就像人身上的经络一样的，它是文献的一个经络，实际上呢，这个经络是看得到的、体会得到的。特别是现在的书都有前面的目录、凡例，古书就很少有这个东西，所以我认为还是属于一种形体的认知。所以从孔夫子到刘向到如今，整理古籍第一步就是接触它的形体。

第二编，就是内容实证。我把校勘、辨伪、辑佚这三个分支学科从方法论的角度作为对文献的一种内容实证。校勘是实证准确性，就是要通过校勘，保证没有错误。那么辨伪呢，是保证真实性。辑佚呢，是保证完整性。我认为这实际上都是对内容的实证。我通过校勘来检测这个字错了没有，脱了没有，衍了没有。通过辨伪来检测文献的内容是不是真实可靠的，通过辑佚来检测文献的内容，以保证文献的完整性，所以我觉得这是从古籍整理来说的第二个工作。特别值得注意的是我这里讲的是内容实证，而不是内容研究，因为我上面说了，文献学的任务不是研究文献的内容。文献学家只是实证历史文献的这些内容是否准确、完整、真实，而不是去研究其内容的学术与文化意义。

第三编，就是文献的文理注译。文献整理好以后，在这个基础上，再进一步为了让别人更好地利用，我要做一些翻译的工作，要做一些注释的工作，这都是对文献内容的一种文理义蕴的注释翻译。

第四编，就是检索典藏，文献整理的上述工作做好以后就要分类编目，为的是便于人们检索，也便于分类收藏。实际上我这些年研究这个古代的"六分法""四分法"，我觉得它当时跟收藏和编目是很有关系的。像刘向、刘歆的《别录》《七略》，实际上应该说都是在整理完以后做的。当然，他事先有个分工，既然事先有个分工，就说明他事先要有个大的分类。分类以后，他的这个图书都整理好了以后，要放到图书馆去，那肯定是要分六间房或者是六个架子，然后按照这个来编目，不编目人家怎么知道哪儿是哪儿。

我认为《概论》里面最能体现我思想的就是第五编——"文献的二次编纂"。因为此前的文献学论著，有一个很不好的地方，就是版本、目录、校勘，然后丛书、类书、文集等都放在一个层面，我觉得这是很不合理的。因为版本、目录、校勘是一种方法论的东西，而丛书、类书是文献，一部文献学概论中，怎么能把版本、目录、校勘等讲方法的章节与丛书、类书等介绍文献的章节放在一个层面呢？比如说，前一节课讲这个版本学、目录学、校勘学，下一节课突然讲这个丛书和类书。版本学、目录学是实用方法论，突然又讲到文献的介绍去了，有的文献学专著还把文集、出土文献列出介绍，这些与版本、目录、校勘不是一个层面的东西。既然介绍丛书、类书、文集等文献类型，为什么不介绍经部文献、史部文献、子部文献？这是双重标准嘛。但是丛书、类书等与经史子集相比，的确有它的特殊性，特殊在哪里？特殊在它的编纂方法不一样。以前的文献学论著错就错在没有像对待版本、目录、校勘一样，从方法上去审视丛书、类书、文集等。怎么办呢？解决的办法就是如同版本、目录、校勘一样，从方法论上来讲丛书和类书。那么从方法论上来讲，丛书实际上是用一种汇纂、汇编的方式把所有的书汇为一编，它是这么一个方法。那么类书呢，它是一种把众书的内容分门别类地编为新的一种文献形式。其实它们都是在原文献，或者说用图书情报学上讲的一次文献基础上的二次编纂。所以我把文集的编纂跟丛书的编纂视为同一个性质的东西，一个是把众书合为一书，一个是把一个人的所有的文章汇为一集，都是从应用方法这个角度来讲。所以我认为这一编是我这个书跟其它书不同的地方，就是从应用方法、实用方法这个角度来看待丛书、类书、文集等文献类型。所以我在第五编中把这些文献类型从编纂方法的角度归纳为：一个是汇纂丛书，一个是类编类书，再一个是抄撮成书，再一个就是选录成书。从方法论上来讲，文选是一种选录。那个抄书从方法论上来讲，是抄集、抄撮。

王：这个书出来以后，文献学界的反响如何？

董：外面我不知道。我这个书的反响我没有去搜集。但是呢，我后来在《史学理论研究》上连续发了几篇文章，都是谈文献学研究对象、体系等问题的。我这些年发表的文章有一个特点，就是一般不往编辑部寄的，我直接寄给它的主编、副主编。因为你往编辑部寄啊，他们有时候不看就直接给你打到一边了，我直接寄给主编。我在《史学理论研究》上发表的文章都是直接寄给主编于沛先生的，他是搞世界史的，其实我之前并不认识他。寄给他，他很快就给我发表了，我好像是发表了三篇文章。第二篇发表了以后，我有一次到北京去，就专门去拜访他，我说我要认识一下这个主编。然后去看他，虽然素昧平生，但我跟他聊得很投机。他就说，这些年啊，史学理论西方的太多，我们中国自己的史学理论太薄弱。他说他自己虽然是搞世界史的，但觉得我们中国是有自己深厚的史学理论的，所以他做主编是希望多发表这方面有分量的文章。我想原来如此，被我撞到了这么一个知音。所以他说，你以后有这个关于史学理论方面的文章，只管往这投。我说我这个还不是正宗的史学理论的文章，我说现在史学理论的文章，大都是讲什么历史观啊这些东西的。他说你这些也是史学理论的一个部分，一个分支嘛。所以他给我发表了几篇文章。

王：《中国传统文献学概论》与其它文献学论著有何区别？

董：我个人感觉这样一个体系可能一下子人家是接受不了的，因为这么多老学者的书在这里嘛。其实我这本书不适合做教材，我在后记上讲过这个问题，我说："这部教材倾注了我二十多年关注文献学理论研究的心得，全书框架结构脱胎于我的未成稿《文献学新论》，名为教材，实寓别识。"因为这么新的一个体系灌输给别人，也还没有经过时间的检验，这个准不准确，对不对？你就在学生中讲，是不应该的。但是因为那时正好我们学校马敏书记准备编一套历史学的教材，其中有《历史文献学》这一目，所以就要我担纲编这个教材。我心想既然要编这个教材，我不能编得跟别人一样的，因为我所在的这个环境跟别人的环境不一样。第一，我的导师有《中国文献学》，张先生的这个书在；第二，我的大师兄——张三夕教授有《中国古典文献学》这个书在。我如果再编成一样的，再编成四平八稳的，还是既有的东西，那肯定不行，所以我就按照我对文献学理论的思考编成这样了。这样一个新体系新编法，也可能影响它的推广。

王：《中国传统文献学概论》为什么要用"传统"二字？

董：《中国传统文献学概论》用"传统"二字，我是有考虑的。

其实，这个书出版以后啊，很受"传统"两个字的影响。为什么啊？历史学系不用它做教材，他说你这不是历史文献学；中文系也不用它做教材，他说你这不是古典文献学。

为什么用"传统"两个字？因为现在学术界已经基本上把"历史文献学"当成"史学文献学"，"古典文献学"就是"文学文献学"，对不对？基本上是这么认同的。而我在这个书里呢，还特意把历史文献学和古典文献学做了一个说明的。我说这实际上是"异名同质"，是一个一样的东西。文学院的古典文献学和我们历史文献学没有任何区别，最多就是你举例举文学文献，我举例举史学文献而已,就是这个区别,是吧?我的导师张舜徽先生为什么用"中国文献学"而不用"历史文献学"?他是有想法的。因为他用"历史"两个字的话,就跟白寿彝先生那个"历史文献学"一样了。实际上,白寿彝先生那个"历史文献学"就是史学文献学,他强调的是史学学科文献学。但是白寿彝先生最后好像没有编出"历史文献学",是杨燕起先生编的《中国历史文献学》,是吧?我认为,他之所以没有编出"历史文献学",是因为不存在一个"史学文献学"和"古典文献学"的独立的体系,你编出来是跟别人一模一样的,就不如不编。所以我不用"历史文献学"名称原因就在这里。如果我用"历史文献学",别人肯定以为我这个是"史学文献学"。实际上,我不是这样一个系统,我是继承我的导师张先生,是他的"中国文献学"这样一个系统。这个"历史文献"就是中国过去的所有的文献,这个"历史"是指"历史上的文献",不是说"史部的文献",是这样一个问题。

再一个,现在好多人用"古文献",我也不愿意用这个名称。我为什么不愿意用这个呢?因为"古"字就代表了与我们已经很有一段距离了,中间相隔着近现代呢,或者是说,结束了的、逝去了的东西才是"古"。那么我们这个文献学虽然是古代形成的,但一直是传承下来的,一直在使用,而且还在不断丰富内容、创新理论与方法,并没有结束和逝去。文献学就像国学一样的,是没有中断的学术体系。所以,现在我也极力反对用"古典学"这个名称来代替"国学"一名,在几次国学院长联席会议上,我都表示很反对用"古典学"名称的。为什么不能用"古典学"一名呢?因为我们中国的文化虽然在过去100多年来,表面上,国家层面上不让你大肆地宣扬，但是我们的文化没有断啊，从孔夫子到当代中国，我们的文化没有中断，文字没有中断。教育体系与科学体系的西化只是应用层面的东西，文化的骨子里面还是传统的。我们今天的基本价值观、为人处世的原则、待人接物的礼节，等等，哪一点不是传统的？"十八大"总结时提出的24字社会主义核心价值观，好像只有"民主""自由"不属于传统文化固有理念。凭什么说我们的国学只是古典学？西方的古典学有它的道理，它研究的是古希腊、古罗马时代的东西，至少它跟现在西方文化是断裂的，它不仅从内容上，从文字上都断了。虽然现在西方的字母是从古希腊罗马时代来的，但是它跟古埃及文字、古希腊文字，除了字母的继承外，发音与拼法都很不一样了。我们中国文化从文字到语言，根本就没有断桥，是活水源头流传下来的，我凭什么用"古"字？用"古"字就意味着你是逝去的、过去的东西。所以，我不愿意用"古文献"这个名称，就是这个原因。所以我用了一个"传统"，传统文化、传统文献学、传统国学，这"传统"两个字既是代表过去，也代表一种文化宗统的传承、沿袭。所以我用了"传统"两个字。但是这样一来的话，在学术界和教育界西方话语体系把持的这种氛围下就成了一种不伦不类。这边搭不上历史学下面的历史文献学，那边搭不上汉语言文学下面的古典文献学，也搭不上图书情报文献学那个系列，所以我这个教材就注定进不了教育部21世纪教材建设系列，就成了这么一个状态。

王：从您思考的情况来看，比如说我们刚才谈到古籍整理、古籍整理学，甚至还有古籍整理概论，等等，还有在历史系下面有历史文献学，中文系下面有古典文献学，图书馆下面有文献学，虽然分得这么多，但是大家重合的东西也很多，您觉得假如将这些东西拼成一个学科，您同意吗？

董：我当然同意，我在我的文章中就提出了这个问题，本来这个东西应该是独立的一级学科，当然现在不是一级学科的问题了。因为什么呢，现在史学下面都有几个一级学科，一级学科这个门槛已经降低，"一级学科"这四个字实际上已经贬值了。

王：那文献学搞成一级学科呢？

董：我觉得在原来"一级学科"意味着独立门类的意义上，文献学搞成一级学科是很合理的。因为什么呢？这还是源于我对它的认识。我认为文献学就是一个实用的方法论，正是因为它是一个实用的方法论，就是一个文献整理学，所以很多学科很多部门都需要它，图书情报需要它，中医古籍整理需要它。所有的学科，只要涉及古籍整理，你就必须用这套方法来做事，所以这是一个工具，是一套方法。既然是这样的，它就应该独立。它不是历史学这门学科独有的方法论，也不是汉语言文学独有的方法论，它是一个公共的方法论，既然是公共的，它当然就应该独立出来，就像英语一样，它是公共的，那就应该独立出来。所以我很积极地主张文献学应该从历史学、汉语言文学等学科下面独立出来。现在的问题是，史学下面已经有几个一级学科了，中国史、世界史、考古学，三个一级学科，你再把历史文献学变成一级学科，还是跳不出史学这个范围。我认为文献学最终的目标应该是独立于文学、史学、图书情报学，它应该是一个独立的门类，这样才符合它的身份，才有利于培养各科都需要的古籍整理人才。现在在各个学科下面培养的学生是难以适应古籍整理需要的。中文系下面的古典文献学还稍微好一点，为什么呢？因为整理古籍最主要是需要语言文字功底。你看现在全国，即使是史部文献，做它的整理有成就的，多数都是文学出身的教授，你看这会儿中华书局"二十四史"的整理，主持人有几个是史学出身的？没几个史学出身的。这说明个什么问题，说明文学基础是最重要的基础，对于古籍整理来说。过去从孔夫子到刘向、刘歆，他们哪里是一个狭窄的史学家，首先他们是一个文学大家，因为整理古籍，校勘也好，辨伪也好，辑佚也好，实际上没有语言文字这方面的功底，根本就做不了。现在我们这边培养出来的研究生，为什么也开文字、音韵、训诂这些课呢？就是这个原因。但是开了这些课还不行，它还有个氛围的问题。在文学的氛围里，我就是搞语言文学的，吟诗、作赋、填词，每天玩文字游戏。你不玩文字游戏，不打下很好的语言文字功底，怎么整理古书呀？但是中文系那边培养研究生也有一个小问题，就是历史学功底不够，史学功底不够，整理古籍也是有欠缺的。我不晓得你们现在本科开不开中国古代历史课？是不是只开近现代史纲要？

王：我们原来有中国古代史，现在没有了。

董：就是啊，没有中国古代史，不懂中国古代史，整理古籍也会闹笑话的，也是有很多问题的，如所谓历史学的四把钥匙：历史年代、历史地理、名物典章制度、目录学，等等，你不懂，整理古籍就会遇到难题，闹出笑话。所以在培养古籍整理接班人的问题上，现在这种历史、中文、图情三家分开的状况是很不利的，非常不利。我敢大胆地断言，如果继续这样下去，我们古籍整理的人才肯定是一代不如一代。

王：假如说把文献学设成一级学科，下面二级学科，比如说分小学、版本、目录、校勘。独立成一个学科以后，当这个学科的本科生毕业以后，再让他根据他的兴趣，比如说专门从事史学的研究，或者从事文学的研究，或者从事哲学的研究，可能要比目前的文史哲的这种学科划分要好一点。

董：是的，我们现在文史两科培养的接班人都有"瘸腿"的。

七、整理古籍

王：您在理论上有建树，还整理过《广成集》，怎么会整理这部书，是不是也与老学有关系？

董：理论有建树实在不敢当哦。其实，我自己觉得整理古籍才是我的强项与爱好。这些年来，我参加过不少古籍的整理，从20世纪80年代初参与《张居正集校注》，到后来参加《资治通鉴全译》《二十四史全译》，《十三经注疏》点校整理等，再到最近十几年的独立承担古籍整理项目。目前为止，已出版的个人独立点校的，就是唐代杜光庭的《广成集》辑校和《兴国州志》校注，没有出版的是《儒藏》中的《梅溪集》点校和《皇清经解》点校等。《广成集》与老学有关系。其实我们读研究生刚进来的时候，接受的就是整理古籍的训练，舜徽先生1981年招收我们这一届三个研究生进来，一开始就做《张居正集》的标点和校注工作。

《广成集》

王：就是老师带着你们做这个事？

董：张先生主编的《张居正集》，我们这一届三个研究生都参加了。当时我们做出来以后，几个老先生，如崔曙庭老师、李国祥老师啊他们都是很认可的。我们就是做标点、注解和校勘三项工作，这就是正宗的古籍整理，所以那个校注对我们的用处很大。我做校注，要去查字典、查词典，要注音，有些历史掌故要去查很多书啊。通过做这个，我就知道了《中国人名大辞典》《中国古今地名大辞典》等很多有用的文史工具书，自己先后买了《十三经注疏》《经籍纂诂》《说文解字》等等这些书。实际上这些东西，这些校勘注解，老师讲一千遍、一万遍都学不好的，一定要实际做。《广成集》则是我的《唐代老学》等几本书出来以后，中华书局特约我整理的，这是中华书局"道教典籍选刊"中的一种，很早就列入计划了，一直没有找到合适的人做。他们原来约我做的是两种，一个是《广成集》，再一个就是杜光庭的《道德真经广圣义》。后面这个部头更大，五十多卷，但是后来我做完《广成集》后，一直就没有时间再做了。这个书的责任编辑，中华书局哲学室的朱立峰先生一直希望我继续把《道德真经广圣义》做出来的，他到现在还跟我有联系。

王：您整理《广成集》，主要做了哪些工作？

董：标点呀，也做了校勘，但是那个版本情况不复杂，主要是标点，还有辑佚。其实在做这之前呢，《道藏》标点本已经出来了，其中就有《广成集》，我做的标点工作，纠正了《道藏》标点本的一些错误，然后呢，就是做了辑佚，那个辑佚也做得简单。

因为一个是没时间，再一个就是我当时主要心思不在这里，所以没有下大的气力做这个辑佚的工作，主要是通过传世文献，特别是《四库全书》啊，还有其它的一些书，通过这种检索，辑了一些佚文。这个注是很难注的，当时朱立峰说后续把它注解出来。我说这个东西第一是难，第二没有意义，它都是些什么醮词，我觉得现在来说应该失去它的意义了。

王：您还主持整理过《兴国州志》的校注？

董：是的，排版出来百万字呢。但那个书啊，只能算是半路上杀出的"程咬金"！我这个人的学术发展之路就是经常被这些东西打断。这就是我们这代人，一个是忠诚党的教育事业，再一个是忠诚朋友的这个事业。这个书怎么做的呢？因为我是阳新人，我们阳新过去就叫兴国州，下辖现在的大冶县、通山县，江西有个兴国县，现在网络上经常把这两个"兴国"搞糊涂了，现实中也有很多人把这两个"兴国"搞混了。当时我们县里档案局的领导者想做一点事，就想把古代传下来的《兴国州志》整理出来，这是光绪年间的，比较完整。他们先找到武汉大学的老师，据说要价较高。然后他们通过我阳新的一个同学找到我，我就说这个建设家乡的事情，我给你做吧。其实我当时的《皇清经解》点校整理项目刚刚开始，2009年，我根本就没有时间做这个东西。但是，我这个人对家乡的事情是不推辞的，我就接下来了。但是注释注得比较简单，我实在是没有时间，而且我也觉得这个书没必要详注。其实我们县里是要求我详加注释，全文翻译的。

王：方志怎么翻译？

董：对呀，我就跟他们说这个没有意义，这里面好多东西到今天已经没用了，只要有个注解就行了。后来我注的注解也比较简单，因为我实在是没有时间，他们又催得紧，我说你慢一点，我注解可以注得详细一点。然后做了这样一个书出来。

王：您正在主持整理《皇清经解》，为什么要整理这个书，目前进展情况如何？

董：其实做《皇清经解》和我做所长有密切的关系，我是 1994 年调回到文献所的。回来以后，所长、大师兄周国林教授很快让我接任副所长。我接任副所长后，对于文献所没有集体大项目一事很着急，我就提出了一个《皇清经解》的项目，整理《皇清经解》。我起草的申报书，以老周为主持人，申报到古委会去，结果古委会领导就觉得你们文献所一下子拿这么个大项目，拿不拿得下来？我那个申报书里提出的是两个目标：一是《皇清经解》的标点整理，再一个就

《兴国州志》

是附产品《皇清经解》主题词索引编纂。当时没有现在这样的网络和电子技术啊,所以主题词索引还是很有用的,是吧?但主题词索引必须是在《皇清经解》标点版出来后才能做。结果古委会就批了第二个附产品,说你们先做主题词索引吧,《皇清经解》标点整理下一步再做,就批了4万块钱给我们,让我们做《皇清经解》主题词索引。但是这个项目批下来以后我就觉得头疼啊,你说这个主题词索引怎么做哇,我的天!《皇清经解》整理出版以后再做主题词索引是顺理成章可以做的。现在让我在《皇清经解》线装书上做主题词索引,这怎么做啊!你那页码往哪里生根啊?这是没有办法做的事情。我本来是个配套的东西,我的《皇清经解》整理出来了,我才可以根据这个新版做主题词索引。所以这个项目批下来后,我们没办法做。

我接手所长后,再次提出来要做《皇清经解》整理这个工作。我自己跑到古委会去,跟古委会主任安平秋先生他们谈文献所的现状和我的管理与科研设想。2009年,又把安先生请到我们这里来实地考察,然后把当时学校的校长和书记都请出来接待安先生一行,帮我说话,当时校长是马敏教授,是我老同学,请出来跟安先生谈文献所的现状与发展,再加上我还有一些古籍整理方面的成果,然后我把这个项目报上去。报上去据说有些争议,当然了,文献所前几个项目都没有做成功,所以他们就担心这个事情。当时还是安先生,他极力主张给我们做,再给我们一次机会。因为我跟他说,我绝对不会像原来那样重蹈覆辙,一定会把这个做出来!我说我给你们立下军令状都可以,就这样批下来做这个项目,经费40万元,这在当时是笔很大数目的经费,学校社科处说文科此前还没有一个项目有这么多经费的，因为那时国家社科基金还没有开始搞重大项目系列，这个项目对我们文献所的发展与生存也是至关重要的。

我一开始就说了，我要是下决心去做行政，我是有这个组织能力的，我是不怕这个事情的。这个人呐，做学问也好，做行政也好，只要肯吃苦，只要没有私心，就能做出来，一定能做出来！所以我这个项目拿回来以后，我怎么做？我把体例定得很完整，并让大家讨论通过。然后我这40万块钱，按照我估计的字数平均下去，每千字多少钱，我个人不留一分钱。你要人家做事，你又舍不得给人家经费，那怎么行呢？现在很多项目之所以做得不好，就是那个主持人像个老板似的层层转包，又舍不得给人家钱。这个项目开始的时候，大家一直做得还是比较认真的。再一个就是我这个人，肯下力气去催他们。没两天我就问他们"做到哪里了？做了多少了？"，每个人都是有惰性的，而且现在人人手里都有事情。我现在就是这样的，谁催我催得急我就先给谁做，就是这样嘛，你不催我，我就先忙别的事去了。我就每天催，催了之后就做得很快。所以我采取的是这个方式：第一，我自己是其中的一员，我埋头做。第二，我在经费上不埋没大家的功劳。

王：现在做完了吗？

董：现在做完了，点校稿已全部收回来了。其中，三礼类、《诗经》类、《周易》类、《尚书》类已审核完毕交给出版社了。我原来是准备这个学期交《春秋三传》类，结果拉杂事情太多了。原来我是计划请人审稿，后来我发现根本就不行，因为我没钱请人。现在要请那些专家来审稿的话,你那么一点钱,每千字十块啊,根本请不到,人家忙得要命,根本没空给你审。那没办法,只有我自己审稿了。我自己审稿,那当然就慢多了,是不是?好在我找的出版社,你们南京的凤凰出版社的编辑也慢,已交的四类稿子到现在恐怕也没有审编完,所以我准备春节前后再交《春秋三传》类。最晚明年底,要把全部点校稿交给出版社。

王:字数总共下来有多少呢?
董:原来我预计是两千万字,目前看排版出来的字数应该是只有多,没有少。

王:古籍的出版上膨胀量也很大,他是出版繁体字版吧?
董:好像是繁体竖排。

王:繁体竖排?那就量更大了。
董:对啊。现在问题在哪里呢?原来凤凰出版社的编辑根据我的设想,是想一类一类地申报出版补贴,分类出版,那样的话,更便于读者购买。但是现在新闻出版总署不允许这样做,只能统一申报一个。所以现在虽然已经被列为重大出版项目,从规划上讲是这样。但是出版补贴这一块还没有申请到。他们现在是要一起申请。他们说这个补贴是一定申请得到的,我说幸亏没有第二家做这个,有第二家做这个,你就不一定申请得到了。

王:从现在做的情况来看,您觉得通过做这个项目,对于你们所里的发展和培养人方面,有好处吗?

董:应该是有好处。因为我当初的想法就是我做这个项目,其实不是从我个人的学术爱好这个方面出发的,主要是从我们所里发展这个角度考虑问题。文献所的情况呢,我一直是有点着急。一直以来我们文献所的研究啊,全都是四面出击的,没有一个集体的主攻方向。其实我在 90 年代刚开始来的时候,我们承担的一个湖北大学朱祖延先生搞的《十三经注疏》点校工作。其实那个点校工作开始得可能比北大的还早,我们都做了,我做的是《左传》。我当时就建议,现在史部文献,大路货有名的都做得差不多

2016 年 6 月在湖南岳麓书院留影

了，经部文献是最值得做的。我建议我们所里每个人守住一经，花几年工夫，五年、十年、二十年进去了，你就是这一经的专家。肯定是这样的嘛！但是我们所里最终还是没有形成这个局面。

王：那你们当时点校的《十三经注疏》也就无疾而终？

董：无疾而终。为什么这样呢？因为不是我们自主的项目。这些年来我一直有很明确的思想，就是古籍整理必须要由自己牵头，不能长期给别人打工。借用现在一句话说就是要有自主知识产权。我们那个《十三经注疏》是给别人做的，最后做出来，出不出版那是别人说了算，最后就没有出版。

王：全部做完了都没出版？

董：是的，没有出版。因为那是朱祖延先生主持做的，出版与否是他们运作的事，好像是出版社方面不愿意出版了。这事说起来，还是我们文献所这班兄弟自己不太考虑这个自主性问题，只满足于有项目，有人来找我做，我就做。这个其实是很错误的！我们这么多人，到了这个年纪了，你还在那里坐着等别人，等出版社，等某一个大家手里有项目了找你跟他做，怎么能这样？你看这些年，我们净做的是这些事，《儒藏》《中华大典》《续修四库全书总目提要》《十三经注疏》《二十四史全译》，等等，全都是跟别人做的。当然不是说不能跟别人做古籍整理，古籍整理工作原则上讲是应该大家相互协作才能作出大成绩的，但一个专业研究所、一个专业研究人员不能长期把参与项目、协作项目当作主要任务和目标，要有自己的特色、自己的主攻领域和方向。

因此，我确实是想借《皇清经解》点校整理这个项目，把文献所这个方向稍微收紧一点，研究特色自主一点。然后加上这些年，老周也在朝这个方向努力，他的博士生、我的博士生都在做清代经学。加上最近留的陈冬冬、吴柱，还有最近刚调进来的黄珏，都是做《春秋》研究的。所以《皇清经解》起了一个带动作用，我们所到现在为止，应该说初步形成了清代经学这样一个方向与梯队。

王：有了一个比较明确的方向。

董：有了明确的方向，当然以后怎么样我就不知道了。目前来说，我明年要举办经学的会议，目的就在这里。我是希望学术界能够承认我这一块小阵地，当然不能跟你们比啦。你们《三礼》那块，扬州大学的《尚书》这一块，山东大学《周易》这一块，彭林先生的《仪礼》这一块，礼学、经学这一块都是做得非常好。我这个人定位很明确，我们做不了很深的经学研究，只能做什么呢？校点整理。那么下一步，就是《续清经解》。

王：您讲整理《十三经注疏》，是不是还是做《尔雅诂林》时候跟的朱祖延先生，他带你们做的？

董：我到这边来了之后，是20世纪90年代才开始做的。

王：《十三经注疏》那一套标点是他带你们做的？

董：对。

王：稿子都做完了？

董：全做完了，就没出版。人家出版社不肯出版啊。

王：稿子呢？

董：稿子现在是在我们个人的手里，还是在出版社，我记不清楚了。好像是交给出版社了，最后每个人赔了一点稿费，就这样了。你说这种事情，真的让人很郁闷！

其实，这么多年的学术研究，我虽然在唐代老学和历史文献学方面做了一些理论思考与归纳，但我觉得自己最擅长、最服膺的还是考据学，最喜欢的还是古籍整理工作，自以为最能代表我研究成果的还是2009年发表在《文献》上的《郑默〈中经〉首创四部分类法考辨》和2010年发表在《历史研究》上的《佚名〈史记疏证〉〈汉书疏证〉作者考——兼论杭世骏〈史记考证〉的性质》，以及此前发表在《文史》上的《蠃蠃辩正》、《宗教学研究》上的《〈道藏〉四卷本〈唐玄宗御制道德真经疏〉辨误》等考证文章；发表在《哲学研究》2006年第5期的那篇《葛洪道论辨析：与诸家道论比较》，与其说是一篇理论分析文章，不如说也是一篇考证文章。

八、国学研究

王：我们几乎年年见面，也经常听到您对国学研究的一些看法。就您目前关注的情况来看，您怎么评价目前国学的热潮或者国学研究的现状？

董：国学这一块，我在这方面确实真的有兴趣。我们华师的国学院是2012年成立的，应该说与我的推动有一些关系。我之所以想推动这个事情，因为我从道家那个部分退出来以后，就准备转到儒家经学这一块来。原来对道家那块了解，现在对儒家这一块多少有些了解。那么就让我对中国传统文化有了一个比较系统的、比较全面的和比较好的认识。很惭愧，说老实话，一直到90年代末我对这方面都懵懵懂懂的。以前看过一些书，但是没有去思考这个问题，因为咱们这一代人受一百年来那种批判的影响太深了。

我现在觉得儒家文化真的是非常完整的一个思想体系，比其它的思想体系更完整，完整在哪里呢？就是它的"中庸之道"。什么叫"中庸之道"？网上的解释就是折中、调和。实际上"中庸之道"根本不是这个东西。"中庸之道"其实解释起来并不难，就是孔子那句话"过犹不及"，凡事做过头了就和没有做到位是一样的。孔子在很多地方都做过这种表述，可以说《论语》也好，《孟子》也好，整个的思想，包括《礼记》也好，就是一个"中庸"思想，就是你做什么事情，不要做过头了，恰到好处，适可而止。人要上进是对的，不上进怎么能行呢？但是你不能过头了，过头了就是急功近利,要有底线。人要退让,是对的,但是你不能退让过头了,退让过头了就是软弱,就是懦弱,要有个底线。所以说这个"中庸之道",就是教人因人、因时、因地、因事制宜。同样,一个人对一件事情的处理方法,同样一种方法,在这个场合用这种方法处理这个事是对的,换了一个场合,再用这个方法,可能就不对了。是吧?所以说中庸绝对不是说一尺长,取中间那个地方,不是这样的。现在有一个所谓0.618的"黄金分割率",是吧?中庸就是这个道理,比如说,在舞台上,站在正中间并不好看,站在一边一点才符合美学要求。我们照相也是这样的,把一个人照在正中,是很不科学,很没有美感的,靠一边一点,但是靠得太多,太贴边了也不好看了,是不是啊?要把握那个度,所以"中庸"这个东西呀,孔子说了,是非常非常难的,我们只能说,心向往之,争取靠近一点,很难完全做到。我们这个世界上所有的矛盾,国与国之间的矛盾,人与人之间的矛盾,所有的问题,就是因为这个"度"没把握好,是不是啊?其实任何事情,它都可以寻找到各方面都能接受的、恰当的一个点,适可而止的一个"度",这就叫"中庸之道"。

道家提倡柔弱退让,到了极端的结果是什么?就是消极遁世。消极遁世对某些人,在某些时段是可以的,对整个人类来说那是不适合的,对不对?如果整个人类,特别是年轻人都这样的话,那人类就完了。佛教提倡戒定慧,提倡四大皆空,提倡解脱,这有助于人类思想与精神的安宁、品性的修炼,适合某些人去"修炼",但如果全人类都这样去做,那社会的发展、人类的繁衍就成问题了。相比较而言,儒家的思想还是比较适合世俗社会的生存发展，因为它不走极端、适时而变。所以我现在在大学里面讲国学，就明确表示非常反对小孩读《老子》和《庄子》，《老子》和《庄子》中学以后才能读，中学以下的学生绝对不能让他们学这个东西，大学才能学。过早地接受这些柔弱退让的东西，对学生成长是不利的。有些小学生、中学生过早接触老庄思想，就有可能消极厌世，不想上进了，是不是啊？适当的该进取的时候你就进取，该退让的时候退让，人生就这么回事。所以我现在对儒家思想的这一条是非常认可的，因此我很赞同国学的核心是儒学、经学的说法。

但是现在对我们国家、社会上的这个国学热，许多人颇有微词，而我认为这是个正常的现象。世界上任何事情出来以后，总会有一些负面的东西，有一些不健康的东西，对这个东西，我认为应该采取包容的心态，允许它的存在。包括某些学者解说经典与传统文化等，他解释错了就错了，不必大惊小怪。任何人，任何专家都不能保证自己不出错！应该以平常的心态对待那些社会读经的现象，还有学术宣讲，阐释传统文化出现的一些偏差，这个是正常的现象。五个指头有长短，世界上任何时候，现在、将来，永远都会有错误的，不可能没有错误。我最反感的是现在有一些学者，拿这些负面的现象大做文章，今天说这个人学问不怎么样，把什么什么搞错了，明天又气冲冲地说那个国学就是国渣。特别是有一些学者，他本来是吃国学这碗饭的，结果他沽名钓誉、哗众取宠，又反过来批评国学。一方面吃国学的饭，吃经学的饭，吃古文献的饭。一方面呢，又拿古文献，拿国学，拿经学、儒学来开涮，来挑刺，来讽刺，这一点我是极为反感的。对社会读经、学者研经出现一些错误或偏差的现象，我觉得倒是可以容忍的。在中国这个传统文化断裂了一百多年的社会，出现这些问题都是正常的，都是可以理解的。只要你慢慢地这样做下去，慢慢地就会成熟。像我们所担心的培养这个文献学的接班人一代不如一代的问题，实际上若干年以后，30年不行，50年，50年不行，100年，一定会有大师出来，一定会有顾炎武啊、章太炎啊这样的大师再出来。中华民族的历史会发展，有这些问题都是很自然的现象，关键是我们这些学者，恰恰不应该拿这些问题说事，你好好地做你的研究，你别拿传统文化的一些东西来开涮。要知道世界上任何文化都有它的负面、都有它的不足，即使目前号称发达的

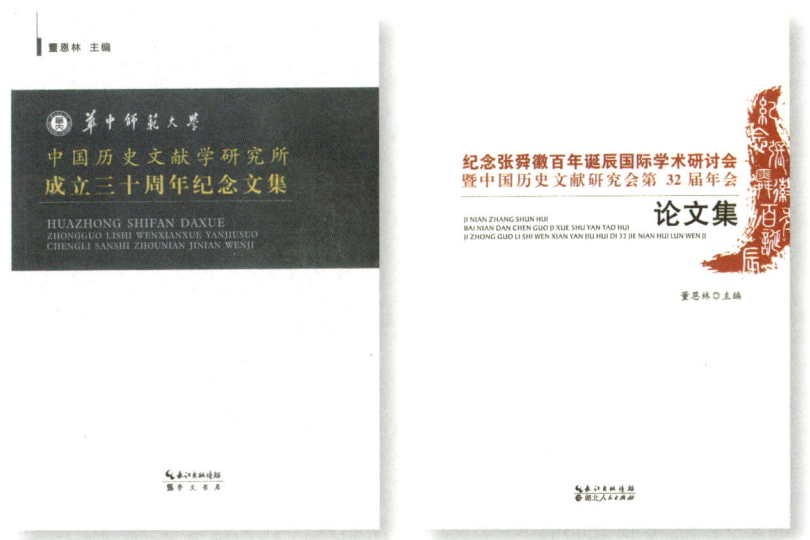

董先生主编中国历史文献学研究生纪念文集、中国历史文献研究会论文集

西方文明与文化，同样有负面的、糟粕的东西，不仅仅是中华文化有其糟粕！

王：目前讨论在高校要开设国学专业，其实部分高校已经开设了，甚至要把国学设为一级学科，您对这些问题怎么看？

董：这个问题，我多次谈过，也在我已发表的论文中系统论述过。近几年每逢开会讨论国学学科建设问题，我都反对国学成为一级学科。有些学者对我说，你太书生气了，不管怎样，我们先在国家谋得一个一级学位的名称再说，我们先搞到这个户口再说。我对他们说，我宁可不要这个户口。为什么呢？因为一旦将国学搞成一级学科了以后，你再想往上升就很难了。国学怎么会是一级学科呢？要知道现在的一级学科只是学科门类下面的子目，如历史学下面有三个一级学科，所以说国学至少应该是一个学科与学术的大门类与学科群，它下面的经学、史学、文学、小学、子学才是一级学科，我们不能把中国五千年传统文化搞成一个小小的一级学科。我宁可不要国学这个一级学科，宁可慢一点。我觉得我们现在这个学术界、教育界太功利了，为什么非要那个户口不可呢？没有这个户口，自己埋头做国学研究、做国学的宣传普及，不就行了吗？而且说老实话，现在把国学建设成一个大的学科门类或一级学科，本硕博，梯次培养，我们自己还没有准备好呢，我认为是没准备好的，起码我自己没准备好。我一直都是这样想的，我觉得可以用八个字来形容我们这一代学人的学术功底，那就是"先天不足，后天有限"，这是我经常说的一句话。我们这一代从小学到中学，甚至包括到大学，很少接触古籍，传统文化功底先天不足。我们这代研究传统文化的学人大多都是"半路出家"的,没有童子功,《四书》《五经》这些东西中年以后才接触到,才去开始阅读,这个传统文化功底真的是不足以来深入研究国学,甚至现在让我们在课堂上给学生很好地解释传统经典都很难。像《论语》《孟子》,我也只能按照现在普遍的解释去讲,再加上我们一些新的想法。实际上对《论语》这种古籍,要真正开设这种专题课在大学课堂里面讲,应该是汉、唐、宋、明、清主要的《论语》的解释著作,都应该是全部看过研究过才能讲得通。前些时候,我发现我们资料室有一部清代徐灏的《通介堂经说》,里面每一经都有他的新东西,很多新颖的解释,如现在有些学者提出的一些新想法,其实它这里面都有,这还是一部不太有名的著作。所以说,你不读遍古书,真不敢妄下雌黄,真的是这个道理。就我们现在的文化功底,真的是不够格来侈谈传统经典的解释,更别说深入研究、理论创新了。所谓"后天有限",是指我们这代人目前所处的学术研究环境和评价体制不太好,限制太多,干扰太多,我们这些大学教授现在基本上是每天每月每年被逼着去拿项目、出成果,而且你必须是多能的,写书写论文、带研究生、讲课,样样都来,样样都行;拿了大项目出了论著照样要完成授课任务,超额完成授课任务也照样要拿项目写论文;一旦不出成果、没完成授课时数,就扣你奖金、降你等级,你根本没有时间没有心思去深入研究、从长计议,产出精品成果,产出有生命力的成果。多拿项目,快出"文字垃圾",这样的学术生存环境,怎么可能出学术精品和学术大师呢?这方面我真的有点自卑,从来不敢满足自己的这点学术成果,总觉得我们的这些成果经不起历史的考验。

王：《通介堂经说》这本书基本上保留的还不错吗？

董：还不错，中间有一些问题，已经修补过了。所以我就说我们真的是没有准备好。既然没有准备好，何必要那么功利一定要搞到这个户口、设这个点？先埋头苦干，把这些基本的经典，指引我们的学生把它读一读，包括他们这一代人，他们这一代的下一代人，自然的，如果这个经学队伍扩大了，人人都能够谈得上几句了，国家自然会考虑这些问题。我就是这样一个主张，我是主张要从长远考虑，要争取国学成为这个学科门类。慢一点不要紧，不要那么急，不一定非得要我们这一代人把这个学科设置成功不可，能设置成功当然好。

王：目前华中师大有国学院，您做院长，你们国学院这几年有什么举措？

董：我们这个国学院现在基本上是虚的。我现在准备辞掉这个院长。原因呢？一个是因为我年龄大了，过了六十岁了，不想再干了。另一个是因为我们国学院这个关系呀，没理顺。我们国学院的院长和包括我这个常务副院长都是我们学校任命的，我们学校聘用的，发了大红聘书给我们的，但是呢，我们国学院是挂靠在历史文化学院下面的，因为它不是科研或教学实体，所以没法独立存在，只能挂靠在实体单位之下，但这样一来对外开展工作就有诸多不便。但国学院还是做了一些实事的，就是我们开展了一些活动，第一就是培训，对中学老师的国学培训教育，效果还不错。第二就是开讲座，国学讲座，每年八期左右，请全国各地的知名学者来讲国学。

王：您没有经费拿什么讲呢？开展什么活动？

董：我向历史文化学院要呀，向学校科研处要呀，不定时能要到一点，去年就要了5万元。第三就是办《国学论丛》这个杂志。我们国学院成立之初就准备办这个杂志，后来筹备了几年才在去年推出第一辑。但是我也没经验，结果这个第一期里面稿约漏附在后面了，是个笑话。我这个杂志是给稿酬的，也不算大价钱，100块钱千字。

王：给稿费？

董：给稿费。大概这个书出来，第一辑我们共花了8万多块钱。

王：您那5万块钱哪够？杂志就得接近10万。

董：书法研究院跟国学院是一起的，一层楼。然后书法研究院是实体，它有经费，它的经费是湖北省给的。空缺由他们补贴一点，因为《国学论丛》是两院共同办的，里面有"书法研究"专栏。但是这是第一辑，第二辑是不是这样，我就搞不清楚了。所以我不敢说我第二辑能按时出版。

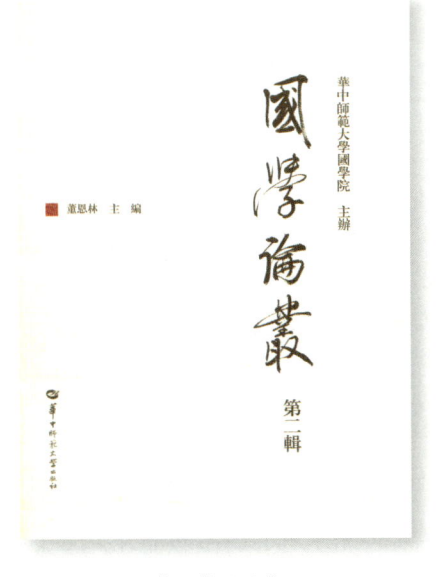

《国学论丛》

王：摸着石头过河，做着看吧，做总比不做好。谈谈您对国学的一些思考吧。

董：总的来说，有关国学、经学、儒学研究，近几年我先后发表了十五六篇文章，就国学、经学、儒学的基本内涵、体系、人生修养、教育培训等问题，作了一些探讨，提出了一些自己的心得。归纳起来，主要有如下几点：

第一是认定"国学"指中国传统文化中的学术文化、思想体系、理论成果，既不是指对传统文化的研究之学，更不是所谓包含当代中国56个民族的一切学术与思想的"大国学"，也不是一个一级学科所能够包容的。它不是一个学科名称，而是中国传统学术文化的总称、代称、简称，不能用现代学科概念来给它划定范围。也不是一种离我们很远的"古典"之学，而是活在我们的日常生活中、文化中、思想中。它是一种历史事实、客观存在，是不可否认的、无须辩驳的。比如你能否认汉语言、汉文字吗？这是国学的主要内容之一。又比如，你能否认中国人长幼尊卑伦常、不可直呼长辈之名或五服内同族通婚吗？这也是国学主体礼制伦理。

第二是反驳了把"国学"当作汉民族一族之学的狭隘荒唐认识，认为传统国学恰恰是融摄了中国五千来各民族文化精华而形成的，本身就不是单一汉民族的文化结晶，即使"二十四史"也不是汉民族一家之史。甚至今日周边国家中的朝鲜、日本和南亚各国等都需从中国古代史记中摄取本国史料。

第三是不赞同现在一些学者把经、史、子、集四部分类当作国学体系来看，因为四部分类是中国历史文献分类、中国古籍分类，是一种书目分类法；而国学是指中国传统学术体系、思想体系、学科体系，虽然文献与图书分类是根据学术思想与学科体系而来，与学术学科体系有着紧密的内在联系，但两者毕竟不能完全等同，这正如目前中国图书分类法以中国目前的学科与学术体系为根据，却不能与这个学科与学术体系完全相同一样。我认为章太炎提出来的国学体系是符合中国传统文化实际的，那就是经学、小学、史学、子学、文学五大学科，这是从中国古代教育课程体系与学术分类体系中归纳出来的，不是凭空推测想象出来的。

第四是认为现在有些人把儒学当作一家一派之学是错误的，有些学者甚至把它当作山东或曲阜的地方文化代表，更是错上加错，在中国古代，"儒学"与"经学"是内涵相同的概念，儒学传承的是自上古尧舜以来中华民族的主体的正宗的学术思想体系。而所谓"经学"也绝不仅仅是《五经》的解释与考据之学，而是还应该包括五经思想义理体系在内，单纯的诠释与考据之学是不可能在中国传统文化中占据首席地位的。

我目前正在撰写一本《国学通论》，这是高等教育出版社约的稿，但很惭愧，到现在已经五年了，还没交稿，不过已基本完稿，约40万字，目前在审改初稿，估计最晚明年可以交给出版社。上述有关国学、经学、儒学的几点思想，都将体现在这本《国学通论》中。我是完全按照我自己对国学的理解与认识来写这本书的，我希望把国学所含经学、小学、史学、子学、文学这五个学科的理论体系归纳出来，而不是以往《国学概论》大多偏重国学发展"史"的叙述。

九、历史文献研究会工作

王：历史文献研究会是全国性的，成立比较早，在国内影响也比较大，创始于张舜徽先生。您是这个研究会的见证人之一，做了多年的秘书长，您怎么来看待我们这二三十年来历史文献研究会的发展过程？

董先生在2018年历史文献学研究会第39届年会大会发言

董：中国历史文献研究会三十多年来的发展，应该是很不错的。现在全国这个学会里面，像这样每年坚持开一次年会的并不多。这一点我觉得很了不起。第二点就是还做了不少学术工作，特别是前面一段时间，做了不少学术研究工作，如二十四史专书辞典、资治通鉴专题研究等。第三点，我们这一个研究会和别的学会有一个不同的特点，就是它的"有容乃大"，特别杂，门庭特别大，现在会员应该有1000多人了，而且它包括的这个学科很多，实际上我们文献学的三大块，即历史文献学、古典文献学和图书情报文献学，都被收罗在中国历史文献研究会里了，它把这三大系统都统括在一起了，这是有功的，这应该是中国历史文献研究会最大的贡献所在。实际上我们三大块文献学在教学、科研上都是分开的，对不对？但是我们在学术交流上借这个团体这个平台走到一起了。另外，还有出版社、博物馆、方志办，等等，都被统合进来。所以，我觉得历史文献研究会在这个方面起到了很大的作用。而且呢，我一直在想，我们这些年总在呼吁，把文献学提升为一个学科门类，其实中国历史文献研究会这些年实际是在做这方面的工作，因为它正好是把历史文献学、古典文献学和图情文献学这三家统括在一起了，它的存在，实际上就是文献学应该成为学科门类的一个最有力的证明。所以说历史文献研究会这些年的发展是很好的，它的功绩也应该是巨大的，当然历史文献研究会也有一些问题。

说老实话，其实这些年来我参加历史文献研究会的活动啊，不是特别多，也不是特别积极。当副秘书长的那九年几乎年年参加年会，最近几年做副会长也不能不参加。但我总是觉得历史文献研究会的学术性还是差了一点，特别是老一辈创会学者过世之后。现在每年的年会，大家都习惯于抱着一种老朋友见见面、叙叙旧的态度参与。所以我一直对学术性这方面是有期待的，我认为要加强学术性。

王：那从您做了多少年的秘书长，包括对这个会的关注，您觉得我们这个中国历史文献研究会如果要向前发展，要做什么事情？

董：我觉得加强学术性是当务之急。我有两个希望。一是希望每一次年会，我们会长、副会长、常务理事、理事只要参会，就应该提交一篇有分量的文章才行，要以身作则。再一个，就是希望利用历史文献研究会这个平台，大家抱团做一点个人或小单位无法做的大型的学术研究工作、古籍整理工作。

王：有道理！再次感谢您接受我们学礼堂的访谈。

董：也谢谢你给了我这样一个总结自己的机会！

2016年12月18日，王老师于华中师范大学采访董先生，访谈稿由井超、李学辰、李佩、李猛元、曹晋婷、侯婕、董政、吕梁、王少帅整理，已经董先生、王老师审定。

卅年身在帝王州

——程章灿先生访谈录

程章灿先生简介

　　程章灿,1963年生,福建闽侯人。北京大学历史学学士(1983),南京大学文学博士(1989)。教育部长江学者特聘教授(2008),南京大学特聘教授(2013)、赵世良讲座教授(2012),获江苏省五一劳动奖章(2015),入选江苏省333高层次人才培养工程(第一层次)、国家百千万人才工程、文化名家暨"四个一批"人才、万人计划领军人才,获国家"有突出贡献中青年专家"荣誉称号。现任南京大学图书馆馆长,南京大学古典文献研究所所长,南京大学文学院教授、博士研究生导师,兼任国家古籍整理出版规划领导小组成员。曾任美国哈佛大学、宾州大学、西雅图华盛顿大学、英国牛津大学高级访问学者,台湾大学、台湾"中央大学"、香港浸会大学客座教授。兼任中国《文选》学研究会副会长、中国诗教学会副会长。治学涉及中国古代文学、古典文献学、海外汉学。研究专著有《魏晋南北朝赋史》《赋学论丛》《刘克庄年谱》《世族与六朝文学》《古刻新诠》《石刻刻工研究》等,译著有《迷楼:诗与欲望的迷宫》《朱雀:唐代的南方意象》《神女:唐代文学中的龙女与雨女》,学术随笔有《旧时燕:一座城市的传奇》《山围故国:旧闻新语读南京》《纸上尘:历史的表里》《鬼话连篇》,另发表学术论文200余篇,诗作数十篇。

一、求学经历

王锷：程先生，您好！很高兴您接受学礼堂的采访，请您先来谈谈上学的经历。

程章灿先生：上大学吗？

王：上大学之前的也可以谈嘛。

程：学礼堂做的这个系列访谈很好，我看过前面几位学界同行的访谈录，诸位先生都说得很好。他们回忆过去，细节生动，可以给人留下深刻的印象。我的记忆力不好，好多过去的事，记不起来了。像我读中小学的那些日子，应该说那是我最难忘的一段人生，真的能够回忆起来的为数不多了。也许让我回到老家，跟当年那帮中学同学、小学同学坐在一起，大家互相激发，可能会想起很多。现在独自回忆，只能说是心有余力不足。

我们这代人是在"文革"十年中接受基础教育的。我的中小学总共读了九年，其中在"文革"中的有六年，在"文革"后的有三年，严格来说，可能还不到三年，因为等到英明领袖华主席一举粉碎"四人帮"，已经是1976年10月啦！此后过了差不多一年，才正式恢复高考制度。这九年当中，前面的六七年，基本上没怎么读书。不读书的日子，闲得发慌，现在想想，实际上也是很快活的，至少没有负担。那时候时兴"开门办学"，学工、学农、学军，到工厂去，下田里去，请解放军来，总之，不用老是在教室里上课。我家在农村，镇上没什么工厂，学不成工，学农倒是蛮现成的，本来就是农民的孩子，从小也跟着母亲干些农活，也不用学。其实我挺想学军的，为什么呢？学军可以打靶，开枪射击，能摸到枪啊！可惜我没学过军，从小到大，一次正经的军训都没有受过。

我的小学母校是闽侯县甘蔗小学，中学母校是闽侯县第一中学。我们那时候，初中两年，高中两年，而小学五年，算是最长的。我的小学一二年级，读的就是村上的小学。自己搬凳子去，卸下门板当桌子，教室是借用民房的厅堂。教我的就是同村的一个民办老师，她什么课都教：语文、算术、音乐……我还依稀记得她教我们唱歌的情景，不知为什么，我当时就觉得她并不擅长音乐，教得有些吃力，其实我并不懂音乐。到了三年级还是四年级，我不敢确定，反正就转到镇上比较正规的小学开始上课，在隔壁村，教室还是借用民房的厅堂，但是有了桌椅，不用自带。有一次桌椅脏了，我们拖到池塘里洗，用一小束稻草再蘸点沙子来擦，很管用。读到四年级的时候，学年制更改，由春天开始新学年，改为秋天开始，这样我四年级就读了三学期。那时候，从北京开始兴起一个"反潮流运动"，其实就是鼓动学生反老师。运动中树立的学生典型，叫黄帅，是北京的一个女学生，与我同一届，后来考大学，也是1979级的（在我校阅这篇访谈录的时候，从网上得悉黄帅去世的消息，不禁感慨良多）。这个运动中，学生起来写老师的大字报，批老师，这个风潮刮遍了全国。在这种情况下，哪里还有师道尊严，哪里还能指望老师安心地教书？我小学四年级、五年级，教室条件是好了，但也没读什么书，不过有一个好处:所有人都顺利毕业,升上中学,不用考,每年也发成绩单,但不那么重要。

初中两年,也没学什么东西。初中开始有英语课,也不怎么考,好多时间都去搞"开门办学"了。到初中毕业,我能背26个字母,唱字母歌,还能流利地说上两句诸如"Long live Chairman Mao"("毛主席万岁")这样的英语,可算好学生了。那时是读书无用,学英语更无用!稀

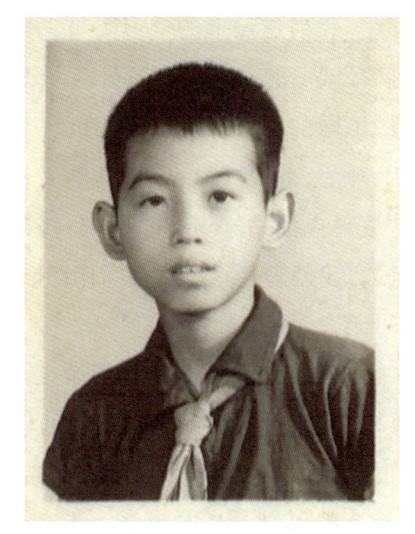

1975年小学毕业留影

里糊涂的,初中就毕业了。现在回想,初中这两年干了什么?我印象最深的是学农,建农场。农场离学校不算太远,但走路也要四五十分钟,原来是一座荒山,属于甘蔗镇青岐村。那荒山真是荒,荆棘丛生,还有人家的墓地,一时间都被挖平了,开垦成了农场。那些墓大概是无主的吧,挖出一些装有骷髅的罐子,挺怕人的。就这样生生地把一座荒山,改造成了梯田,"农业学大寨"嘛。初中的好多时间,都在干这个。梯田弄起来了,种小麦,种番薯,山上的土缺少肥力,我们跑到闽江边去挑江边的淤泥,还挑水浇灌。后来还盖了一栋房子,二层楼,学生全程参加,我也爬到屋顶去盖瓦。听说以后就要在这里办学,办"共产主义劳动学校",就像电影《决裂》里面演的那所大学一样。

我当过班上的学习委员，也当过中学广播站的编辑，负责选摘报纸上的文章给播音员读，还办过墙报和黑板报。中学那几年，最忙碌的时候，班级、年级、全校的黑板报都是我负责，在黑板上写字，不拉线，保持基本平直。办农场的时候，我就负责那个"战地广播站"，现场采访写稿，还编些顺口溜之类的东西，那时候，我们管这些东西也叫作诗歌。

王：那都是有才华的学生才能干这些事情！

程：有时，我也跟现在的学生讲起我的中学经历，有的学生很羡慕这样的日子，我却不以为然。他们不能想象，那样的日子，不只闲得慌，还饿得慌，不只是物质上的饿，更是精神上的饿。我想读书，可是没书好读。我姐姐不知道从哪里弄到一本小说，叫作《破晓记》，我翻来覆去地看，看得连回目都能背下来。那个时候的记忆力和吸收力好，要是让我读书，至少可以打下比较好的基础！当然，这算是我们这一代人的先天不足。那时候也有寒假作业的，我算是认真做的，周围有的同学借我的去抄，老师也不查，无所谓。

真正读书就是高中两年，高一和高二。1977年9月，我上高一。不久就传来恢复高考的消息，读书有用了，可以考大学。于是全年级考试，开始按成绩分班，分成"快班"和"慢班"。为了高考升学率，学校抓重点。全年级总共八个班，从中挑出成绩较好的组成一个"快班"，就是高一（4）班，师资配备最好。乡下人有个更俗白的叫法，叫作"尖子班"。我跟今天的学生说，你们读书是十二年的长跑，有人甚至幼儿园就开始识字、数数，这

1982年中学同学聚会(第二排左一为程先生)

是长跑,5000米或10000米的长跑;我们是短跑,跑百米,就拼最后这两年了。谁跑得快,跑到前头,谁就赢了。高一(4)班是理科班,我理科学得挺不错,特别喜欢的是数学。综合各科成绩的总排名,我在理科班基本上都在前三名,但是我更喜欢文科一点。等到高一下学期,学校要办一个文科班,我的语文老师来动员我上文科班,我也同意了。文科班也需要有些好苗子,不然,被"剃光头"多难看。从高一(4)班出去到文科班的,好像就我一个,蛮稀罕的。从理科班转到文科班,我是"先斩后奏",事后才跟我母亲"报备",事前肯定是自作主张。我父亲那时候还没有调回到老家,也顾不上我。母亲问我,学文科的出来比学理科的工资低吗?我说没有,一样的。其实我也不确定是否一样,就胡乱回答。母亲也没说什么。这样我就到文科班高二(8)班去了。

高考成绩揭晓后,我们这届文科和理科考得都不错。理科班有考上清华、浙大、厦大的,文科班有考上北大、厦大、北京政法学院(现在叫中国政法大学)、北京广播学院(现在叫中国传媒大学)的。总体来说,文科班考上的人数还是比理科班少一点。时过境迁三十几年,有时,我会像围棋复盘一样,假设当年继续读理科会怎么样,我估算应该能考上厦门大学。根据是我的数学比较好,理化虽然不特别突出,但语文、外语比较强。那样的话,很可能是一边学着理科的专业,一边惦记我的文学。

王:肯定不如现在。

程:香港电影常说,人生的关键是开心就好。对我现在从事的这个职业,我是非常喜欢的,也是开心的。教书之外,每天读书写作,夜以继日,乐在其中。这不是所有人都能理解的。

现在想起来,高考那个时段,我应该是非常用功的。我们中学有晚自修,我一般不去,觉得在家学习更有效率。学校人多,会互相干扰。我的同桌数学很好,每天早晨到校,我俩就比数学习题谁做得多。高二那一年,除了读书,几乎想不起来太多别的东西。最紧张的时候,好像是临考前,我们也到校外的闽江边背书,政治课、历史课、地理课,都有要死记硬背的,背得人都烦了。我自己编了一些顺口溜,帮助记忆,这样不那么枯燥些。我大概不适合长跑,只适合短跑吧。

高考成绩出来，出乎我自己的意料，我居然考到福建省第一名。这只能说是运气好，绝对不是我谦虚。考进前十名，当然需要实力；考第一名，就只能说是碰运气。我有的科目发挥得好，也有的发挥不好。数学发挥得很好，语文也不错，史、地一般，尤其是历史，没有发挥好，讽刺的是，后来我居然上的是历史系。我那年高考考六门：语文、数学、历史、地理、政治、外语。我总分大约是411，平均超过80分。那年的外语考试，满分100分，但计算成绩时只算10分，所以有的人干脆放弃。我考了61分，算6分，是闽一中的最高分。上了北大世界史专业，我的同学中英语有考七八十分的，我的分数很寒碜。

王：当时高考的那一年您只有十几岁啊？
程：我去北大报到时，还没满十六岁。

王：您是班上年龄最小的？
程：那倒不是。因为有毛主席的指示，"学制要缩短，教育要革命"。所以，"文革"中的学制短，南方很多省份，学制都只有九年，就是九年就能高中毕业。比如浙江、福建、广东，跟我同届的考生很多都是十六岁，如果生日在九月以后，那就都不满十六岁。跟北京考上的同学相比，我们小了两到三岁。我北京的那些同学，大部分是1961年的，或者1960年的。

王：五几年的都有。
程：是啊！说到五几年的，七九级中还有一些往届生，有的还是"老三届"的,下乡十年,再考上大学的。那就比我们这些南方的应届生,要大上十岁甚至更多。他们是班上的老大哥、老大姐。在我们班上,这批学生占三分之一弱。

王:当时怎么会录取到历史系呢?

程:我那一年是分数出来以后报志愿,按说这对我极为有利。1979年北大在福建省文理科招生名额是32名,也许是36名,记不清了。我是文科第一名,中学校长叫我报北大,第一志愿是北京大学中文系,中文系有两个专业可以选择,报文学专业第一,汉语专业第二;第二志愿是北京大学历史系,也报了两个专业,中国史专业在前,世界史专业在后。干嘛要报历史系呢?校长说,反正要填第二志愿,你随便填填,肯定取你的第一志愿。第三志愿是复旦大学新闻系,也是随便填写的。校长觉得我十拿九稳,肯定上北大中文系,我也觉得应该这样。等收到录取通知书,我傻了,我被录取到北京大学历史系世界史专业,当时感觉是被人调包,有人走后门顶了我的名额。我高兴不起来了,还有点失落。坐火车上北大报到,那时候学生票都集中安排在同一节车厢,我碰到同一届被录取到北大中文系的两个同学,了解到他们的考分明显比我低,更是郁闷。没有人征求我的意见,也可能是因为我填了服从志愿。

我不是历史系的好学生。上北大第一年,经常躲在图书馆文学阅览室,天天在那看小说,好孬的都看。我在乡村长大,以前从来没有接触过这么多小说。曲波的《林海雪原》大家都知道,他还有一本《山呼海啸》,写得并不好,我也看。今的古的都看,什么《三言》《二拍》之类，就是那时看的。看完中国小说，还看了些外国小说，囫囵吞枣地看。总之，使劲看小说，不用功学专业。这事被班主任周怡天老师知道了，周老师是教世界上古史的。周老师找我谈话，希望我树立专业思想，多读专业书。很惭愧，我辜负了老师的期望，最终没有学好世界史专业。很多年以后，我看到了北大学习期间的成绩单，成绩还过得去，中国史科目的成绩似乎比世界史科目成绩好一些。

王：那还是一个兴趣问题。

程：真是缺少兴趣。现在看来，怪自己土，没有见过世面。上大学以前，我根本没接触过多少外国历史和世界文化。大一、大二的时候，我大概真没好好学，尤其是专业课。大二结束那年暑假，我待在北京没回家，宿舍里有一位我很敬重的老大哥，他的英语早已出类拔萃了，还在坚持自修，看英语书，做托福习题。受他的影响，我从三年级开始，也投入时间学英语，还学了一些德语、法语什么的。我觉得这是我在北大读书做的一件正确的事，真要感谢我的这位同学。2003年，我们这届本科毕业20周年，班级同学回到北大聚会，见到当年的老师，大家纷纷向老师检讨，因为大多数都不做世界史专业，我也是。不过，我现在做的专业，多少还跟中国史相关。世界史专业对英语的要求，比其他专业略高一些，我在北大打下的外语基础，也对我后来关注国际汉学颇有帮助。

王：同学之间接触，有时候也很重要！

程：是的。上学尤其上大学，好学校和差学校的差别，固然是老师的不同，更重要的是同学不同，好学校的同学，没有很差的。处在一个好的大环境里，只要跟着大流往前走，向上走，就会水涨船高。从十六岁到二十岁，这四年，是我的"三观"形成的重要阶段。也就是说，我的"三观"，主要是在北大读书时形成的，1979—1983年的北大的文化、学术和政治环境，对我有显著的影响。

上大学前，我没有离开过福州。我家在闽侯县，那是福州的郊县，相当于江宁之于南京。那时，十五六岁的孩子离家远行，父母都很放心。家人送到福州火车站，我跟几个同学一起，从福州坐上火车就走了，真是"少小离家"啊。

王：那时候社会治安还蛮好的。

程：到了三年级，有一次系上有个什么活动，来了一些老师，其中有一位办公室主任，记得他姓罗，名字我现在记不清楚了。罗老师过来跟我打招呼说，小程啊，我也是福建人，跟你老乡，你高考那年，我代表北大到福建招生，是我把你录取到历史系来的。很多大学都是这样，到某地招生，就派原籍某地的老师去，正好可以探亲，公私兼顾。罗老师看我分数挺高，第二志愿填报的是历史系，还填了世界史专业，外语也及格了，就把我录到世界史专业来了！

王：所以您上历史系跟别人没关系？

程：没关系。我同班有个同学，也是福建考来的，总分不如我，但人家得过福建省中学生英语比赛第二名。现在我想，也许我天生就该到历史系去转一圈，这样对我有好处。人贵在自己造就，环境是一回事，环境只给你提供一个平台，自己还要善于利用这个平台。也许一开始觉得这个平台不很好，其实未必。1979年到1983年的我，一定觉得上历史系错了，大错！现在的我却觉得并没有错。如果没有北大历史系给我奠定的基础，我不会是现在的我。我的知识构成也会少了一大块，对古代文学研究非常重要的一大块。

1983年本科毕业合影
（第二排左起第五位为周培源校长，第三排右起第二位为程先生）

王：可能治学的视野上会不一样。

程：后来我碰到袁行霈老师，跟他说我曾经是他的粉丝。袁老师当年在北大的时候，开"中国古代诗歌鉴赏"课，教室里人满为患。那时候的袁老师，才四十多岁，风度翩翩，板书漂亮，学问又好，普通话又好，绝对吸引人。我也混进去听了几次，后来不行，坐不下了。中文系学生就提意见，怪外系的同学太多。后来听课的时候，就要求所有同学出示学生证，我就没能再听下去了。费振刚老师初始也以为我是北大中文系出来的，奇怪他对我怎么没有印象，后来才知道我原来读的是历史系。

王：您后来毕业考程先生的硕士，当时是怎么想又考回来呢？

程：我爱读书，这个爱好大概是难以改变的。三年级的时候，很多同学准备要考研。我好不容易在北大学了三年专业，也努力培养我的专业思想，想考厦门大学历史系。厦大历史系有两个专业方向比较突出，一个是经济史，一个是东南亚史。我当时准备报考东南亚史，在北大的时候，我上过一门好像是国政系开的选修课，叫"东南亚国家的政治经济地理"，期末还考了九十几分，也算有些基础。1982年9月份开始准备，到了10月份，就复习不下去了，还是提不起兴趣来。国庆节放假几天，我在宿舍里"长考"，想了两天，很犹豫，有过思想斗争，最终确定弃史考文，报考中文系古代文学专业。跟我比较要好的几个中学同学都说这比较冒险，不错，我一门完整的中文系的课都没上过，的确是冒险。我说那就冒险一下呗，要做就做自己高兴做的事，考不上拉倒，权当读书。

报名之后，有一天，忽然听到广播，1983年中文学科硕士招生考试有个改革，原来只考两三门专业课，1983年开始要加一门"语言文学基础"，这门课要考中文系的八门基础课，包括"语言学概论""现代汉语""外国文学""中国现当代文学"，等等。我全都没学过，有的连教材都没有。这简直是存心跟我过不去。没办法，都报名了，赶快去买教材，恶补、硬啃，总算考过了。

为什么报考南大？北大呢，那一年古代文学专业硕士生好像只招两名，名额太少，而北大中文系七九级班上报名的已经超过两个了，我还没有胆量大到跟他们去竞争。那一年南大和华东师大招生都比较多。南大是程千帆先生带头的这个梯队，招5名，专业方向是唐宋文学，我最喜欢的。华东师大以程俊英先生领头，招15名，古籍整理专业，分文史哲三个专业方向，每个方向招5名，算下来，文学也还是5名呗。两个导师都姓程，这么巧！我更喜欢南大以及南大所在的南京，第一志愿就报了南大。考试在北京，发榜后，到南京面试。我运气好，考上了。南大那一年招了5个学生，没有一个是南大自己的学生。我自己的感觉是，南京大学在招收硕士生和博士生方面，有气度，从不歧视外来的考生。

王：全是外面考来的。

程：全是外面的，所以我们全是"外来户"。我们这一届硕士，是程先生招收的唐宋文学方向，当时程先生名气已经很大，南大那几年的势头也挺好，往上走。

王：程先生刚来不久，对吧？

程：程先生1978年来南大，第二年招硕士，徐有富、莫砺锋、张三夕三位，是1979级。那时候硕士是两年才招一次，1981年，他又招过一届硕士，就是张宏生。程先生最后一次招硕士，就是我们1983级，共五人。

南大那一年考五门课，有"中国通史""古代汉语""古代文学史""外语""政治"。"中国通史"这门课我学过，不怵。北大不考"中国通史"，考"文艺理论"，我根本没学过，没底儿。我自学过四册王力《古代汉语》，仗着这点知识，也能应付"古代汉语"考试。对我来说，外语是挣分的。只是这次考试，政治考砸了，只得51分。复习时，我跟北大的一个同学一块背政治，他考北京外交学院，政治得了81分或者83分。我们俩是对背的，这道题他背一遍，我说他少了个什么，我背一遍，他说我哪里还需要补充。我才得这个分数，好惨呐。

王：您好多了，51分还进校了。

程：听说那一年南大的政治分数线卡在50分。再高两分我就完了，也许人生轨迹从此改变。

王：我考过一次研究生，就是卡在政治上没及格。我们复习跟你说的一样：对背。我们同学考兰州大学，成绩都是80多，我那一年政治考了28分，就被卡下了，就没上成研究生。所以，您51分很好了。

程：那么，给我51分，算饶了我了。

王：那一年，是程先生一个人招，还是和周先生他们合着招？

程：是程先生为首的导师梯队，其它几位老师包括：周勋初老师、郭维森老师、吴新雷老师、吴翠芬老师。卞孝萱老师那时还没调到南大。

王：也就是说整个是导师团队。

程：我们那一届所有的硕士生，都是程先生的学生，他统管。到写论文的阶段，除了程先生统管，还有一个分管导师。那时卞先生来了，正好五个老师对五个学生。吴新雷老师分管我，所以应该说我的硕士导师有两位，程先生和吴老师。

1986级南大中文系硕士班毕业合影（前排右三为程先生）

王：到南大读硕士这个阶段是比较开心喽？
程：开心。南大读硕士是我很有收获的几年。

王：就是比在北大读本科时要开心多了？
程：是的。首先，专业是我最喜欢的，读的书也都是自己要读的，老师又好，当然就开心。其次，对我来说，南京的生活要比北京更适应，南京的米饭可以敞开吃。1979年到1983年那会儿，北京的物质供应还不充裕。北大学生每个月32斤口粮，包括7斤大米、20斤面和5斤杂粮。7斤大米，一顿吃4两，只够吃17顿半。我这个南方人初到北京，要吃面、杂粮，一开始不习惯。食堂里的高粱粥或者玉米粥，什么味儿也没有，吃不下。我带些白糖往粥里加，挺麻烦的，把北京的同学乐坏了，说没见过这样吃的。到了三四年级，慢慢地吃出了玉米粥和高粱糊的香味，基本上习惯了。北大食堂的馒头、饺子、打卤面、炸酱面什么的，其实不错，油饼和馅饼尤其好吃，就是有些贵，不能老吃。食堂还有腌的辣椒，特别下饭。到我毕业那一年，北大畅春园开始有馄饨卖，我跟一位上海同学好激动，花1毛钱喝了一碗馄饨，太好吃了！那时候刚刚有方便面，考研时开夜车，我跟一个同学偷偷弄个电炉，在宿舍煮点方便面，打一个用吃不完的粮票换来的鸡蛋，那真是无上美味呐。学校食堂卖的菜，老是大白菜、黄瓜，真是吃腻了。后来有好多年，我不喜欢吃炒黄瓜，当年吃伤了。

到南大，日子真是改善了。南大汉口路门口那家馄饨店，所有人都知道，1毛7一碗的辣油馄饨，哎呦，太好吃了！我读研究生的时候，每个月有51块钱，自给自足，还能省下钱买些书。

同专业的五个同学,严杰、景凯旋已结婚,家在南京,不住校。宿舍只住三个,我和张辉、李立朴。这两位老兄都大我九岁,当过兵、当过工人,下过乡,还喜欢喝点小酒。汉口路门口馄饨店旁边,原来有个邮局,还有个小卖部,卖酒,有泗洪特酿、分金亭特酿,大概一块三四毛钱,不算贵。下雨天,下雪天,闲暇,或者工作疲乏,从食堂多打两个菜,三人凑起来,喝上几杯小酒,陶然无忧。这样的日子过得挺好的。总体感觉,南方的生活比北方好。

王:就是接近您家乡的生活方式了。

1985年玄武湖留影

程：对！后来，经济慢慢地发展起来，商品流通方便了，北京也可以顿顿吃米饭了。不过，我还是比较适应南方的生活方式。

王：还是生活习惯。

程：我们那个时候真的供应紧张，还要用粮票。我每月32斤的粮食供给，吃不完，放假时可以换成全国粮票，拿回家去。用全国粮票买米，那就是平价的米。

王：所以您从北京到南京，单纯从生活上来说，已经改善很多了，日子也就过得开心啦。

程：日子过得好，生活更适应了。另外，我从读硕士开始，经济就可以独立了。

王：您当时读完硕士是接着要考博还是属于硕博连读的？

程：接着考的。我能上大学，真的要感谢党的改革开放政策，感谢邓小平恢复了高考。还要感谢政府，我上大学没花家里太多钱，因为有政府每月发的助学金。

王：这当然要感谢，没有高考制度哪能够有我们的今天？

程：是的。第一个，高考制度让我改变了身份。我经常说，如果恢复高考晚个两三年怎么样？我就会变成一个回乡的青年。即使再来复读，再去参加考试，能不能考得上，都成问题。

王：恐怕就来不及了。

程：即使我运气好，考上了，哪能指望考上北大啊？第二个，我上大学，每月有 19.5 块的助学金，后来加上补贴，有 22 块。那时候很多上班的人也就拿四五十块啊，22 块钱够吃饭，还能省下几块买书。

王：那时候你们怎么会那么多呢？
程：我拿的是最高的助学金。

王：我们当时也不存在什么奖学金。
程：不是奖学金，那个叫助学金。

王：就是每月大概一个人七八块钱，30 斤粮票，包括杂粮，后来提高到 20 元左右。
程：北大是要看你的家庭收入情况。我们班北京考上的同学，好多一分钱助学金都拿不到。我从福州到北京报到的路费，也是我们县招生办给我报销的。可能是因为我的成绩特别好，他们主动来问我，帮我解决的。到了北大，冬天来了，学校还出钱，给我们置办了一件绿军大衣，很厚重的一件。我们那个时代过来的，都很喜欢军大衣，特别管用、绝对保暖。

王：那很贵，用的料都是好料啊！那时要 30 多块钱一件。
程：后来我一直带到南京，工作后好多年，还舍不得扔。冬天压在被子上，盖着都暖和啊！

王：我们现在做学术研究，从历史上来看，假如说没有邓小平同志，或者他这个政策要晚个四五年，我们的人生轨迹就不一样了。

程：我差不多就"完蛋"啦！

王：我1982年考学也就差不多"完蛋"了，那个只要耽误一年，你就没有机会了。

程：家里面有活儿要你干，你不干活行吗？你一边干活，一边抱一本书看，哪能呢！复读考试，恐怕就没那条件呐。

王：是，我们这代人恐怕都要感谢邓小平同志这个政策。那后来读博士的时候也是自愿要读还是有其他因素？

程：硕士毕业，先是确定我留校，分配我在中文系古典文学教研室。我自己却想读博士，就是想继续读书深造。考上硕士那年回老家，中学同学聚会，会后大家互相留言，有个和我很要好的同学给我写了一句话："不仅硕士，还有博士在等着你！"他真是理解我，现在觉得他很有预见性。

王：这是很有远见！那时候脑子里知道博士这个词的人还很少吧。

程：那时硕士也不多，1983级硕士全国只招11000名，博士更少，1986年博士招生也不多。那时候硕士出来到大学教书，学历足够了。我总觉得书没读够，那时候也还小，就报了博士，一个是南大，一个是复旦大学。

王：啊，又想往外走。

程：为什么报复旦大学呢？当时是这么想的：北大念过本科，南大念过硕士，就是没在复旦念过书，要想再换个地儿，到复旦去。恰好萧涤非先生的博士李从军毕业找工作，路过南京，就住在我们宿舍。他跟我的同屋张辉是同学。大家一起吃饭，他就建议我去考复旦，转益多师啊。我也觉得好！

1985年苏州天平山留影

王：同学之间聊天有时候很重要。

程：那年复旦招生的有郭绍虞先生和朱东润先生。我报了朱东润先生，我去找程先生写推荐信，程先生给我写了，还说了一些好话。后来是南大考试在前，复旦在后。南大笔试过了，还有个面试。面试的时候，程先生对我说："你有两个选择。一个呢，你先工作，留校在教研室教书，以后再读博士。另外一个呢，就是读博士，那当然不能留校啦，你自己看看。"我表示还是先读博士。既然南大这边定了，复旦我就没去考。

王：应该就是那次谈话起了作用了。

程：对我个人来说，对我追求的学术生涯来说，从本科读到硕士，又读到博士，连续不停地读书，这样的选择也许是对的。但我经常觉得有愧于我的家庭，有愧于我父母、我兄长、我姐姐。父母那么辛劳地养育我，哥哥姐姐比我大好多岁，都没受过很好的教育。我是家里最早的大学生。大学毕业那么多年还不工作，只管自己读书，对家庭一点帮助没有，很惭愧。

王：那是那是。

程：当年离家上大学，临出门的时候，一个邻居跟我母亲说，你这个儿子，只怕出去了回不来了。邻居的哥哥"文革"前从清华毕业，后来在中科院做研究员，回不了福州，自然也照顾不到家里的老母亲。这话不幸而言中了，对母亲来说，我这个儿子算是白养了，隔了千山万水，一点用没有。

王：所以这个事情说起来，从您父母亲角度肯定没有什么，但是从您兄弟姐妹的角度，我们这一代人从农村走出来的，可能都有一个问题：他们会有所不解，他们不一定讲，我们在他们心目中变成一个没有用的人，就是对老家的人没有任何帮助。但是反过来从我们个人来说，或者再说大一点，从国家来说，或者从我们这个专业来说，我们各有各的工作，各有各的追求嘛。

程：我想，这也是我们所处的这个时代给我们的局限，当年农村条件更差。到了我们的下一代，情况就好多了。我有个侄女，是我堂弟的女儿，在复旦中文系读书，很用功，成绩也很优秀。

她出来读书,家里的经济条件就好多了。她的父母也尊重她的意愿,上复旦,读中文,到国外留学,家里都很支持她。希望她不断进步,前程似锦。

王:所以您从老家走出来,显然对老家的孩子也是有影响的,要没有您的榜样作用就不好说了。

二、《魏晋南北朝赋史》

王：程先生治学的面非常广，涉及文学、石刻、国际汉学、地方文化，等等。您的《魏晋南北朝赋史》在学术界很有影响，是您博士论文选题吗？您为什么要选这样一个题目？

程：这是我的博士论文。1992年初版，2003年再版，初版到现在大概二十五年，居然还有人读，还有人引用，我感到莫大的欣慰。程先生当年跟我们说，学术成果要能站得住，站个二三十年，最好能站到五十年。

我硕士研究方向是唐宋文学，当时因为喜欢唐诗宋词而考进来的，最后做的论文题目叫《刘克庄年谱》，毫不文学，一点没有诗情画意，不过，写论文的过程中，也读了不少诗，还是蛮开心的。考博士那年，程先生的招生方向就两个，一个是"魏晋南北朝文学"，另一个是"中国古代文学理论批评"，两个方向各招一名。最后招了我和张伯伟兄。我的研究方向是"魏晋南北朝文学"，伯伟的是"中国古代文学理论批评"。

从唐宋转到魏晋南北朝，需要适应。1986年秋天入学，1987年题目就确定了，那时还没有现在这么正式的开题会。那时候找题目也比现在容易，想想看，所有的学术文献要减掉近三十年的，少了很多了。好多题目还有待开荒，赋这个领域当时做的人比较少。从1978年改革开放，到1987年已经九年了，但学术界其实还有好多观念枷锁，有不少条条框框还没打掉。比如对赋的认识、

 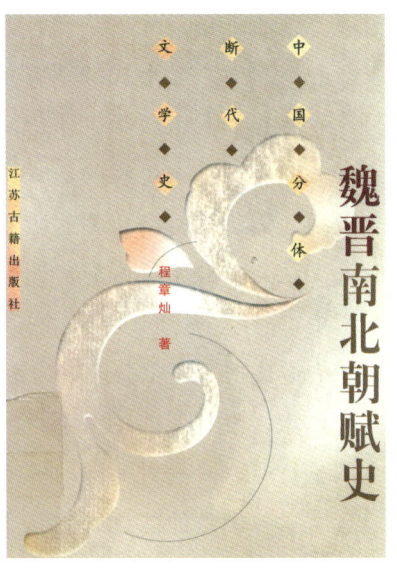

1992年江苏古籍出版社初版　　　2003年江苏古籍出版社再版
《魏晋南北朝赋史》　　　　　　《魏晋南北朝赋史》

对魏晋南北朝的认识，都有框限。在改革开放之前，魏晋南北朝文学往往受人批评，比如形式主义、封建贵族趣味什么的，奢侈啊、艳丽啊，甚至说腐朽啊，总之是不太好的评价。赋被人贴上贵族的、形式主义的、歌功颂德的标签。改革开放后，大家慢慢地开始研究赋，山东大学龚克昌先生研究得比较早，但他的研究主要集中在汉赋。到我写博士论文时，大概1987年或是1988年，马积高先生的《赋史》出版了，一部厚厚的通史，其中魏晋南北朝部分还有不少有待深入。曹道衡先生也有一本书，则是比较偏于整体的面上的介绍。总的来说，对魏晋南北朝这段断代赋史还未有专题的研究。

我一直对文学形式特别有兴趣，对于有形式感的文学体裁也特别感兴趣。后来教学生作诗，给硕士生讲古诗艺术，也经常讲形式。我觉得赋有足够的形式感，我对它的形式非常感兴趣。对于以往人们给魏晋南北朝这段文学贴的标签，我一直有不一样的看法。在北大准备考研时，读一本当时颇为通行的《魏晋南北朝文学史》，经常看到某个作家被贴上了形式主义的标签。我想，也许我们应该把形式主义理解为正面的褒奖。一个文体、一篇作品、一个作家，没有形式感是不行的。赋不像赋，诗不像诗，那算什么本事！所以，我对江淹的《杂体三十首》评价很高，你可以说他玩文学，但是他能玩到这么高的水平，就难得！我希望从两个角度切入"魏晋南北朝赋"这个题目，一个是观察六朝文学的角度，一个是对赋这个文体的角度。

博士论文最终写成《魏晋南北朝赋史》，也许跟我在北大历史系的训练有关系。还是历史嘛。虽然我对这个题目不是非常满意，觉得它缺乏文采，但是，这样一个题目，很符合那时江苏古籍出版社（即凤凰出版社前身）正在编辑出版的那套"中国分体断代文学史丛书"的宗旨。所谓"分体断代文学史"，就是先分文体，再断代，《魏晋南北朝赋史》简直就是为这套书"度身定制"的。所以，我博士一毕业，程先生就帮我把书稿推荐到江苏古籍出版社去了，他们觉得很好，就出版了。这套丛书当时影响比较大，先后出版的杨海明《唐宋词史》、严迪昌《清词史》，学术界的反响都挺好。如果不是正好这样一个题目、这样一种写法，也就编不到江苏古籍出版社的这套丛书里了。那是在1992年，正是出书最难的时候，不像今天。我这个刚博士毕业的小辈儿，比严迪昌和杨海明两位先生辈分也低，能与他们并列，感觉与有荣焉。

那时候出的书少，一本新书面世，容易被大家注意到。我这部书虽然叫《魏晋南北朝赋史》，其实，并不是通史或者通常文学史的写法。我当时觉得作博士论文，不能只搭一个史的框架，只有广度，还要有专论，要有深度。我把整个魏晋南北朝赋史划分为几段，建安是一段，两晋是一大段，然后是南朝，南朝里面又分前后两段，北朝是一段，北朝里面又分出十六国、东魏西魏、北齐北周。每段里面又找了一些专题点，我自己认为比较重要的、比较有新意的，不时作一些深度挖掘。所以，每一章下面的论述，既有宏观的论述，抓住大趋势，也有专题研究。我希望可以把赋史发展的线索勾勒出来，呈现出它的阶段性，然后有选择地进行点的深入。书中的一些章节，实际上是一篇专题论文，后来在一些刊物上发表过。虽然叫《魏晋南北朝赋史》，我并不想写成文学史那样四平八稳的，而是主要表达自己的思考，发表一些新见。这个书题目大，涵盖面广，好比跑马圈地，划的圈子还是比较大的。做魏晋南北朝文学的人，做赋学的人，甚至做文体学的人，就可能感觉这书跟他们的领域有关系，就会关注。今天的博士论文选题，一般就不划这么大的文学史圈子。

今天的博士论文选题，多半是专题研究，焦点更集中。但是，心中还是需要有一个大的视野，大的圈子，题目可以小，心目要大。报课题、申项目，尤其要有大的关怀，大处着眼，小处着手。你先圈一块大的地盘，不见得要把这一大块地都盖满东西，只要找块空地，盖座漂亮的房子出来，就行了。盖在哪里，怎么盖，都有讲究。尽量盖高一点，盖牢靠一点，盖漂亮一点，盖别致一点，如果再能显出自己的独特风格，就更有水平了。题目小，可以深掘，也会让人佩服你的精粹，但有可能更广的影响力出不来。更多的人会觉得你的题目与他们无关，当然，如果你能以某种方式，让别人觉得你的研究与他们都有关系，那就最好了。博士论文选题，也是此一时彼一时。20世纪八九十年代，与今天肯定不一样了。总的来说，可能还是八九十年代那时候选题相对容易。

王：您觉得《魏晋南北朝赋史》在赋史研究上解决了什么样的问题？或者说有一些什么样的发明？

程：发明说不上，只是做了一些具体的工作。先说文学方面，一个就是我刚才说的，大概勾勒出了一条魏晋南北朝赋的历史发展线索，中间的起伏、升降，高潮低谷，热闹热点，都有所呈现。对整个魏晋南北朝赋史，我抓住每一阶段的突出特征。比如说建安时代赋的同题创作的特点；两晋时候咏物赋的繁兴；南朝时候，赋的贵族化与诗化的特点。对于南朝赋的特点，我概括成"三化"：诗化、贵族化，还有一个叫作唯美化。后来有人用我提出的这些概念，但是完全不提我的著作。这不仅是史的描述，也是艺术研究中的专题探讨。我的目的是，希望不仅把这段赋史的脉络理出来，而且把其中最突出的现象拎出来。

还有语言形式方面的。比如关于赋注和赋序的问题。后来也有不少人写文章，研究赋序和赋注。我书里都已经论及这些问题。当然，我当时还不知道西方有一个新的理论，将序跋附注之类的文本称为"副文本"。我专门探讨赋序和赋注的出现及其意义，还是出于对赋的文体形式的关注。过后,学界在做魏晋南北朝研究的时候,或者在做文体研究的时候,尤其在做赋体研究的时候,再把我所涉及的问题拿出来发挥,做了很多论文。所以,这本书到现在还有人看,还有人注意,还有人引证。

做完《魏晋南北朝赋史》之后,我几乎没有什么动力再回去继续经营这块旧地。该讲的话都讲了,后来还写过一两篇文章,基本上没有再"深耕"下去。不过,

1992年辽宁少年儿童出版社出版《程千帆推荐古代辞赋》

写这本书,准备材料时,还附带做了两个文献学的研究,作为博士论文也就是这本书的两个附录。一个是《先唐赋辑补》,就是辑佚,大概有几万字,另一个是《先唐赋存目考》。这成为我后来几乎所有研究的工作模式:每做一个题目,都从文献调查、搜集、考辨入手。《先唐赋辑补》和《存目考》,现在看来完全是文献学的工作。这个文献学的工作,帮我找到某些赋的一些佚文,某些佚失的赋的篇名,对于建构魏晋南北朝赋史的框架是有用的。做不做这样一番工作,是大有不同的。未经历此境的人,未必明白。有时候文献是你自己爬梳出来的,这跟利用别人整理的现成资料

2004年广陵书社出版
《程千帆推荐古代辞赋》

大不一样。爬梳材料的过程,是一种特殊的体验,其中的种种经历、各种细节、复杂感受,都有独特的意义。可能有些枯燥,但这种苦不会是白吃的,这些工夫不会是白下的。在爬梳过程积累的材料和经验,是珍贵的战略储备,有些可能暂时没用,说不定什么时候就用上了,令人倍感欣慰。

王:等于说你把魏晋南北朝与赋有关的文献摸了一遍,而且在这个基础上建立了论文框架。所以,别人再想要做、想超越,那除非是要拿出更多的文献资料。

程:是的。我自己摸索过的材料,跟使用别人整理的现成材料,这个大不一样。后来有次我参加一个学术会,评议一位同行学者的论文,也是讲魏晋南北朝赋的,他里面有段材料引错了。我之前爬梳文献时接触过这段史料,记忆犹新,知道那里面有个问题,而那位同行没有我的这种经历,就出了点小问题。

王:这个书能不能算您的成名作?

程：可以算吧。现在很多人，还觉得我在魏晋南北朝文学方面有点研究，包括很多要考我博士的学生，要跟我学六朝文学，很多也是因为这本书。

王：这不止是有点研究了。我记得您这本书刚出版不久，赵逵夫先生把您的书放在桌头，在那儿从头到尾看，上面还批了好多，他说："程章灿，年龄小小的，看这书写得多好啊！"（这是）原话，他在我们面前说的。赵先生对您这个书是非常推崇的。

程：赵先生过奖，赵先生对我一直很厚爱！好多六朝文学研究圈内的、赋学研究圈内的，对这本书的评价都还不错。书刚出来不久，《文学遗产》和日本京都大学的学术刊物《中国文学报》，都发表了书评。1995年我去哈佛访学，康达维先生得知后，就专门请我去作个演讲，不过要用英文。我去讲的就是魏晋南北朝赋。康老师对我的这本书也颇有过奖。

三、《汉赋揽胜》《赋学论丛》

王：这是实至名归嘛。那后来又写《汉赋揽胜》，讲讲这本书的情况。

程：是这样，上海古籍出版社当时策划了一套大的丛书，里面有好多个题目，其中有个题目是关于汉赋的。出版社是通过程（千帆）先生和周（勋初）先生来约的，希望我写汉赋这一本。字数不多，只要六万字，薄薄的小册子。因为这本书，我跟今天的上古掌门人高克勤兄结识了，当时他是编辑室主任吧。我大概是1994年交稿，1995年出书的。克勤兄看了稿子，觉得挺满意，认为可以作为这套书写作的范本，供未交稿的作者参考。这本小书对汉赋作了比较全面的介绍，但这个介绍不是抄现成的观点，而要体现自己的新见解。从前对汉赋的评价不高，认为这是宫廷文学，是歌功颂德的文学，是形式主义。其实，汉赋内容丰富，它对于汉帝国文化的各个方面都有呈现，它最能反映汉帝国那个气象，有一种恢弘的气势。这不仅有社会历史认识的价值，而且还有审美的价值。这是单从内容说的。从形式或者写法来说，汉赋也有很多创新和贡献，例如用字用词、排比铺叙、夸张形容、假设问对，等等。比如说它写宫殿有多高、怎么高，就有各种形容和夸张，高到楼顶与星星月亮齐平，高到星星月亮就在旁边周旋，李白诗中写"危楼高百尺，手可摘星辰"，思路就是从这儿出来的。我的意思是说，汉赋中夸张、形容、描写，为后来的诗文创

卅年身在帝王州
——程章灿先生访谈录 / 233

作艺术导夫先路,提供了学习的榜样。出版社还希望这本书的写法不要太学究,要说出自己的看法,体现新时期人们对于赋的新理解,但不要太学术化,文字要好读些。这本书是1994年写的,1995年8月出国前就拿到书了,稿费也拿到了。记得克勤兄说:"这稿费拿了,正好到美国花啊。"哈哈!

《汉赋揽胜》表达了我对汉赋的一些理解。很遗憾的是,《魏晋南北朝赋史》和《汉赋揽胜》之后,我后来只出过一本《赋学论丛》,收的一些零零星星的论文。我没有对赋的其它时段做系统的研究。但是,我一直想要给大家呈现我心目中的赋史——不是断代史,是通史,但不是像《魏晋南北朝赋史》那样做,也不是像《汉赋揽胜》那样写。我希望写上四五百首左右的《论赋绝句》,我已经写了一百多首了,已发表的只有一百首,是关于先秦两汉和唐宋这两段赋史的。我希望再写个三四百首的样子。魏晋南北朝这一段,尽管我的博士论文已经写过了,我打算再写个五十首或者一百首的绝句,与咏元、明、清乃至近现代赋史的绝句接续起来,组成一个系统完整的《论赋(史)绝句》。用诗歌(绝句)的形式呈现从古到今的赋史,这个思路是受启功先生《论书绝句一百首》的启发,启先生《论书绝句一百首》把古今书法史都讲遍了。启先生诗好,字好,他手书的《论书绝句一百首》不只是学术论著,而且是艺术品呐。

诗写完以后,除了七言四句二十八字的正文,每一篇下面都附几行文言的解释,也算是"自注"吧,还可以扩充一下字数,充实一下论述。如果这个设想能够完成,那会是一部比较有特色的分体文学史。水平怎么样不好说,至少是与众不同的。现在有太多的分体文学史了,要写,就写一本跟别人不一样的。我希望这个事能够做成,可是任重道远啊。

王:这已经写了不少了。《赋学论丛》和前面两本书比较的话,有哪些发明吗?

程:《赋学论丛》比较贴近文献,我后来的研究慢慢地转到文献方面了。这几年文学研究做得越来越少。《赋学论丛》里面好几篇论文,都是文献学的研究,比较明显的是关于好几本赋学选本的研究,包括哈佛燕京图书馆所藏《赋珍》。当然,也有其他一些论文,代表我后来对赋的理解,比如说郭璞的《江赋》。《魏晋南北朝赋史》里面也写到《江赋》的,把郭璞的《江赋》作为东晋赋"舞台转到南方"的一个代表。西晋赋创作中心主要在北方,东晋赋的作家大都流亡到南方,写了好多南方的题材,比如长江、扬州(南京),就有了《江赋》《扬都赋》等。实际上,长江、南京还不止是题材,也不止是创作的场域、背景,更重要的,它们是文化象征。长江代表在江南立国的东晋王朝,长江的气势

2005年中华书局出版《赋学论丛》

就是东晋的气势，长江就是东晋国运的象征。郭璞《江赋》是为新政权做正统性或合法性的新论述。我后来从这个角度发挥《江赋》蕴涵的意义，跟原来的眼界不同。

《赋学论丛》不是很系统，就是1989年以后关于赋的论文的结集。1989年以后，我的研究慢慢地有一只脚伸到文献那边去了，对文献关注得稍微多一点。说到文献，我本来还想做一件事，辑"历代赋话"，不是已有的赋话著作的辑刊，如今年刚出版的那套《历代赋学文献辑刊》，不是做这样的事，而是从各类文献中辑录那些论赋的资料。年轻的时候搜了很多材料，现在没功夫了，就放弃了。这些材料很零散，分布在各种文献中，比如说史书、笔记，为此我翻了好多笔记。有几年到浦口校区上课，坐校车过大桥老是堵车，有时候开一个小时还开不到，简直太浪费时间了。我每次包里带两本笔记，备着路上翻看，凡有赋话的就勾出来，贴上签条，贴了很多了。现在顾不上这事，基本上算放弃了。有时看到赋话材料，还会习惯性地勾出来，贴个标签。除了《历代赋学文献辑刊》，如果再有一个"历代赋话全编"，那么，研究赋学史，就有比较完备且方便的文献依据了。也许有年轻人愿意甚至已经着手做这件事，我是乐见其成的。

王：这多少年，其实您已经转到别的方面，对赋没有原来关注得多，但您毕竟是研究赋的专家，从您本身对赋的关注来说，您怎么看待赋的研究现状？

程：如果就汉魏六朝这段来看，赋应该可以算是汉魏六朝文学里最接近纯文学的形式之一，最具文学性的文体之一。说"之一",意思是没有把诗排除在外了。汉朝没多少诗,赋体作品的数量比诗还多。要突出一点,辞赋在汉代是很有文学性的文体。正因为它有文学性,能够给人感情上的、审美上的享受,所以后来政治的、历史的、地理的各种力量,都从不同方向来拉拢赋,利用赋。赋体有它的长处,就是它的灵活多变,适应性强。它在发展过程中不断地吸收别的文体的长处,吸收得太多了,有时候几乎变得什么都是赋,又可以说什么都不是赋了。其实,宋代以后有些赋就是这样的。什么都是赋,各种写法都有,什么地方都可以用,《历代赋汇》里的赋,几乎什么都能写,什么写法都有。那怎么界定赋的特征呢?很难办啊!尤其是宋代以后,很多题目不带"赋"字的作品其实很像赋,题目带"赋"字的反而可能怎么看都不像赋。这就造成了很大一个麻烦,名和实之间的矛盾,很难处置。

怎么办?我觉得,这是现在研究赋的人遇到的一个挑战:从宽还是从严?尤其是对待明清赋史,这个问题不好搞。另一方面,因为赋有广泛的功用,强大的功能,大家都要用它,政治上用它歌功颂德,地方上用它树碑立传,个人也用它抒情达意,盖一座楼,修一座公园,搞一个工程,都可以写一篇赋纪念一下。近些年,不仅是学术界研究赋的人越来越多,赋的创作也很火啊!请人作赋,就需要花钱。从前,陈皇后请司马相如作一篇赋,千金重酬,没钱怎么能行啊?

王:那么,请名家作赋,价格就不一样了。作赋的很多吗?
程:对,作赋蛮火的。盛世今朝,许多地方、许多项目,都需要润色鸿业，都要写赋，再花钱立碑刻石。比如江苏省建个大剧院，也征集赋作。这同时也造成一个问题，懂赋的与自以为懂赋的都来写，什么样子的都有。我也参加过一些赋的评审，有人完全不懂赋的格律，连韵都没押上，也来应征。赋是韵文，押韵是最基本的特征。不押韵，肯定不能算赋，不能考虑。已经发表在某些报刊上的，有的也不合格。这说明赋学知识还有待普及。

听说"中国诗词大会"以后，现在社会上诗词很热，是真热，还是虚热呢？讲诗词的、参加评选的，不见得都能写中规中矩的诗词。"诗词大会"以后，有评委"中枪"了，名人容易成为靶子，这也是没法避免的。写赋的人，也有没入门的。这提醒我们，研究赋也好，研究诗也好，研究文体的人，对于形式关注、强调得还不够。文学形式的研究，对于欣赏文学内容，对于真正深入体会一篇作品的构成，是很有意义的。理解了语言形式，才理解作者为什么这样写，哪里是他煞费苦心的地方。伟大也要有人懂，欣赏诗赋的名篇杰作，要夸到点子上，也不那么容易。对形式的关注、对形式的体会不是多了，而是太少了。讲鉴赏的书和文章很多，像《唐人七绝诗浅释》《宋词赏析》那样好的少。

王：所以，从古文献的角度说，有人在搞目录学，有人在搞版本学，如果你自己没有编过目录，你讲目录学当然也能讲，恐怕不太一样。

程：总是隔一层。

王：对，总是隔一层。不会写诗、不会写赋的人，如果讲诗歌史、讲赋史，当然也能讲，是不是也应该是隔着一层，我们不敢讲。但是现在高校里边，因为环境等各种原因，有时必须得讲。讲嘛，没办法，有些人就是不会写。但是严格来讲，你既然要研究诗词，既然要研究赋，或者你要搞文学批评，你自己都不会写，怎么去研究？

程：我觉得一定要去学一学，写得好不好不敢保证，但是写没写过真有差别。

王：就是不管你写得好不好，只有写了，你才能够去体会人家那个好的赋或者诗歌怎么好。比如原来你没写，你也没觉得他那句好，但自己揣摩以后，感觉人家那句就是比我那句好，这样的话可能才会有深刻的理解，对吧？

程：是。我想起跟程先生做博士论文的时候，研究赋，就学作赋。跟程先生读硕士的时候，学写诗，词也写过。那时的方向是唐宋文学嘛。程先生说你们都要写，虽然没硬性要求，我就写。1984年暑期，待在南京没回家，那个夏天很热，我拿一本词谱，每天学一个词牌，读名家作品，再习作一首，这叫"为赋新词强说愁"。从"十六字令"作起，作到中调、再到后来作长调。每天一首，有时候一天两首，那时候年轻，情感丰富，时间也多，精力也好。暑假结束，还继续写了一段时间，那年寒假写得也比较多。这是二十一岁到二十二岁时的习作，后来，我将这些习作抄录成册，呈给程先生看，以后就再也没作过词了。博士阶段重点研究赋，也试着写了几篇。我一开始把握不住连珠和七体，就是枚乘《七发》的那个七体。我想，干脆自己写写看，写了一组连珠，呈上程先生。老师看过，说："不错啊！当代人，据我所知，还不太作连珠。我想半天才想起来，俞平伯作过。"

七体我也写过，没交给老师看过，因为最后没有定稿。七体要写八段，最后一段要将前边七段都否定掉，以少胜多。前面七段我写什么呢？我是个书呆子，很想"两耳不闻窗外事，一心只读圣贤书"。可是，1980年代中后期，在学校里真难安心读书。那个时候，社会上流传这样一种说法，"造导弹的不如卖茶叶蛋的"，那时，开出租车的收入，可以高过南大的院士，总之，"脑体倒挂"的现象极为突出。在那个时候坚持读书，心里没有一点波动、没有一点想法，那是假的，我也有想法。我就假设几个人，有的下海做生意了，有的做官了，有的出国了，有的出来做媒体记者，还有其他选择，再有就是只知读书的书生。然后设置几个情境，让每个人都出来夸说自己的职业多好啊，最后归结到还是读书好。我写了初稿，还差一两段，搁在那儿，后来就束之高阁了。我自己觉得七体很好玩。这个赋体文学的古老形式，其实还蛮有生命力，不见得不能跟现实结合。我也插点顺口溜，把对现实的一些观察融进去，蛮好玩的，可惜我没写完。我希望有空时把它定稿，有朝一日可以"丑媳妇见公婆"，给大家看看。

王：那为什么没写完呢？

程：后来忙着写论文，时间不够，就放下来了。今后要改写，可以再加上网络新贵啊、网红啊什么，来个与时俱进。

四、《世族与六朝文学》

王：您的《世族与六朝文学》是对魏晋南北朝文学研究的延续吗？

程：对！

王：为什么要关注世族与文学的关系？

程：一个人读完硕士学位，做了硕士论文，只是在专业领域钻了一个洞，再读一个博士学位，做一篇博士论文，是在学术圈里面钻一口井，这个洞或井有大有小。博士毕业，开始工作，自己还要开拓，做一些新的题目。《世族与六朝文学》是我1994年申请到的国家社科基金项目的题目，结项后，将有关论文结集出版，就是这部书。

严格来讲，这个项目还没有最后完成，还有一些想法没有写出来，可是结项时间到了，就先结项了。很明显，这是文

1998年黑龙江教育出版社出版
《世族与六朝文学》

史结合的题目,也是比较早的研究家族与文学关系的专著。我关注的是六朝文学和家族,六朝是狭义的六朝,不包括北朝。主要是两类世族,一种是侨姓,一类是吴姓。侨姓我专门关注的就是王谢两家,尤其是谢家,还是王谢两家的关系,还特别关注王谢两家当时的矛盾。谢道韫回娘家,跟谢安抱怨:"谢家一族中,叔父辈有谢安、谢据,兄弟中有谢韶、谢朗、谢玄、谢渊,个个都很出色,哪里想到天地间,还有王凝之这样的人。"她对自己嫁的王凝之不满意,所以有怨言,这件事究竟是为什么?我作了一个推论,认为这跟王谢家风有关系。这是文史结合题目的好玩的地方。六朝的材料其实不太够,像《世说新语》里的材料都只是片段。这些零碎的片段,怎么样组合起来,拼成一张图?历史没有把所有的片段保留完整,只能通过一小片去想象周边是什么,还要尽可能去找旁边的、相连的断片来与它配合,历史的材料与文学的材料相互配合,可以做一些好玩的推论。

我的推论就是:其实,王家和谢家之间有合有离,有关系好的,也有关系不好的。王羲之和谢安关系是好的。王凝之和谢道韫间的这门婚事,我估计是谢安做主的,所以谢道韫回来向谢安抱怨。王谢两家的家学家风可能不太一样。王凝之信天师道,很迷信,孙恩乱军打来了,他不派军去抵抗,却躲在靖室里作法,说要请天兵天将来帮忙,而谢道韫却是实实在在的,有文才,做事也干练。这两家的家风和家学不太一样,所以联姻是有问题的。王谢两家也有曾经离过婚的,历史记得不是很清楚,我也有一些推测。我选了两个家族作个案研究,一个是谢家,我写过一篇很长的文章《陈郡阳夏谢氏:六朝文学世族之个案研究》,还有一篇是研究吴郡张氏，分别作为侨姓世族和吴姓世族的代表。我还对一些现象、一些作品作了分析。比较有意思的是解读沈约《奏弹王源》文，沈约这篇文章选入《文选》，可见很受当时人重视。王源本来是世家，可是，世家不见得有钱。有人虽然出身寒族，但是很有钱，王源贪图人家的钱财，将女儿嫁给这样的人家，这等于是自降身份，那是当时人很不能容忍的，所以沈约把他痛斥了一番。

我那个时候刚刚读过余英时先生的文章《王僧虔〈诫子书〉与南朝清谈考辨》，觉得他的写法不错，通过细读一篇文章，来看当时的文化。我就以沈约《奏弹王源》这篇文章为中心，不是就文学谈文学，而是把它放在家族文化的大氛围中来看，有一个大的背景框架，就能够理解得更深广一些。总之，这本书谈论六朝家族文化，是很具体的。

还有一篇《袁宏考》。袁宏是东晋的作家，很有名。1995年，我在哈佛访学，读《哈佛亚洲学报》(Harvard Journal of Asiatic Studies)时，看到美国汉学家卜弼德（Peter Boodberg）写的一篇文章，他是加州柏克莱大学的。他说，很多中国古代人的名字号乃至外号往往和生肖有关系，中国人的言谈中，也常涉及人物的生肖。当然，他的有些推测不对。比如他说，为什么说孔子像丧家犬，他推测孔子属狗，这个例子就举得不对。但是，确实有这种现象，比如我们都知道陈寅恪先生，他是出生于1890年，就是庚寅年，属虎，他名字中的"寅"，就是生肖的标志。卜弼德举了不少例子，未必全对，但这个思路很有启发，我研究袁宏的生年，最后推定袁宏的生年就在那两三年之间，却没有办法确定到底是哪一年。我记得《世说新语》里有一段故事，说袁宏小字袁虎，我觉得这可能是一个线索，便以此为据推测他可能生于虎年。我原来推考的那两三年里，真有个虎年。后来，我这篇文章发表了，便是据此推考的。再后来，我才读到《美国东方学会会刊》（Journal of American Oriental Society）上的一篇文章，居然结论与我相近。我和这位作者并不认识，真的有"英雄所见略同"之感。也许我应该抽空把《世族与六朝文学》修订扩充，补入1999年以后写的几篇有关六朝文学的论文，出个新版。

王：那就可以把它再加几篇。

程：对啊！如果把它扩充到四十万字，就厚实多了。

五、《魏晋南北朝诗》《南北朝诗选》

王：您还出版了一本《魏晋南北朝诗》，这本书也是在做赋这一段时间写的？

程：这是 1997 年在四川的天地出版社出版的。四川师范大学万光治教授介绍的。有一年，我们一起去台湾开会，在路上他帮这家出版社约的稿。

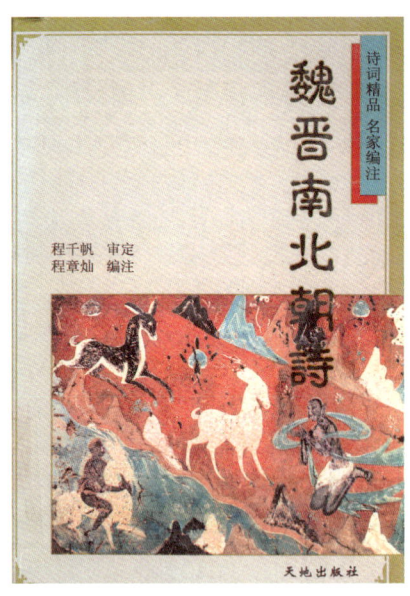

1997 年天地出版社出版
《魏晋南北朝诗》

王：这是一本诗选？

程：就是一本诗选，是整个魏晋南北朝诗的选本，大概也就二十万字的样子，注没什么特别的，解题分析有一点心得，在赏析中，我力图讲一点自己的理解，但发行不广。这本书是我今年在商务印书馆出版的《南北朝诗选》的蓝本，但不能说是同一本书。《南北朝诗选》把《魏晋南北朝诗选》中的魏晋部分全部去掉了，只剩下南北朝部分，对作品有增删。诗人小传和赏析部分也全部改写了,有的是推倒重写。我希望小传写的有意思一些,有可读性。

王:《南北朝诗选》这本书是刚出来?

程:是啊,拖了很长时间了。从我看完校样,到见到书,有一年多了。

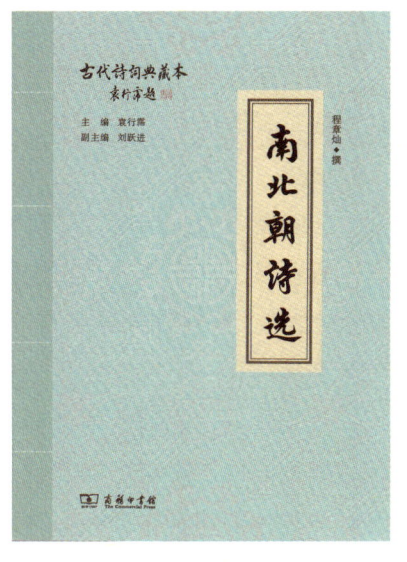

2015年商务印书馆出版《南北朝诗选》

王:那你只能等了。

程:我做《南北朝诗选》,还是比较认真的。我把《南北朝诗选》的前言拿给《文史知识》,《文史知识》又制成微信版,有一段时间在微信圈转过,叫作"被抹黑的诗史"。我尽可能写得轻松活泼一点儿。我原来希望每一篇小传、每一段分析解题,都能轻松活泼一点,后来时间不够,出版社催着交稿,就没有能够贯彻始终。有一些部分我觉得写得还是活泼的。你知道《百变大咖秀》吗?

王:我不知道。

程:我说的是谢娜在《百变大咖秀》中的表演。你知道谢娜吗?

王：谢娜，我听说过。

程：谢娜在《百变大咖秀》中扮演了好多角色，扮谁都挺像回事的，真是有才。

王：您说的是湖南卫视的那个主持人嘛。

程：对！我是说，江淹的《杂体诗三十首》，就像谢娜的《百变大咖秀》。我对江淹这组诗评价挺高的，江淹扮演了诗坛上的三十个大咖，一个人扮演了三十个角色，真不简单。我的学生看了，就很开心，说程老师都知道《百变大咖秀》！这么写就蛮好玩，蛮开心的。大家可能都读过钱锺书先生的《宋诗选注》，可是，钱先生的那种学问，那种幽默，高不可攀，我是学不来的。我从中体会到的是，编一部文学选本，首先要放下身段，跟读者平等交流，文风要轻松活泼，通俗易懂，才能吸引人。

王：那请教一个比较外行的话题了，魏晋南北朝那一段，牵扯到一个问题，我记得我们做《五礼通考》的时候，史书当中很多那种祭祀时的"四言"的乐歌那样一些东西，你们要选诗的话，这些东西会不会选一些呢？

程：我好像没有选。选了一些乐府歌辞，但没有这类礼仪乐歌。乐府民歌我更看重民间作品，礼仪乐歌是文人的制作，文人诗作有其他更好更重要的好选。我对一些作品的解读，也有些自己的理解。比如说，南朝何逊有一首小诗《相送》，里面有两句："客心已百念，孤游重千里。"客人的心已经有一百个念头了；孤身长途旅行，又有千里之遥。什么是"百念"呢？不太好理解。

我觉得，这里有文字离合的游戏，"离"就是"拆字"，"合"就是拆开后再合起来。"百念"这两个字就是已经拆过的字，把"百念"两个字合起来，"百"字在上，"念"在下，这个字在六朝碑别字里面有，是个什么字呢？就是"忧伤"的"忧"。所以，这里的"百念"，既有百感交集的意思，也有别离的忧伤的意思。"重"拆开就是"千里"，"孤游重千里"这句是先拆字，再拼合起来。以前没人这么讲，这是我的新解读。读南朝诗的人，很少会同时研究六朝碑别字。我恰好都涉猎过。不知道这能不能算一个小小的发现。这本书里像这样的部分，我自己是满意的，当然，还有很多部分不满意。有学力的问题，也有时间的问题，慢慢来呗，以后再慢慢地改，争取改得更好些。

六、《唐诗入门》

王：您还是很文艺嘛！您还出过一本《唐诗入门》的书，为什么要写这本书？

程：《唐诗入门》是我年轻的时候写的，也可以算是少作。不过，是在写完《魏晋南北朝赋史》之后。

王：这个书好像印得很早，最近又重版了。

程：对。最近凤凰出版社还要再重版，姜小青社长让我再修订一下，然后重版。我也正有此意。这书大概是1990年到1991年写的，1992年出版的。我的硕士同学李立朴在贵州人民出版社工作，是他向我约的稿。最初写这本书时，才二十七八岁，文字感觉跟现在不一样。那个时候的我喜欢华丽，书前有一段太文艺腔，要修改。那个阶段我对唐代文学蛮关注的，也参加了两届唐代文学国际研讨会。为了写这本12万字的小书，搜集材料，设计框架，还真费了些心。我对自己的写作有四点期望：第一是阅读界面友好，没有一个脚注，所有的注解都融汇到正文里。第二个，希望句子明晰，文字流畅好读，别人问我什么意思，我能够解释得清楚，不要故作高深，玄妙莫测。这两点我想应该是做到了。第三点，希望能够体现一些我对唐诗的看法，有些判断跟别人的判断可能不一样。第四点，在叙述唐诗历史发展、各种风格及题材类型的时候，穿插一些唐诗名篇，或举例，或简析，让读者能够顺便欣赏唐诗。各部分举例，尽量避免重复，不重出，就是举尽可能多的作品。我现在的体会是，真正的好文章应该是不动声色的，醇厚的味道都藏在平静的叙述后面。年轻的时候，还体会不到这一层。

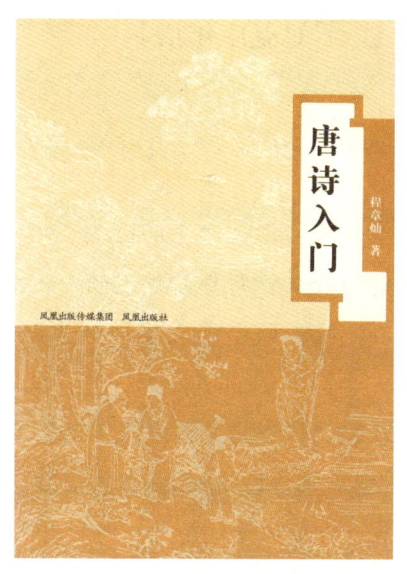

2008年凤凰出版社出版《唐诗入门》

王：那您就不用过多的改嘛，还是保留那些嘛。

程：出版社也在催我。因为这本书后来被评为新闻出版广电总局向全国推荐的"中华优秀传统文化普及读物"。这本书讲唐诗，还是比较平易近人的，比较好读。

王：那您准备什么时候改了重新印啊？遥遥无期？
程：我今年肯定得交了。主要是有好多压在手头的事要做。

王：您这个书影响还蛮大的，您把它改一改重印。重印之后送我一本签名本吧，我也学学诗。
程：好啊，向您请教。

七、《刘克庄年谱》

王：您读硕士的时候，硕士论文写的是《刘克庄年谱》，当时为什么要写年谱作为硕士论文？

程：硕士论文不敢选大题。我那一届五个同学，当时只有一个同学选的题目大一些，就是张辉的《宋代笔记研究》。其他几人，严杰是《欧阳修年谱》，李立朴是《许浑研究》，景凯旋是《贾岛姚合诗研究》。严杰、我、景凯旋三个题目，都比较偏于考据。张辉做宋代笔记，题目好大，涉及好多文献，他费了老大劲，读了好多笔记。我近年也有个学生博士论文做的是宋笔记，但限定在宋笔记的文献研究，更具体地说，是宋笔记的文献形式研究。宋笔记是哪些人写的，怎么写出来的？宋笔记各种各样的题目是什么来的？怎么分篇？是否分卷？条目是怎么样的？条目有没有名称？是谁定的？什么时候定的？有没有后人定的？后人定名有没有不同的版本？他就只研究这些问题，只要有足够的证据就可以论述，不必要翻遍所有宋笔记。张辉的笔记研究涵盖很广，宋笔记的文学价值、历史价值都涉及，历史价值还包括政治史、经济史、社会史等，很大。我们5篇硕士论文，字数都在15万字以上，后来都出书了。

我为什么选中了刘克庄呢？首先是唐代的作家比较难作一点，中晚唐作家，傅璇琮先生那个时候已经作过了，做得很好。做唐代作家的考证，感觉要更费劲，宋代作家材料多一点，也相对容易些。我在北大读书时,听王永兴老师转述陈寅恪先生的教诲,大意是说先秦、两汉、魏晋南北朝,患在其材料少,有些不够用,唐代刚刚够用,宋代则有点多。我感觉像我们这样水平不高的人,唐代的材料有时候还是感觉不够用,宋代的材料多一点,就好办了。其次,刘克庄属于材料特别多的,《后村先生大全集》一百九十六卷,都在。刘克庄晚年有一首诗,诗中有这样两句:"丁宁稚子收残草,他日笺家要谱年。"他说他叮嘱小儿子,把自己的诗文稿子都要收拾好,将来的人要给我编年谱啊。他说的编年谱的人,也包括了我吧。当然,为他编年谱的也不止我一个,在我之前也有人编过,都没有我详备、准确。第三,刘克庄是福建莆田人,莆田离福州不远。为了作论文,我专程去过莆田,到过他的家乡,实地考察当地的遗迹。也去过莆田当地的文史办,找到过当地人编的地方文史杂志。刘克庄当年往返闽浙途经的地名,有一些是我相当熟悉的,因为今天由闽赴杭,道路的走向跟宋代大概还是一样的。

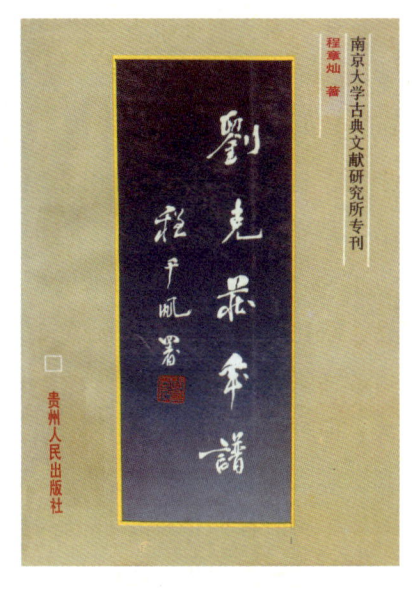

1993年贵州人民出版社出版《刘克庄年谱》

王:刘克庄和郑樵是老乡吧?

程：对，当地也有郑樵的一些遗迹。我编写《刘克庄年谱》，竟然一口气写到三十万字。编年谱过程中，涉及很多各类古籍文献，当时都还没有整理本或者影印本，都要到南大图书馆古籍部借阅，包括《宋史翼》《南宋馆阁录》等，当时南大连《四库全书》都看不到，要看《四库珍本丛书》，还要程先生请他的朋友帮忙影印。刘克庄的文献资料真是多，他自己的文集将近二百卷，跟他来往密切的林希逸文集也很厚，他交游的人多，相关人物的文集，如洪咨夔文集，都要看，总之，文献阅读的工作量很大。那时候没有任何电子检索，《后村先生大全集》只有《四部丛刊》本，没有标点，我认真读完了，诗和重要的文章读了不止一遍。年轻时候的记性还可以，凡是《大全集》中出现的名字，当时看过一遍，就留下印象，现在可不行了。《大全集》里面有几十卷的神道碑、墓志铭，我一一列了表格：名、字、号、生年、卒年、里籍，一目了然，编年谱时用来参考，一天到晚翻，好多名字记到了今天。所以，年轻时候多用功，容易事半功倍。

刘克庄的材料多，和他有交往的人又多，考察刘克庄生平事迹及其诗文系年，涉及宋代的官制、地理、科举、各种各样的制度也多，我借此机会摸了一遍南宋后期的文献，长了不少见识。后来，复旦大学侯体健，他是王水照先生的博士，也做刘克庄研究，论文题目叫《刘克庄的文学世界——晚宋文学生态的一种考察》，做得很好。他碰到我，对我说："程老师，我做这篇论文，参考了你的《年谱》。我核查过里面的很多材料，尽管你没用过电子数据库，《年谱》基本上没漏过重要材料。"我知道，书中肯定有疏漏，不敢说没有漏。那时材料主要靠阅读积累，检索全靠自己编的几个索引，功能比电子数据库差多了。我一直觉得，做年谱对初学者在文史各方面的训练有好处，它涉及很多知识，没有综合性的掌握，搞不定。

王：大陆的学界，似乎硕博士论文做年谱的很少。

程：南大文献专业还蛮多的。周先生做过《高适年谱》，卞先生做过《刘禹锡年谱》等，严杰做过《欧阳修年谱》，最近张宗友又做了《朱彝尊年谱》。复旦大学章培恒先生指导研究生也做了很多年谱，尤其是明人的年谱，因为章先生自己就是做《洪昇年谱》出名的。我个人觉得做年谱蛮好的，也蛮有意思。

王：这是一个很好的训练。

程：对，很好的训练，而且是多方面的全方位的训练。考察作家学者的生平，很多节点无法回避，不能从三十岁直接跳到四十岁，要一点一点理清楚。

王：所以中国台湾的陈鸿森先生自己做年谱，也推崇做年谱。其实做年谱有好处，硕士也好、博士也好，做年谱对基本功的训练还是有好处的。

程：嗯，非常有好处。

八、六朝唐宋文学研究

王：您如何看待六朝唐宋文学研究的现状？您觉得主要的成绩在哪里？哪些方面还可以继续努力？

程：唐代后来只涉猎过一些碑志，宋代文学，前几年参加过傅璇琮先生主持的《宋才子传笺证》，我负责南宋后期那一卷。从这一套《宋才子传笺证》看得出来，现在宋代文学的考证方面，比以前深入多了。这套书分了五卷（五册），几百万字，对几百位宋代作家生平作品做了系年考证，原原本本，有根有据，这是以前宋代文学研究不敢想象的。就是说，现在研究宋代文学，有了更好的文献基础，唐代也是，魏晋南北朝也是，每一时段都有人在做基础文献工作，很多人做得蛮深、蛮细的。

总的来说，现在年轻人做硕博士论文，选题如果在中古这一块，真的是很难，因为好多地被开垦过一遍又一遍，即使前面开

2011 年辽海出版社出版
《宋才子传笺证》

荒的人疏漏，后面的人再拾遗补漏，也难得有大的发现，再生发的空间也很有限。六朝跟唐宋这一段的题目，总的来说，我觉得是很难设计。纯文学的题目，更难选择，唐以后的时段或许好一点。很多古代文学专业的学生觉得文学没什么题目好做了，转过来做一些文献的研究，空间还略大一些。做文献研究，可以关注核心文献，也可以关注衍生文献。李白集是核心文献，李白集的历代校注各种版本，就是衍生文献。

从核心文献到衍生文本，是个复杂的过程。像魏晋南北朝，我们今天看到它的好多文本，是经过明代人整理的。以往我们多半坐享其成，几乎是全盘接受明代人给我们的遗产，不加深思。他们怎么整理的，整理成什么样子，以前不注意，现在开始注意了。查一下明代人有没有搞错，张溥有没有错，再前面的汪士贤、张燮有没有错。细细一查，再一深思，发现里面有好多问题。有时候是文献的错误，有时候是方法的问题。以前我做《魏晋南北朝赋史》的时候，也发现严可均有问题。魏晋南北朝好多的赋是非完整的，但是呢，严可均在《全上古三代秦汉三国六朝文》里呈现的，给人的感觉就是完整的，一副完好无缺的模样。一复核，就查出问题了。他是从明代的哪个集子里面辑出来的，比如说江淹的某一篇赋，是从明代的集子里面辑出来的。明代的那个集子呢，又是从某部类书里面辑出来的，如果作为源头的那本类书搞错了，就全完了。明人的六朝别集辑本，很多是从唐代的类书里面辑出来的，比如说《艺文类聚》，《艺文类聚》只重辞采，节选文本往往不完整。我们今天的研究，如果完全信任明人甚或清人的文献判断，就可能会出问题。我曾经指出严可均《全上古三代秦汉三国六朝文》存在十类问题，就事论事，这是纯文献的做法。不是说只有这些问题，我的目的是通过这十类问题，提示大家阅读、使用严可均的书，要注意其中的一些问题，比如张冠李戴、年代错漏、校勘不精啊。如果换一个角度，从文本流传、文本形成史的角度来看，又有好多可以研究的。

最近浙大有个年轻人——林晓光，写了几篇文章，我觉得很不错。有一篇是讨论明代人对六朝文本的拼接问题，这个书里有一句，那个书里有一句，明人直接就拼接起来，他也不说是什么原则，是什么出处，直接拼接成了，后人还以为是现成的文本。这个拼接过程，说明传承至今的六朝文本有多么不可靠、不稳定。我们有可能受了包括明人在内的多少前人的误导，这点要注意。

辑佚中，能不能、要不要这样拼接，也关系到我们今天怎么做古籍整理。明朝人做古籍整理的方法，促使我们思考这个问题。这样就把之前纯文献类型的条例分析，上升到一个专题性质的研究，能够有理论的归纳和提升。这个其实蛮重要的。明朝人对于文本的理解跟我们不一样，他可能觉得这是做好事，把分散各处的文本都凑起来，揉合成一篇文章的形状，不好吗？让你坐享其成呢！但是，这不是原貌，这是明代人动过手脚的。我们现在看的很多六朝文献，是明代人整理的，做六朝研究的人要关注这个。明代的这些文本整理，就是文本形塑，从这样一个条理思路去看，还能看出不少问题。其他时代，像宋代，如果真正进入文本的深读和细读，也有可能会发现一些好的题目。

我做《刘克庄年谱》的时候，《后村先生大全集》不止读了一遍，对刘克庄与理学的关系到现在还没有弄得很清楚。有人注意到了，论述到了，论证刘家世代，尤其刘克庄祖父、叔祖父那一辈跟当时的理学家有好多关系，刘克庄自己也是，他很年轻时就为父亲代笔写《朱文公谥议》。刘克庄一生几十年，在政坛上起起落落，也跟理学在整个南宋政坛的命运有关系。刘克庄和理学这个问题可以探讨。具体到北宋后期，具体到福建莆田这个地方，理学是如何存在的，有何影响？晚宋福建莆田一带，在宋代的学术文化地图上还是蛮重要的。别的不说，光是郑樵和刘克庄两个人物就足够引人注目，很了不起。学科综合交叉的视野，也许会帮助我们找到一些有新意的题目。学科交叉综合，需要时间。读二三十年的书，一直沉浸在这个圈里，脑子里一直在思考这个问题，可能不难形成交叉综合的视野。研究生刚踏入这个领域，读三五年书，指望"啪"的一下从脑子里闪出智慧灵感的火花，很难！所以，年轻人需要更加努力，以努力激发悟性。

王：他们条件有比我们好的地方，材料有了。也有不如我们的地方，研究难度更大了。

程：好比说，我们从第一个台阶上起步就可以了，他们可能要从第三个、第四个台阶往上跳，比较难的。很多前面的基本文献先不说，光是消化学术史的文献，就受不了。

王：就是前面的一个学术前沿的梳理就要花很长很久的时间。

程：对啊！

九、《程氏汉语文学通史》

王：我们就接着上一次的话题，再向程老师请教。我记得程老师和程千帆先生合作写过《程氏汉语文学通史》，这个书和其他的文学史相比，它有些什么特点？

程：这个书在写完之后，在后记里面，我记得大概是第一句吧，我就写道，这部书呢，是两个年轻人合作的产品。人家一看就觉得奇怪了，怎么是两个年轻人？我下面就慢慢展开说。

这个书的原稿成书的时候，程先生才四十多岁，那时候，他在武汉大学教文学史的课。1950 年代初吧，程先生就有一个宏大的志向，要写一部自己的文学史，所以一边教书，一边写讲义。那时候大学里面教文学史，事先都要准备把讲义印出来的。程先生 1957 年被打成"右派"，那时候，才 44 岁。我接手这个文学史写作任务的时候，大概是 1993 年、1994 年的样子，三十出头。程先生对我回忆说，他那个时候年轻，精力好，当系主任，白天那么多行政的事，还规定自己每天写 2000 字，不写到 2000 字不下书桌。他把文学史稿子交给我的时候，是从头到尾、从上古一直到近代的相当完整的稿子。1978 年程先生复出工作之后，事儿实在是太多，顾不上这个书稿。他最早集中精力忙的活，是整理沈祖棻先生的遗著，其次才是整理和写作自己的论著。

文学史的两宋部分，内容比较丰富，他交给吴新雷老师，两人合作完成了《两宋文学史》。其实，程先生原来的稿子叫作《宋元文学史》。吴老师的专长在宋代,并且吴老师那时候也很忙,所以,吴老师就说先把两宋的部分整理出来吧,其他部分就没有动。程先生对我说:"你不是中文系本科毕业的,你要补课。虽说硕士毕业了,博士毕业了,副教授也评上了,还是要补课。我以前有个文学史的稿子,你看能不能在我原来的基础上重写,能用的你就用,不能用的你就彻底甩掉,根本不要管是我写的,你大胆地做,有什么问题我们师生好商量。

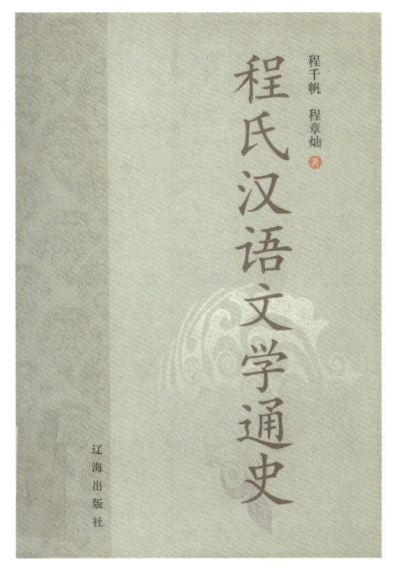

1999年辽海出版社出版《程氏汉语文学通史》

这种合作有一个好处,就俩人,不是一大班人编文学史,讨论来讨论去,众口难调。我们师生俩没什么不好说的,反正你有任何问题,我们再来讨论。"

接下这个任务后,程先生又跟我谈了好多次。总之,从1993年开始直到1999年完成,我每次到老师家里去,只要谈到专业,几乎都是以文学史为谈话的核心议题。我感到压力很大,说实话,我只对魏晋南北朝文学摸过一点点,做过博士论文嘛,南宋也算摸过一点点,做过硕士论文嘛。但其他的时段都没专门学过,上面有先秦两汉,底下有元明清,那就一点点去摸,一点点去学。程先生家里的藏书和其他资料,只要他觉得我要参考的,应该注意的，马上就说："这个你拿去！"有一年，出了一本启功、张中行、金克木三位先生的《说八股》，专谈八股文的书。三位老先生合谈八股文，很有参考价值。程先生收到书，就转送给我参考。我跟程先生达成的比较一致的看法就是，八股文在文学上还是有一定的价值的，至少作为一个体格、一种文体，不能一点不谈。我们设法把八股文这个问题放到文学史的框架里面去思考。一般文学史不太重视元明清以后的诗歌，元明清就以戏曲小说为主。我们也设法以不太多的篇幅，替元明清诗歌勾画出一个文学发展的历史线索来。

讲到魏晋南北朝，通常比较重视文学理论批评，那时期的文学批评，仿佛火苗"砰"的蹿起来，一下子繁荣起来了，发展得很快，就出现了《文赋》《诗品》《文心雕龙》等。为什么会出现呢？以往都说这是因为有前面的文学积累，理论批评的积累。一开始，文学不是本位，文学是经学的附庸。后来有了曹丕等人的论述，有了文学自觉，就有了文学批评了，多半都是这样的论述。我们的论述不是这个思路，而是比较传统的、从"章黄学派"那里传承下来的一个说法：从子书到文论这个思路。就是说，从上古、先秦、两汉，诸子书很多。到了两汉以后，子书就解体了、衰微了。两汉三国魏晋也还有一些子书，可是不地道，就接近于集部的书了。子书跟集部书是不一样的，就内容说，集部是感性的，子部是理性的、是思理的。魏晋时期，很多人的思想和理论思考的中心对象变成了文学。也就是说，子书的解散，其实跟文论的繁兴是有内在的联系的，我们从这个角度来讲。

程先生复出之后，大概是在1979年至1980年代初，在当时的武汉师院（现在的湖北大学）学报上发过一组文章，总题《先唐文学源流论略》，那几篇文章跟他文学史的旧稿有联系，也有区别。所谓联系就是说，这毕竟是程先生个人的文学史思考；区别就是他在学报上发出来的这组文学史论文的写法很有特色，虽然篇数并不太多。有点像传统史学中的纲目体，先立纲，提出文学史发展的某种现象、某一观点，比如说，魏晋南北朝文学评论的繁兴，是因为子书的解散促进了文论的繁荣，这是纲，接下来就是原始文献，一条一条的。其实，刘师培的《中国中古文学史》也是这种体式。我觉得这个体式很好，如果我们文学史能够写成这样，用它来上课，每次上课，先带学生读史料文献，再从中体会、归纳、分析文学史的若干现象和规律，既读了文献，也锻炼

1995年哈佛访学时与女儿合影

了解读分析文献的能力。那几年,我跟老师经常讨论文学史,包括文学史的写法,传统史书有各种体裁,纪传体、编年体、纪事本末体,现在都不太用了,能不能在文学史写作中参考利用?我也想过能不能参考传统的写法,但是,像程先生这种写法,我学力达不到。这组《先唐文学源流论略》,后来收入《闲堂文薮》,我改写文学史的时候,把其中的思想观点融化吸收了。这本书真像是三四十岁的程先生跟三四十岁的我两个人的思考跟工作的结合,时间跨越了四五十年。所以,我在这部文学史后记的第一句才那么说。

从1993年到1999年,这中间有段插曲,就是1995—1996年我去美国访学,在哈佛燕京学社待了一年。我去美国,程先生很担心我把文学史放下来。我确实放下来了一段时间,因为到了美国,有那么多书好看,那么多英文资料好用,我自己觉得应该利用这一机会,多读些书,尤其是英文书。程先生信中总和我谈文学史的事,是催我的意思。另外,刚到美国时,我没有电脑。那时在家里用的,是那种笨重无比的"386"台式机,不可能带到美国。我那时已经习惯在电脑上写文章,没电脑就写不了。比如,我在电脑上写作,看到有用的材料就抄在那里,用到时才挪到文章里,这一段先写,那一段后写,过后再拼接,很方便,也很随意,没电脑就太不方便了。八月中到的美国,十月份才买到一台小笔记本电脑,慢慢地开始工作。我写了若干章,从美国寄回来给程先生看过。程先生一开始希望我1997年就完稿,后来拖到1999年。

程先生还有一个担心,就是担心我不回来了。他觉得我英语好,也还年轻,我那时候三十岁出头,不是没有机会留在美国发展。而且我一家三口都到了美国,有人说,我有可能不想回来了。程先生给我写信,说你不能不回来。为什么不能不回来呢?他讲了一番道理。我完全认同老师的话,就跟他说,我并没有作此打算,请老师放心。在美国写中国文学史,有一点好处,就是可以看到国外的材料,有中文的,也有英文的。在美国访学最大的一个收获就是解放了思想,打开了自由思想的空间。

这个文学史如果有什么特点的话,第一点,这是两个时代、两个人的结合,有一些是程先生的思考,有一些是我的思考,主要是程先生的,我是次要的。关于赋,我把自己的想法也加进去了。第二点,我们这部文学史,并不想做统编教材,不追求教材式的结构匀称。我们希望比较多地呈现自己的一些思考,我们对文学史是怎么想,怎么理解,就怎么写。哪个段落、哪个部分重

1996年在加拿大千岛湖与妻女合影

要，就多写一点，尽量体现个人的特色，字数上不想写太多。最初，我们还有心准备写到1949年，我跟几位现代文学专业的学者聊过，我说，有没有办法用五万字，将整个中国现代文学史都交代清楚，而且能够与古代文学连成一个脉络，也就是古今贯通的意思。他们都说这个很难。确实难，所以后来就放弃了。去年，我帮译林出版社推荐了一本美国学者桑禀华（Sabina Knight）写的《中国文学》，属于"牛津通识读本"中的一本，翻译成中文，也就六万字，把整个中国文学写完了，从上古写到哈金，蛮令人佩服的。她抓住几个线索，提纲挈领，麻雀虽小，五脏俱全。总之，很有特色。我觉得，现在市面上的文学史著作很多，真正有特色有个性的还不够多，有待于未来。

第三个特点，就是我们比较注重文体形式。文学作品是内容与形式的统一，形式也重要，很多文学史的演变其实是形式的演变。至于内容，我喜欢讲一句话，叫作"不信人间有古今"，就是说人心、人性、人的思想感情、喜怒好恶，从古到今并没太大不同。人的贪心和欲望，古人跟今人也没啥两样。古人没有更好，今人也没有更坏，人性恒定。也就是说，文学的内容就是表现人性，而内容反而是比较恒定的。秦汉之际与隋唐之际、与宋元之际、与明清之际有什么区别呢？从人心和人性来说，大体是一样的，而表现形式则不一样，所以要更注重形式。表现人性，不同作者、不同时代采取哪些不同的形式。我们也关注了好多文体、语言与形式的问题。书中不仅写到了八股文，还写到了对联、诗钟。程先生一直很重视对联，在1980年代初，他就写了一篇文章，为对联争文学史的地位。对联是非常重要的一个文学形式，可是，现在教文学史、写文学史的，几乎不提对联。其实，对联的社会影响面非常广，为广大人民喜闻乐见，到现在还有生命力。诗钟和对联有关系，和诗也有关系。诗钟这个东西，我们福建人玩得不错。为了加深对诗钟的体会，我自己也写写诗钟，真好玩！这些东西，一般文学史上没有谈的，我们都谈到了。

近几年，有几家出版社找我，希望我把这个文学史修订一下，出个新版的。可惜我精力不够，顾不过来。另外，我觉得可能时机也不成熟。我个人觉得，一个教文学史的人，最好写一部自己的文学史，如果能教一过，也不错。那几年为了写这个文学史，我曾主动请缨，把文学史的四段都教过，从先秦两汉一直教到明清，边教边学。现在南大对年轻老师的培养，也是有意培养他们教不同的时段，不要一辈子教书就只教很短的一小段。其他时段也摸过、也了解一些，对教学科研都有好处。

所以，写一部通史、教通代文学史，对个人的学术发展是有好处的。程先生让我做这个事，对我个人有很大的帮助。等我退休了，如果有时间和精力，也许会再花几年时间，好好沉潜积累，再来改写这部文学史。那个时候，胆子肯定要大一些，有些知识掌握得也好一点，可以发表一点见解，或者下一些判断。

王：现在市面上通行的文学史，大家的框架好像都是一样的。刚才你提到对八股文的关注，我想到大概七八年前吧，我们跟漆永祥在做《清人文集分类篇目索引》的时候，我去抄过很多清人尤其是晚清人的文集当中八股文的东西。因为整天在抄，累了就看几篇，有些写得真好。我们常说"文以载道"，写得再好，如果没有什么意思，就不谈了，但有些八股文写得很好。还有一些人写的比如说寿序、墓志铭，这些文学史上似乎都不讲。

程：都不讲，古人都把这些当作正规的文学，而且，这是有用的文学，是实用的文学。

王：所以现在我就觉得，比如说老辈先生当中，我们好不容易跟老师学，写了本书，请老师做个序，对他们来说不是什么困难的事情。现在年轻学者成长起来，让他写个序，序怎么写？人家说你是大学生，你都博士毕业了，过年了作副对联，怎么作？

程：太多的人不会。

王：也就是说，可能文学啊，凡是存在这些形式，甚至被老百姓喜闻乐见的，大家共同用的，恐怕都要研究它，不能说它好或者不好，研究了再说。

程：从前，文学也是学以致用的。古代的文人有大文人、有小文人，像李杜那样的属于大文人，也有一些乡间俗儒，三家村先生之类的。他没太多别的学问或本事，或许诗写得也不太好，但至少能写副对联。他们肩负着在中国乡间、底层传承中国文脉的责任。他们也许学问不好，但是，写对联等实用文体是没问题的。

王：对对对，他们写对联、写祭文、写寿序，这些没有任何问题的，而且都写得很好。

程：对啊。前段时间，古代文学界有位著名的老先生去世，网上好多人贴出了挽诗和挽联,没几篇好的,有的还不合格。有的格式对了,但是不得体,口吻不合;有的徒具对联的格式,没说出哀挽的意思。学生吊唁老师,与平辈间的吊唁,口吻不一样,相差太多了。

王:不同的辈分,说什么样的话,应该是有区别的。
程:对,要合礼,这个就讲到王老师您的专业了。

王:对,不能乱了这个辈分。
程:对啊,传统文学中,礼太重要了!口气把握、尺寸拿捏都要得体,怎么表达是有技巧的,过去小文人都懂。

王:不管是喜丧也好,还是我们常理解的丧事也好,它总是个丧事,这个核心内容不能改,是吧。
程:现在对这套都不讲究了。程先生八十大寿的时候,我作过一副寿联。周先生八十大寿的时候,我代表学科同仁作了一副寿联,个人还作了一篇寿序。

王:现在能做寿序的人不多了。
程:我写了篇四平八稳的骈文,不长,但是把周先生的几本著作书名嵌进去了。我用洒金红笺写了一下,装个镜框,送给周先生,算我这个学生的礼物。

王:那周先生应该很开心啊。

十、石刻研究的缘起

王：程老师您一直研究文学、赋学这一块，为什么后来又专攻石学研究呢？

程：我博士毕业以后，留在南大古典文献研究所工作。当年本所刚拿到一个教育部博士点项目，或者"七五规范项目"什么的，叫"石刻中的唐人史料研究"。那时候，高校古委会对各家古籍所和古典文献专业有个规划，每个所都有重点发展的方向。我们所重点发展方向是唐代。这样就让我负责"石刻中的唐人史料研究"。相关的文献材料都给我买好了，台湾新文丰那套《石刻史料新编》，毛汉光主编的《唐代墓志铭汇编附考》，北图的那套《中国历代石刻拓本汇编》，都买好了，我只管读。除了我做唐代石刻，曹虹和赵益两位，一佛一道，分头研究。赵益做道教研究，曹虹做佛教研究。严杰、姚松做小说笔记，与周先生一起做了一个《唐人轶事汇编》。这是整个研究所规划的一部分，每个人都有自己发展的方向，又汇聚成全所的学术重点和特色。

程千帆先生对我说，你是历史系毕业的嘛，就做石刻吧。我说程先生，我是世界史专业毕业的，没学过石刻。他说不要怕啊，学起来嘛，不懂来问我、问卞先生嘛。我就学起来了。我去请教过卞先生。卞先生家里有好多拓本，程先生家也有一些。我写过一篇文章，《从〈有唐武威段夫人墓志铭〉看元稹为人》。这个段氏，其实是元稹的妾，伺候元稹，后来给元稹生了一子。元稹的正妻韦丛那时已经不在了，段氏去世后，元稹很伤心，写了这篇墓志，称她为"夫人"。这篇墓志后来收到《元氏长庆集》里，改了，不叫"夫人"了，就只称"段氏"。墓志在河南出土后，有人打了一份拓本给程先生，程先生就拿给我看，让我写一篇题跋。1995年，我在《中国典籍与文化》上发了一篇文章，就讲这个问题。我觉得元稹冷静下来考虑之后，觉得称段氏为夫人是不合礼的，收编文集时，就改了。

我坐在办公室，就看那几套书，抄辑材料。自宋以来，学者们以唐人石刻考史，收获甚多。金石题跋当中，有很多前人的考证，涉及《旧唐书》《新唐书》的不少，可供考校两《唐书》时参考。我研究石刻，一开始没头绪，自己慢慢读，慢慢摸索。我毕竟是学习古代文学专业的，读碑志文时，就关注碑志的文体问题，还以此申请了一个国家社科基金项目，叫"历代碑志文体研究"，写了若干篇文章，也算结项了。其成果见于两本书，一本是1999年在台湾大安出版社出的《石学论丛》，另一本是2008年在中华书局出版的《古刻新诠》。总之，沉下心来读石刻文献，

1999年台湾大安出版社出版
《石学论丛》

2008年中华书局出版《古刻新诠》

觉得挺好玩的,就欲罢不能了。程先生对我说,你最好做一会文学,再来做石刻,做一会石刻,又回去做文学,两边交叉着来。

我先是读唐代的墓志,后来为什么会读到汉碑去了呢?那跟教书有关系。大约从1994年开始,我给硕士研究生上一门"石刻文献学研究"的课。南大中文系每位硕导,都须开一门课,也只要开一门。每个人讲自己的专长,我就讲石刻,讲了好多年。上课时要讲学术史,要讲文献特点,还有具体的碑刻释读,既包括墓志,也包括碑文。读碑文,自然就要上溯到汉碑。

我上课最烦每年都讲一样的,总想每年有些新东西,读汉碑,也换了好几篇碑文,包括《张迁碑》和《刘熊碑》。读墓志,也结合《金石录》等书来读。感觉这种读法,教学相长,我自己也有收获。有一阵读高文的《汉碑集释》,真是入迷,居然可以放在床头,睡前读,读得津津有味。好多汉碑其实是有学术争论的,真伪的争论,年代的争论,撰者、书者是谁的争论,一个个问题追下去,有时候就有收获,慢慢地也写了几篇文章。与此同时,也开始关注别的石刻形式。

我研究石刻，大概经历三个阶段，首先是史料考证，有关具体石刻文献的考证研究，这是传统金石学的路子；其次是史学（也包括文体史）的研究，包括原来发在《中国典籍与文化》上的一组"读石随笔"，后来收入《古刻新诠》；也包括刻工研究，后来发展成《石刻刻工研究》那本书；关于碑志文体研究的那些论文，还没来得及编集出版。第三是石刻文献的文化研究，这是现在还在做的，从文化角度研究石刻文献的生产、流通、使用、各种形式及其文化意义。

王：石刻研究的范围也很广嘛！

程：说大也大，说小也小，不过是三块：史料的研究、史学的研究和文化的研究。

十一、《石刻刻工研究》

王：以前研究石刻嘛，大家就是关注它的书法，或者从史料的角度解决了什么问题啊，关注刻工的很少。您怎么想到要关注石刻的刻工这个问题？

程：关注刻工，最早的缘起是因为看到了曾毅公《石刻考工录》这本书，研究所的藏书中就有。1990年11月初，我和严杰住在上海印刷三厂，赶校《唐诗大辞典》，以迎接即将在南京召开的唐代文学国际学术研讨会。休息的时候，就跑到福州路逛书店，翻到一册《石刻考工录》，就买下来了。但凡我碰到一个刻工，曾书中没有著录的，我就记下来。一开始，我的志向也不大，只想拾遗补漏，写一两篇论文。后来越辑越多，就有意识地去翻书。先是1990年代在《文献》发了几篇刻工辑补的文章，后来想干脆作为一个课题，认真来做一做。

有一年暑假，我冒热翻书，把《石刻史料新编》一百册翻了一遍，就是翻，没有细读。基本上，我只管刻工，但是翻书的过程中，也会撞到一些别的材料，有用的，也记下来。我居然翻到有苏州刻工唐氏的墓志铭，唐家世代为刻工，方志里收有其墓志，等于说他们的墓志也成为后世的金石材料了。这是任何检索都检索不到的，只有傻傻地翻书，从第一页翻到最后一页。国图那套《中国历代石刻拓本汇编》当然也全翻了。后来我走到哪里，但凡看到金石的书，我都要翻一遍。看到石刻，都要查查有没有刻工的名字。这样辑到刻工资料四十万字。这些刻工的资料，是我亲手一点一点攒起来的，特别有感觉。即使我拱手把这批材料送给别人，他也未必就能产生我这样的感觉。翻书搜集材料的同时，总要接触周边的材料，多少也能产生一些联想。我个人很看重这一点，就是材料最好自己去收，别人编的也可以用，但是不如自己动手有感觉，收集过程就是思考的过程、联想的过程，这个过程很重要，是别人不能代劳的。

这几年来，刻工研究开始引起越来越多人的重视，书法界、文物考古界和文献学界都开始注意这一方面的研究。这几年不断有新碑刻集出版，其中也有不少新的刻工材料，比如《南京历代碑刻集成》出版后，就有我以前未见过的刻工名字。栖霞寺千佛岩三圣殿前面有一块焦竑撰文的碑记，刻工是朱时修，本地人，看了这本碑刻集，才发现这个朱家是南京明代的刻石家族，有好多人。《石刻刻工研究》中，讲到官府里的刻工，也讲到民间刻工，很多有家族化的特征，子承父业。官方的刻工有待遇，有地位，各代不一样，唐代跟宋代不一样，也跟明清不一样，这还涉及制度问题。唐代刻工在中书省，也有在将作监的，宋代的刻工属于翰林院书艺局，明清多半在工部。归属不同，社会地位不同，社会制度也不一样。

刻工跟文人关系很密切。元代赵孟頫，明代文徵明，都有专用的刻工。文徵明专用的刻工名叫章简甫，文徵明写的碑，好多都是他刻的。这个人字写得好，好到能替文徵明捉刀。有一次文徵明生病了，人家来求字，就让这个人捉刀。若干年后，文徵明去世了，人家就当这个字是文徵明写的。《文徵明年谱》中有记载。所以，不能把刻工简单地看成是一个工匠，很多刻工也有文人的风雅。苏州昆山世代刻石的唐家，据墓志说，跟当地文人颇多往来，性情都近于文人。总之，《石刻刻工研究》有文献的研究，有历史的研究，还有艺术的研究。这书出来以后，书法界的人很感兴趣，还得了个兰亭奖。

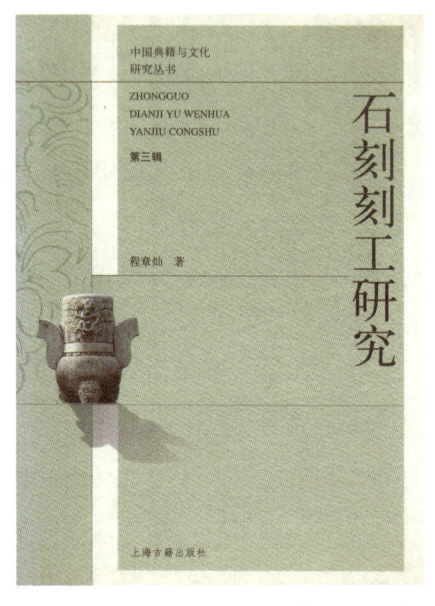

2008年上海古籍出版社出版《石刻刻工研究》

王：说到刻工，我突然想到，石刻的刻工和雕版的刻工有没有交叉？

程：有，宋代就有，到清代、近代，也还有。

王：您刚才讲这个我就想起来，当年张元济先生给潘宗周家的藏书写提要，成《宝礼堂宋本书录》一书，至今仍是版本目录学著作中体例最完备的。这本书里面就把刻工全部辑出来，告诉你原板刻工是谁，补板的刻工有哪些。我原来一直在用，觉得好得不得了，太方便了，而且把它作为一个标杆去衡量这个里面记载的刻工还刻过那些书。后来再造善本把这个八行本影印之后，我有一天就发现好像这个人名有点不对，完了以后去查，一千七百多页，一页一页翻，把现在能看到的刻工全部辑出来和张元济先生那个作对照。一对照以后发现问题了，有些对不上号。他说在原板的我发现在补板，太不一样了。他说在补板的我发现在原板，最后就全部弄出来，发现可以补他的不足。还有不是这个书的刻工他弄进来的，他还有漏掉的。这样的话，进而再去拓展就发现，王肇文先生编的《古籍宋元刊工姓名索引》里面就是依据张元济先生做的，那显然就做错了。听您刚才讲，我就想到，宋元时期刻工很多，有些刻木板书的人也是家族性的，既然都是刻，刻板和刻石有交叉是正常的。

程：不仅刻碑或者刻石跟刻板有交叉，还有一个，这些刻碑的人还刻印。

王：这是当然了，稍加改变即可。

程：由大到小呀。我最近从朋友处看到一个材料，民国初年，有个无锡人叫王开霖，到苏州汉贞阁学刻字，出师后到上海去开店。他的业务就包括刻碑志和刻书两项。他给自己店铺做广告，说：爹妈死了，如何表达孝心呢？要刻最好的碑志，谁刻得最好？找我们哪！这个人开的店，还会刻帖、刻印、刻书，每一样都附了样品。

刻工还有一个社会流动的问题。晚清台湾碑刻，刻工多来自福建，是拿到福建来刻的吧。这里面就有个师傅，既刻石，也刻书，留下了证据。辑录版刻工匠名录有一个用处，可以用来探明刊本的年代。辑石刻刻工的资料，也可以帮助确定刻石的年代。某块碑刻原来没有刻具体的年代，上面只有刻工的名字，现在根据其他碑刻上的材料，可以确定刻工的年代在康熙朝，就基本上可以确定此石的大致年限了。所以，材料多了，就可以构成一个文献网络，就有多种用途。

王：他刻了十本书都没年代，突然另外一本书有年代，就把他敲定了。

程：基本上敲定了。有时候只有一条材料，貌似不重要，没什么了不起的，但它是证据链的一环，有了它，这链条就完全了，所以重要。有些材料的意义，今天可能还认识不到，若干年以后，才会被发现，被认知到。

王：这个木板书的刻工有时候很好玩，他不光写人名，人名写完之后有时候会写一个某某某雕，或者某某某刊，还有某某某刀。我想有些人比如在你们福建那边老刻书，刻得多了，万一哪天没事，他去学学那些都有可能。现在西安的碑林两边，你去留意有那种刻章子的人，比如说我现在想搞一个《玄秘塔》的拓片，他说我有啊，我卖给你啊，很便宜。后来听他们讲，他们平时可能就在那刻章子，完了之后呢，他家里就有《玄秘塔》的拓片，拿原来那个拓片自己回家又搞了一个碑，你要是想要，他就拓给你，拓得不行就再拓一个。所以现在在碑林能够买到真的拓片，非常非常少。

程：研究了刻工，还要研究拓工。有个北大的学长白谦慎，比我高一级，七八级国政系的，写了一本《吴大澂和他的拓工》，这书的中心当然是吴大澂。拓工是拓本文献的生产者，这个群体很重要。我最近在写一篇文章，以缪荃孙为中心，写他身边的拓工，呈现晚清拓工在文献生产与传承中的形象与贡献。以往的金石家很少记录拓工，我看到的，只有明代赵崡提到他雇用过的一个拓工的名字。到了晚清，这一局面大大改观，很多金石家主动找拓工，记录与他们的往来，叶昌炽、缪荃孙、刘鹗等人的日记中都有记载。缪荃孙在北京的时候，有个拓工叫李云从，很敬业，拓石水平也高，当时京城的好多金石家都找他去拓碑。缪荃孙编《顺天府志》时，顺天石刻大多是这个李云从拓来的。叶昌炽和缪荃孙还在日记里感慨，李云从辛辛苦苦一辈子，赚的钱都拿到八大胡同败掉了。缪荃孙到南京后，又雇了一个拓工，叫聂明山。他怎么雇拓工，怎么开访碑目录，怎么预支工料钱，怎么议价，怎么通过拓工买卖拓本，日记都记得很详细。拓工的文化贡献应该凸显出来，就像刻工的贡献应该被确认一样。清代苏州有个穆大展局，刻碑，也刻书，很有名，《姑苏繁华图》上都画进去了。南大历史系范金民教授研究明清经济史，专门研究过这幅图。我的刻工研究，可以为这幅图提供实证的史料。

王：这还可以带出很多材料啊！你比如说一些著名的书法家写的字现在不好找，辑的多了给他编一个书法集什么的。镇江哪个地方有我们一个老乡，明代的胡缵宗写的"海不扬波"，那几个字好像写得蛮有名的；在苏州有个什么"千人坐"，包括山东的"趵突泉"，曲阜的"金声玉振"，都是他的字，老家人要辑，有些辑到，有些辑不到。

程：我最早开始研究唐代石刻的时候，也想过辑一个唐代文学家书迹选，专选石刻上有的。

王：这个蛮好的。
程：这几年不断有新材料出来，比如韦应物的书迹。

王：这是真迹啊！
程：对！像韦应物，还是他自己的文章，韦应物妻子的墓志是韦应物自己撰写的，也是他亲自书写的。既是韦应物的文章，又是韦应物的书法，这就蛮珍贵的了。隔了一千多年，还能看到这位著名诗人的字，有缘哪。

十二、石刻研究的设想

王：现在国内专门研究石学的人并不是很多啊！

程：这几年学界对石刻感兴趣的人多起来了。对石刻的研究，按我个人的看法，有三个层次。第一个层次是史料的研究，传统的石刻题跋多是史料研究。看到一件石刻墓志，或拿到其拓本，比对传世文献，比如《新唐书》，书中没有此人的传记，那石刻就可以补《新唐书》之不足。如果有这个人的传记，传记与石刻不一样，就对比有哪些异同，这是史料的研究。再进一步，综合某些墓志或者某类墓志，围绕某个历史问题，比如说把宫女墓志或弘农杨氏的墓志都找来，研究宫女制度，研究弘农杨氏的分布或迁徙，这就是历史学的研究。刻工研究是艺术史研究，也是历史研究的一部分。

再往上一步，把石刻当作一种文献类型来研究。书是文献的一种类型，石刻也是。现在研究书史的人很多，研究石刻史的人并不多，从文化角度研究石刻的更少。书史的研究思路与文献学史是不一样的，孙钦善先生的《中国古文献学史》是一种写法，书史研究是另外一种研究方法。金石史或石学史也有人梳理过，但把石刻当作重要的文献类型，从文化史的角度来研究它，还有很多可以开拓的空间。而且，石刻是具有中华民族文化特色的文献类型，是渗透中华文化基因的"文物"，即"文化之物"。古人把石刻当作玩物，当作礼物，当作景物，当作尤物。传统金石学已经涉及了石刻的收藏、玩赏、买卖、使用，这些都应该从文化高度来论说。欧阳修、赵明诚和洪适，是宋代金石学三大家，他们对待石刻的态度不完全一样，基本上，从欧到赵，从赵到洪，总的发展趋势是越来越不文艺，越来越不休闲，越来越专业，越来越学术。当然，后代还有很多金石学家，仍是以玩赏为主。玩之中也有文化，怎么玩，其中大有文化。收藏家也不光是收藏，他们是石刻文献文化传承的承担者。

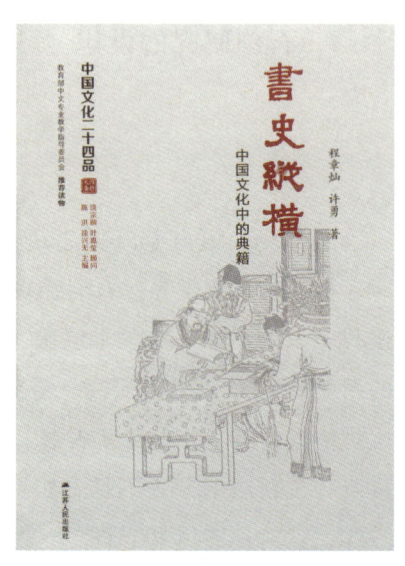

2017年江苏人民出版社出版《书史纵横》

石刻文献有三种形态，第一种是原石，从版本上说，这是石本形态。第二种是从石头上把它拓下来，变成拓本，从版本上说，它是拓本形态，是纸本的特殊形式。洪适曾经感叹，欧阳修当年收的拓本，赵明诚当年收的拓本，很多他都看不到了，原石也找不到了。有感于此，洪适开始抄录石刻上的文字，编刻成书，石刻就此又转变成纸本，这是第三种，从版本上说，这是书本形态。石本、拓本、书本，这三种形态的转换或演进，是文献史和文化史的课题。不同形态产生的文化语境及其意义，刻工的作用、拓工的作用，还有碑贾店家的作用，各不一样。自碑学大兴，迄至晚清民初，文士要不玩点碑刻，自己都感觉不像圈内人啊。民国初年，鲁迅在北京教育部当职员，经常逛琉璃厂，买拓本，完全是旧时代文人的做派，他觉得必须有这个修养。琉璃厂与收藏家之间，碑贾与文士之间，不止是商品流通的买卖关系，还有文献信息传播、文化经济学等多种关系。

　　我现在很关注这些方面，就做些石刻文化的研究。单个石刻的史料价值考证也重要，如果能有宏阔的视野，可能将史料研究做得更好看。大家都讲书籍之路、书之生命史，一件石刻或拓本也有流播之路，也有生命史。比如吉林那边发现的《好大王碑》，这是晚清才发现的。一开始出来的拓本质量不高，北京金石界对此碑很感兴趣，潘祖荫、缪荃孙、叶昌炽等人就集资，雇请拓工李云从去拓。李云从去一次，拓了好多份回来，除了交给参与"众筹"的各家，自己也留一些，拿到市场上买卖。这就是生意啊。像叶昌炽、缪荃孙这些人，他手里也许有复本，也拿出来与人交换。这样，一个不经见的石刻，就开始在社会上流转，有人卖，有人买，有人散，有人收，进进出出，有了各种题跋、诗文乃至图画，好像围绕它形成了一个小小的文化圈。我想作一个个案研究，呈现这样的文化脉络。

　　王：就像这个古书版本的传递史这种。
　　程：对，这是讲拓本之路。比起笨重的石刻，拓本好流传。石刻也有流转史，先显后隐，失踪了很长一段时间，忽然又出现了，引起人们关注，轰动学界，天下纷传，这也很好玩，也值得关注。石刻及其拓本的流传之路，也是文化之路。石刻作为文物、文献，它所造成的声势，就是文化的声势。有不少好的例子。

王：石刻研究，不仅要关注碑刻，也必须重视拓本。

程：是啊。拓本最重要了，缪荃孙认为，只有拓本，才是金石学的核心。普林斯顿大学柯马丁教授有一次跟我讨论，说到中国金石文献著录往往靠不住，清代人看到的拓本，居然比唐代人看到的字更多。我觉得，这也要看情况。也许唐代人看到的拓本不够好，也许没拓好。很多古代石刻，不实地查验，还以为不存在了，只看到拓本，还以为某些字句真的已经磨泐，看不清了。刚刚去世不久的牛津大学汉学家杜德桥（Glen Dudbridge）教授，写过一本《妙善传说：观音菩萨缘起考》，提到河南宝丰县的一块碑刻。杜德桥根据方志转引此碑，文字不完整，他以为此碑已经亡佚了。后来，现在台湾新竹"清华大学"任教的赖瑞和教授，当年还是一个学生，他千里迢迢跑到宝丰去找，这块碑经过"文革"，居然还在，它被人嵌到塔身里去了，真可谓灵光岿然。赖瑞和把他的考察经过写成很长的一篇文章，源源本本，娓娓道来，很好玩。

王：国外学者不了解中国文化传播的渠道。

程：杜德桥写那本书的时候，也没办法到实地考察。即使改革开放后，到宝丰也不容易。去年我到淮阴，看到淮阴师院副校长张强教授从西安中国旧书店兜底买回来的一大批拓片，也很珍贵。淮阴师院图书馆的一个老师在整理，这些拓本都没有装裱过，这个老师发明了一个办法，把拓本像厨房用的卷纸筒那样卷起来，好收纳,好打开。否则,打开一次,折叠一次,都会毁损。

王:这个真的是蛮有意思的。

程:前几年成都建文化馆,基建过程中挖出两块汉碑,埋在地下两千年了,很珍贵啊!朋友拷给了我一个电子本,内容是汉代成都的学校及办学情况,各种专业,各有多少生员,都哪些人,很详细,记得清清楚楚。它一直埋在地下,倒保存下来了,如果一直竖立地面上,两千年下来,恐怕早看不见字了,也可能早被毁了。

王:所以这些材料慢慢弄多了把它辑起来,可以从很多方向专门研究。

程:前一段日子,山东大学儒学高等研究院成立时,我曾跟泽逊兄建议,把各地文庙儒学的石刻收集起来,可以做个专题研究,也许这就可以做个重大项目。赶快去调查,有很多地方,现在不调查搜集,再过十年、二十年就真的看不到了。

王:您做石刻的这么多年,怎么来评价现在石刻的研究?

程:可以有不同的路子。文物界有文物界的路子,考古界有考古界的路子,历史界有历史界的路子。最基本的,是先要认字,读懂石刻文字,录文不要错。篆、隶书要认对。还有就是碑别字,写法比较奇怪,要了解。第二步,才是史料的研究,或者历史的研究。拿到一个碑刻,先把它当作史料来看,古人比较常规的就是写个题跋,也可以题个诗词什么的,抒发感慨,发思古之幽情。

当然也可以把文学感慨与学术考证打并到一处。如果再进一步，比较好的，就要深入拓展，以石刻为中心，联系一些历史问题，解决一个专门问题。以石刻为中心，可以联系传世文献，可以联系其他石刻，放大来做，就有大格局。简单的比对文字异同和史料出入，写成小札记，当然也行，就是不好发表。

看石刻，可以近距离注视，就这么专注地盯着文本，也可以站开一些，站得高远一些来看。理解石刻，需要看它的内容，还要看它的形式。它是文献，还是一个物，有它的物之用，文化之用。关于它的"用"，以前注意得不够。我写过一篇文章，讲石刻是景物，摩崖石刻尤其典型。我还提出来核心文本和衍生文本的概念，石刻中也有这两种文本。比如，元结写《大唐中兴颂》，颜真卿书，刻得也好，号称三绝。这好比现在网上发帖，元结是第一个发帖，后面就很多跟帖，贴诗的、贴词的、贴自己书法的，都有。这是与元结的对话，也是一种抗衡，还是自我展示的平台。

摩崖石刻有摩崖石刻的用，汉碑有汉碑的用，唐志有唐志的用。墓志基本上都埋到土里。所以，明清时代对墓志有一种看法，有些人觉得墓志埋在墓里，书写墓志时心里就有点犯嘀咕，忌讳自己的名字埋到墓里面去了，不吉利，就不署名。还有一些墓志，不埋入土，只是作为书法作品展示，嵌在家庙或者园林或者祠堂，甚至某处碑廊里。那就把墓志当作帖来看，当作书法作品来欣赏。碑帖与墓志，不同的内容与形式就在这里融合了。

王：最近这几年，有些人家里面有钱以后，在自己家的墓地也刻碑。但是现在刻得乱七八糟的，您也可以写一点这方面的文章来让大家参考。

程：这事就比较复杂了。有一次，张三夕师兄跟我聊过这个话题。他好像与武汉那边的民政部门有个合作项目，有关丧葬制度改革，包括现在的墓碑应该要怎么写，怎么刻。看看现在的陵园，墓碑上刻的内容和格式，相当杂乱，除了姓名和生卒年月，几乎没有别的什么内容，严格上这都不能算墓碑，只是最简单的墓记，没有文章，也没什么文化内涵。

王：先妣先考乱刻，弄不清。

程：如何改革，从传统中吸取可以吸收的成分，兹事体大，用什么语言，什么形式，都费斟酌。

王：现在有些甚至白话就不说了，还把标点符号刻上去，难看极了！

程：现在连什么是墓碑、什么是墓志，大家都搞不清楚。

王：它有区别嘛，所以这种文体讲究形式还是重要的。

程：不过，这个也不宜过分提倡。中国人很多事就是一窝蜂上，弄不好会变成汉末那个样子。汉代好多人要当孝子，葬父、修墓、立碑，互相攀比，无所不用其极，甚至把自己搞破产了，后来曹操看不下去，就全力打压这个歪风邪气，提倡薄葬。

王：还是薄葬好。

程：对啊！这方面曹操比较务实。

十三、南京地方文化研究

王：您除了做这个文学、石学研究之外，对南京的地方文化很关注，而且还写了很多的系列文章，后来编成《旧时燕》等著作，为什么会关注这些方面的东西？

程：关于南京，我有一个写作计划，《旧时燕》只是其中的一本。有三种不同的写法，《旧时燕》是一种写法。去年我开了一个微信公众号，叫"金陵帝王州"，陆陆续续发一些文章，是另一种写法。这些文章大多数在我的新浪博客上发过。现在搬到微信公众号上，有修改，还配了图。打算汇集成一本书，书名还没想好，请各位帮我想想。可以叫"南京小历史"吗？似乎没有什么卖相。那么，叫"秦淮河畔草"怎么样？"青青河畔草，绵绵思远道"，我很喜欢这两句诗。我感觉，历史也是一种远方，是时间的远方，存在于我们的回望之中，时间与空间的远方，都很吸引我心

2006年凤凰出版社出版
《旧时燕——一座城市的传奇》

卅年身在帝王州
——程章灿先生访谈录

向往之,所以说"绵绵思远道"。我在石头城边、秦淮河畔住了十几年,"草"有两个意思,一个是"撰写",一个就是河边青青的小草。这本书讲的都是南京历史、文化遗迹、人物轶事,属于传统所谓"掌故"。佛说桑下三宿,皆不免有情,我流寓南京,不觉已经三十四年了,"野人怀土,小草恋乡",对我所居住的这块土地、这座城市,结下了深厚的情缘,不是故乡,胜似故乡。南京的人事,南京的空间,在我心目中,都要加上一个时间的维度,是立体的历史的南京。这样一本书,能不能叫"掌上南京"?掌上就是手机嘛。或者叫"掌故金陵"?都不响亮。

王:用一句您的诗?

程:我原来的新浪博客,倒是用过一句自己的诗,叫"廿年远在帝王州",现在转眼已经三十四年了,应该改名"卅年身在帝王州"。那句诗是十四年前写的。没有好书名,让我犯愁。有时候,一个好题目就足够吸引我写一组文章,甚至一本书。写《旧时燕》的时候,我尽量放下身段,不加一个脚注,还有人对我说,这个写得有点高深呐。我想,那可能是因为《旧时燕》里的二十多篇,每篇都讨论一个问题,还是有学术思维,有研究焦点,有思考和想要解决的问题。《旧时燕》每篇不超过5000字,超过5000字,就分成两篇。我那时预估读者可以有5000字的阅读耐心,听说现在的读者,最好不超过2000字,读稍长的一段文字,都嫌累。所以,"金陵帝王州"上的文章,基本上不超过3000字,尽量2000字左右,像报纸上发的那种小文章。我尽量不旁征博引,碰到文言文,尽量引得短一点,或者加以解释。这些文章几乎都是我阅读和研究的闲暇写的，好多是边角料，这个是掌故的写法。

还有一本书，打算用纯学术论文的写法，写十几二十篇关于南京的研究论文，论必有据，考证加上详细的脚注，原原本本地把考据过程摆出来。《旧时燕》基本略去考据，不准备也不需要展开。既然是论文，就准备展开写，每篇写长一点。我准备了一些题目，时机成熟就动手。

一个人对他生活的地方的历史文化应该有所了解，就是了解乡土文化。我是少小离家，乡音渐改，很难说是一个合格的福州人。最让我惭愧的是，我对故乡的文化缺少了解。有个中学同学在福州一个博物馆做馆长，他常在微信朋友圈发一些福州文化的信息，我把他加为微信好友，还关注了我老家闽侯县的微信公众号，希望借此补课，多了解一些福州文化以及闽侯的历史文化。

我 20 岁到南京，在这儿生活了三十几年，能没一点感情吗？不能的。实际上，我挺喜欢南京这座城市的，对她的历史、文化、名胜古迹都有感情。年轻的时候，很喜欢在市井街巷中瞎转，骑着车乱跑，最初大概是因为研究六朝，所以关注这个六朝古都。我在《世族与六朝文学》那本书的后记里面说，做六朝文学的人，在南京有得天独厚的地理优势。站在石头城下，就可以有历史感觉。《世说新语》中的故事，很多就发生在我们身边。我有时玄想，想象空气中都飘荡着古人的魂灵。其实，我们跟古人虽然处于不同的时间，却共享同一个空间，借用刘勰的话说，就是"寂然凝虑，思接千载；悄焉动容，视通万里"。

王：他可能能看见您？

程：对，我脑子中想象里也看得见。我到石头城，那儿曾是六朝的战场，不能不发思古之幽情。台湾大学齐邦媛教授写的《巨流河》，写她到柏林去客座任教的感受。柏林是她父亲年轻时留学的地方，她生下来的时候，她的父亲就在柏林留学。她说，我一个孤苦无依的婴儿，我父亲没在我身边，他在柏林啊，这是一个触感之机。另一个感发之媒，是二战的时候，苏军攻入柏林，杀了好多人，埋到好多地方，她就想象，说不定她现在住的房子下面就埋有尸骨，想到这个问题，好几夜睡不着，她把不同的时间和空间打通了。我们生活的这个世界，我们只看到一个平面空间，其实，时间也应该算进去，那就有好几层了，就比较多维。在这个多维空间里，你可以把历史挂在上面，也可以把历史埋在下面，反正都是存在的。所以，一个学历史的人，应该理解我们生活的这个世界是多维的，它有一个空间的维度，还有一个时间的维度。这就增加了我们生命的维度。

我要关注的是有空间的历史，或者说有历史的空间，最方便的对象，就是我所生活的南京。到外地旅游、出差，不可能常住在那儿，最多待个几天、几个月、一两年，也可以接触到当地的历史文化，只是浮光掠影而已。南京老早就有一个"江苏省六朝史研究会"，最初卞孝萱先生是会长，现在是胡阿祥兄当会长。卞先生拉我入会，我也参加了一些学会的会议和活动，认识了一些南京本地历史、考古、文物、文博界的人。有时候，学会组织一些考察活动，他们也拉我去，我跟着去了一些地方。我最早去看六朝陵墓石刻，还是读硕士的时候，程先生请蒋赞初先生给我们讲"六朝考古",安排了实地考察。蒋先生亲自带我们去看,还作讲解。有一次会后,跟几个朋友去城南门东,南京人管中华门以东的城南那一片叫门东,就是现在的老门东那一片。有蒋寿山故居,挺大的一个老宅子。里面住的人,基本上不是蒋家人。有家住户说,他家祖上曾经当过蒋家的私塾教师。总之,走在这些地方,遇上古迹,甚或旧迹,碰上一些老地名,都很有历史感。回去就找有关南京的地方文献来读,《金陵琐事》《白下琐言》等等,知道了原来某个地方某个时候,曾经有某人某事,觉得特别好玩。除了教师这个职业,也许还有一个职业我愿意做,那就是导游。从某个角度来看,教师其实也就是某个专业的导游,学生就是他带的游客。

王:那是高级导游。

程:我这样的导游,不见得人人喜欢。前些日子来了一个大学同学,我想他虽然不做历史专业,毕竟是历史系毕业的嘛,就带他重点看些南京历史古迹呀,也不知道人家是不是感兴趣。有的游客可能更愿意看南京河西滨江那一片,保利剧院、南京眼什么的,更现代化,有点高大上的意思。南京有好多很有意思的地方文献,有的是专书,有的是散见各处的小说故事、轶闻趣事,长长短短的段子。南京出版社出了一套《南京稀见文献丛书》,里面就有很多好玩的书目。这样我就喜欢上了南京地方文献,机缘凑合,也帮南京出版社整理了几本地方文献。比如,我最近就帮他们整理点校了一本缪荃孙编辑的《秦淮广纪》,这是明清秦淮歌妓事迹的大全,痴情的、无情的,骗人的、被骗的,从中能看到纷繁的世相。我今年还编了一本《历代南京经典散文》,做的都是南京导游的事儿。那个掌故系列,一篇篇修改,往微信公众号上传,已经有五十几篇了。

王:那你喜欢写这些东西与嫂夫人有关吗?

程:我们俩的共同爱好,喜欢跑去看南京这些古迹。我现在依赖她,她会开车,我不会。在哪儿生活,就应该了解哪儿的乡土历史。这一方面,也许我受了邓云乡先生的影响。邓先生谙熟掌故,肚子里老北京的掌故可多了,他的《红楼风俗谭》我也很喜欢。他讲到《红楼梦》里吃槟榔的风俗,联系到六朝人生活中

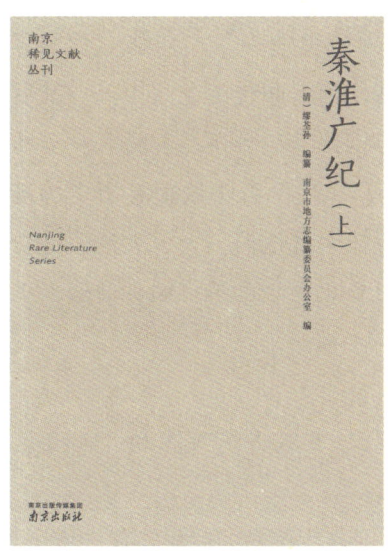
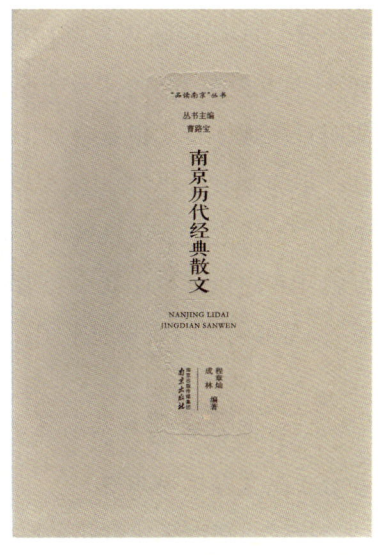

2017年南京出版社出版《秦淮广记》《南京历代经典散文》

就有这个习俗,很有意思。刘宋刘穆之没有发迹的时候,家里很穷,经常上老丈人家蹭饭吃,饭后还讨要槟榔吃。他老婆的兄弟就讥笑他:"人家吃槟榔是为了助消化,你一天到晚肚子饿得咕咕叫,就不要吃这玩艺儿了吧。"刘穆之也不跟他们计较,发迹后,就请他们吃最好的槟榔。这样讲习俗,就讲活了,多有意思。我很爱读邓先生的书,他有学问,而且是有意思的学问。这种学问是接地气的。关注乡土文化,也是要接地气,不要把象牙塔的墙筑得太高。

王:其实和地方文化密切结合也是蛮有意思的事情。这样来看您上次送我那个作品,后面一句是"城头鬼脸阅人多",这个句子的提炼是很不容易的,要多少年是吧。

程:这首诗咏"金陵四十八景"中的一景,叫作"石城霁雪"。诗是这样写的:"新朝颜色变山河,昨夜玉龙兵甲过。乱后清明日高烛,妆成银素镜初磨。等闲涂抹英雄迹,容易悲欢麦秀歌。不为苍黄泣丝练,城头鬼脸阅人多。"石头城很有历史的沧桑感,大雪之后,天气转晴,就好比大乱之后,天下大治。这一点就让我感慨横生。我少年时读过鲁迅先生的诗"城头变幻大王旗",写那句诗时就想起来了。

王:这个显然与您多年的生活、想法是有关系的,而且这些句子感觉越嚼越有味。

程:我在南京住过几个地方。在南大读书的时候,住在南园,那是老金陵大学的校园,很有历史。毕业以后,第一个住处在北阴阳营8号南大宿舍，更有历史。当年南大在这里盖宿舍，挖出了一个新石器时代遗址，考古学上称为"北阴阳营文化"，这是长江下游地区新石器时代文化的代表。外地人看到这个地名，会觉得奇怪，其实，这个地名很有来历。北阴阳营怎么来的呢，明朝的时候，这里驻有一支卫戍部队，所以叫作"鹰扬营"，后来老百姓不知道"鹰扬"什么意思，就讹写成了"阴阳"，南边的就叫南阴阳营，北边的叫北阴阳营。"文革"中，觉得"阴阳"两个字不好，就把南北阴阳营分别改名，改成"向阳南巷"和"向阳北巷"，"文革"结束，又改回去了。后来我搬到龙江，住处靠近秦淮河，几步路就能走到鬼脸城。这两年我又搬到城东的仙林，离摄山、江乘、金城等古地很近。这些地方都很有历史。

十四、江苏文脉工程"文献编"

王：现在这几年您要忙一个大事，即江苏文脉工程"文献编"。您作为主编，讲讲这方面的事情，外界也不了解。

程："江苏文脉整理与研究工程"启动到现在，已经一年多，也已经产生一些影响了。为什么这么说呢？今年我有个硕士生毕业，应聘福建出版总社的工作，被录取了。福建省也想编"八闽文库"，他们听说江苏已经在做这方面的事，就让我的学生回来了解江苏的做法，希望从中参考学习。

这几年，各省都很重视本地的文化建设，整理地方文献是文化建设的基础。很多省都在做，江苏文脉工程的这个规划，据我初步的调查比较，比起其他省来，一是比较全面，二是相当宏大。这个工程的整体规划，包括书目编、文献编、史料编、方志编、精华编、研究编。我们南大文学院负责文献编和精华编两个部分。说到文献编，就是从历代江苏人写的经史子集四部著作中，选取5000种左右，每种写一篇提要，并且选出最好的版本，据以影印出版。打个比方说，这就好比编一部江苏人著述的《四库全书》。光说书的种数，就可以看出这个工作量很大，我的压力也很大，因为牵涉方方面面，有文献的问题，有学术的问题，还有文化的问题，也涉及政府、学校、出版机构和藏书机构。收书范围怎么确定，作者范围怎么界定，什么样的人算江苏人，都要界定。2016年我们忙了一年，都在忙着拉书目。经史子集四部，你老兄之外，我又请了武秀成兄、赵益兄、徐雁平兄分头负责，这是你所知道的。谢谢你们鼎力相助。

整个工程中，书目、文献、史料、精华四编密切关联，实际上，我们四编之间紧密联动，精诚合作。我们四个人，负责书目编的姜小青社长、负责史料编的江庆柏老师、负责精华编的兴无兄和我，经常碰头。我们还建了个专门的工作群，便于商量工作。江老师跟我说，他那边马上要开会啦，他的团队已经写出了几十篇提要。江老师跑得这么快，效率这么高，给我的压力很大啊。我们的书目已经确定，已经交到出版社和规划办。我也拟好了提要撰写的体例，很详细的，还需要征求省内外专家的意见，再修改。接下来要怎么弄，本月28号我们四个人要再碰个头。我们这边也要抓紧，不能落后于江老师太多。这就是我们今年要干的活儿。

去年我们就考虑过两种思路，一种是按经史子集顺序，先出经部，另一种是也可以先出集部，雁平那边有基础，尤其家集的提要，先整理好出一部分也可以。从顺序上说，先出经部比较好。等开学这阵忙乱过后，3月份省委宣传部开会之前，我们五个人要再碰一次头。省里把这么大一个项目交给南大、南师大，还是看重高校学者做事靠谱，而且容易组成团队。高校有考核体制，这些年我们都骂考核体制，这种体制也有一点好处，逼着人闲不下来，赶紧出活。当然，讲效率，更要讲质量。我说过，这项工作既是学术工作，也是文化工程，所以，既要有学术责任心，还要有文化使命感。

研究编那一部分，由省社科院和省社联负责。社联负责组织省内十三个地市的团队，编写十三卷的"江苏地方文化史"，每市一卷。社联组织了一个专家委员会，我牵头，负责跟进各卷地方文化史的撰写进程。十三个地市不平衡，历史积累、文献资源、研究基础、撰写团队力量，都不平衡。

王：有些地方多的写不完，有些地方可能没得写。

程：比如，南京、苏州、扬州，可写的就太多了。但是，南通、盐城，材料就少一些。材料多的与材料少的，写法恐怕就要有所不同。各地文化发展先后节奏不一样，特点也不同，所以，侧重点也会不一样。

王：从目前的这种设计，您觉得做完江苏文献这些书以后，在学术上会是一个什么样的地位呢？

程：大家都说，中华传统文化就是中华民族的根和魂，那么，江苏传统文化就是江苏人的根和魂。传承文化，研究文化，创造性转化，创新性发展，基础都在文献。文献是文化中最实在、最看得见摸得着的部分，是文化根基的根基，是传承依据的依据。文化传承，文献先行。没有文献基础，转化和发展都容易蹈空。没有文献基础，文化研究怎么可能展开？出一些劣质的、兑水的、荒腔走板的"论著"，还不如正正经经、老老实实地整理一些文献，守先待后，就是传承，也是为未来认真严肃的学术研究提供基础。不管怎么样，这些文献，现代的人能用，未来的人能用，中国人能用，外国人也能用。这些年文史学术的进步，有目共睹，绕不开的一个基础，就是这几年文献整理出版比以前多多了，资料用起来方便了。很多材料,尤其是明清这段的材料,比如明清的别集,以前哪能看到这么多?

王:对,看起来费劲,看都看不到,就别谈研究了。

程:我最近看马积高先生的《历代辞赋总汇》,清代的部分,基本上就是用《赋海大观》。清代诗文集里面的赋太多了,有好多根本来不及收。那个800册的《清代诗文集汇编》之外,国图出版社最近还编了《清代诗文集珍本丛刊》,规模也非常大。这些文集中,光是赋就多得不得了。我现在指导一个博士生来研究江苏赋。其实,江苏赋分两个部分,一个是江苏人作的赋,一个是写江苏的赋,就是以江苏为题材的赋。这个选题,就是结合对江苏文献的整理,来研究江苏的文化和文学。可以只选做后一部分,视角重点有三个层次:江苏的辞赋形象、江苏的文学形象、江苏的文化形象,逐步提升。我最近看到云南编印的一本《云南历代文选》,其中有《词赋卷》一册,序中说云南辞赋有几百篇作品,当然没有全部选录,但也颇为可观。云南的文献量、辞赋量,比起江苏算少的,江苏辞赋的数量,恐怕要以成千上万来计算,甚至还不止,不止够做一篇博士论文了。

王:对啊。

程:我现在有意识地指导一些硕博生去研究江苏文化文献方面的题目。这样,一来材料顺手,取阅方便;二来可以搭手帮忙,参与一些江苏文脉工程的事。这是地方性的题目,如何贯彻全国性乃至全球性的视角,要好好思考。一个大型文献整理成果出来之后，往往会催生一些新的研究领域、一批新的研究课题。整理江苏文献，研究江苏，怎么样从江苏性里发现中国性，从中国性中体认世界性？就是说，怎么样从江苏的文化典籍、江苏的文化现象里发掘出一些议题，是具有全国性甚至全球性意义和价值的议题？江苏文化的发展有自身的特点。明代苏州的文风近于南京，而远于北京，尽管都是在一个皇帝统治下，有时简直就像两个世界。史学界讲明代江南资本主义的萌芽，也有人质疑。从文化学术的角度，该怎么理解、表述这个现象？大家都说有东南学术，有没有"江南学术共同体""江苏学术共同体""苏南学术共同体"？可以说"南京学术共同体"吗？今天苏南经济的发展有自己的成功模式，苏南文化在明清的时候已经跃居全国前列了，古今之间，文化和经济之间，有怎么样的联系？江苏经济文化有自己的特点，江苏的文化土壤也跟其他地方不同。

王：不一样啊。

程：不一样。像这样一些题目，相关的思考，也许相关文献整理出来以后，就都可以着手做了。我原先想过环太湖流域，所谓"环太湖"，其实就是江南的核心地带，"环太湖"一半江苏，一半浙江，这个区域代表了江浙文化的联通，有一些共通性。我们也可以做做江浙的比较。历史文献整理得好，这一方面的讨论就好展开。文献可以展现文化的形象，如果没有好的文化形象，即使经济再发达，也只能给人土豪的感觉。

王：所以，文献整理工作结束后，可能在文化研究上，对地方文化研究会有一个大的推动。

程：我觉得会出来一个新的高潮。

王：其实从宋元以来，南北方文化已经就不一样。而且，古代的学者跟今天不一样啊，他们爱玩儿。除了他们必备的琴棋书画之外，他们还玩碑帖、玩书啊。像黄丕烈，我记得他题跋中讲，他所有的藏书专门有一个装订工，他装得就是比别人好。

程：我感觉，现在有些人也开始玩了。要玩得好，玩出水平，就要有文化。像王世襄先生那样的玩家，他的学问，好多是玩出来的。我们的下一代，经济基础、文化基础比我们好，家庭也有这个能力，从小让小孩儿跟着兴趣玩，凭着兴趣学，就可能培养出真正好的人才。不像我们这一代人先天不足。我到中学才学英语，基础太薄了。听说当年周一良先生，从小在家中就见过宋版书，老师在课堂上讲宋版什么样的，实际上老师都没见过。他小时候，家里请了日本人来教日语，美国人教英语，然后上燕京大学，去哈佛留学，这样的背景、这样的基础，就要出大家。

王：他爹就是周暹先生，当年为了拿到宋版余仁仲本的《礼记注》，把家里的一百多部明版书卖掉，换回了这一部宋版书。现在那一百多部明版书要卖，得卖多少钱？人家有钱。

程：这样的人，中国不要太多了，来个十个八个，中国大师就有了。陈寅恪也是这样的，那是几代文化积累起来的。

王：对，那个一般人玩不起。

十五、哈佛访学

王：您研究的方向多，除了前面讲的，您还关注国际汉学？

程：是这样，那时候，哈佛燕京学社每年要到中国大陆若干所高校中选拔访问学者，每年有七八个名额吧。南大也在其中，有资格向他们推荐候选人，哈佛派人来面试，决定录取与否。一般情况下，校内申请者要排队，还没排到我。但是呢，记不清是1993年还是1994年，我去考了个WSK，也叫EPT，就是出国外语考试，得了一个很高的分数。成绩单寄到学校，然后，人事处就找我说："程老师，我们给你一个去日本的名额好不好？"我一外学的是英语，二外学过日语，也已翻译过几万字的日语汉学论文，但比英语还是要差，尤其是口语不行。我就说，我还是想去美国，你能不能让我申请哈佛燕京呢？他说："哈佛来人甄选，是要选拔的，决定权在人家。日本这个是教育部下来的名额，是稳拿的。"我还是比较想去美国看看，就回绝了日本这个机会。也是所谓一念之差吧。后来，人事处就同意我申请哈佛燕京项目。大概是1994年冬天吧，当时的哈佛燕京学社主任韩南先生来面试。韩南先生先看过我的材料，就是每个人填的申请表，已经了解我的专业背景，就问我去美国想干什么，想跟哪个同行联系，要做什么样的项目，等等，就是用英语闲聊，测试我的英文水平。来中国面试访问学者候选人，其实是辛苦活。我们南大校内先作了筛选，只推荐了三个，另外有个学校不负责任，一口气来了十几个候选人，把韩南累得够呛。那一年有两个项目，一个叫 visiting scholar，就是高级访问学者，另一个是"visiting fellow"，是普通访问学者。最后，南大被取中两个，两个项目各一名，我是高级访问学者。

韩南先生是个纯粹的学者，非常绅士，从来都是西装革履，学问好，人也非常好。我告诉他，我读过他的论著，读得相当认真，他书中涉及一个明代人物，生平年代有些小问题，我给指出来了，他很高兴。这样用英语对谈，差不多一个小时。1995 年 4 月，遴选结果出来，我被选上了！这样就去哈佛访学一年。作为燕京学社主任的韩南先生致欢迎辞，老先生很幽默："你们来了，哈佛燕京表示欢迎。哈佛燕京对你们没有任何要求，你们可以在哈佛睡一年觉，照样可以得到资助。"这当然是开玩笑，不过，必须说，哈佛燕京给访问学者的待遇是很好的，尤其是相对 1990 年代中国教师的工资水平来说。

王：很优厚啦！

程：说没有任何要求，是开玩笑，其实也有要求。我们这届访问学者，来自韩国、日本、越南、中国台湾、中国香港和中国大陆，加起来大概十四五个吧。每周有一次 coffee meeting，就在哈佛燕京一楼的 common room 里，大家一起喝喝咖啡，聊聊天。一开始好像是瞎聊，没有什么集中的主题，后来，大家商量改进，各自就自己的研究领域，介绍一些自己的工作，也算是跨学科的交流。

我们的研究室就在旁边，哈佛燕京图书馆也在同一层，看书很方便。我沿着书架巡看我感兴趣的书目，还发现了一本林昌彝的稿本。研究室配了台式电脑，我是到了哈佛之后，才开始学习使用电邮的，不过，国内朋友那时大多数都没有电邮，所以，跟国内联系，还是非常老旧的写信或者打国际长途电话，现在回想起来，恍如隔世。哈佛东亚系也在这栋楼里，约教授们聊天也很方便。除了这个聚会，哈佛来来往往有很多学者，经常可以见到；有很多学术报告会，都可以去听。哈佛燕京学社还会组织一些活动，参观周边的历史遗迹等，每年还有一次传统的龙虾会，吃波士顿当地有名的大龙虾。访学临结束的时候，还得到一个机会，被美中关系全国委员会资助的一个项目选中，参加一次为期两周的美东旅行，考察美国社会的方方面面。从美国国务院、新闻总署、美国之音、西点军校，到费城的慈善社团、纽约州的农户、纽约的百老汇，走了好多地方，有人组织，有人领队，我们就跟着跑，眼睛看，耳朵听，对美国社会增加了好多感受和理解。

十六、翻译《迷楼》

王：为什么要翻译哈佛大学宇文所安教授的名著《迷楼》？

程：在哈佛的时候，跟宇文所安已经熟了，但没有想过要翻译这本书。他最有名的唐诗研究，包括其中的《初唐诗》已经翻译过来了，《盛唐诗》也已经翻译过来了，都是现在在澳门大学的贾晋华翻译的，那时，贾晋华在厦门大学任教。《迷楼》跟宇文所安的唐诗系列几本书很不一样，它不是纯粹的中国古典文学研究，它是比较文学研究，准确地说，是比较诗学研究。宇文所安有两个身份，一个是东亚系的教授，一个是比较文学系的教授，有一阵子还做过比较文学系的系主任。他教比较文学时，有一个"世界文学"的思路，就是从世界文学的视野来看中国文学，看中国古代诗歌。比如说，诗歌里表现欲望，有时遮遮掩掩，羞羞答答，有时欲语还休，想说又不好说，有时又故意逗露，玩一些招引、引诱的把戏，总之，非常复杂。诗与欲望这样一种主题，在中国文学里面有，在欧洲古典文学如希腊罗马文学也有，在欧洲近现代文学乃至现代拉美诗人的诗歌也有。这本书中举证的诗歌，从东到西，从古到今，从荷马史诗，到波德莱尔、马拉美、里尔克，好多。同样的一个主题，不同时代国度的诗人怎么表现？他既着眼于异，也着眼于同。

为什么书名叫《迷楼》？"迷楼"是隋炀帝盖的楼，是隋炀帝欲望的象征。宇文所安觉得，诗歌对欲望的表现是一个非常复杂

 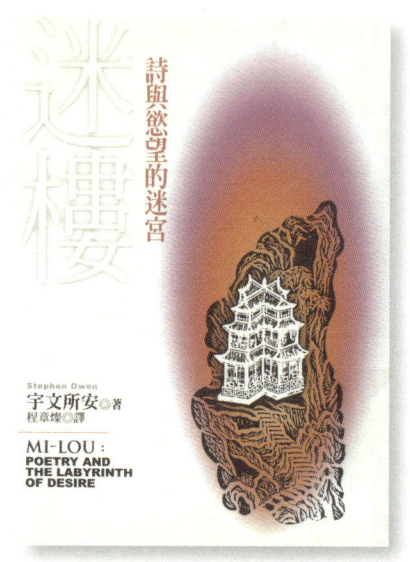

2003年三联书店出版《迷楼》　　2006年台湾联经繁体字版《迷楼》

的现象,就好比西方的迷宫,东方的迷楼,里面千门万户,曲曲折折,或通或阻,整个结构精致而繁复。他是站在世界文学的综合的视野、比较的视野,来解析这么一个命题,里面也用了很多西方新批评以来的理论框架,与《初唐诗》《盛唐诗》完全不一样。《初唐诗》《盛唐诗》相对好读一些,《迷楼》不好读。

翻译此书不是我的主动选择。是这样的,三联书店要做一套《宇文所安作品系列》。他们把《初唐诗》《盛唐诗》的版权都买过来了,也买了《追忆:中国古典文学中的往事再现》的版权。《追忆》最早是上海古籍出版社出版的,三联最初希望找到《追忆》的译者,可是,这个译者已经去美国读书去了,他们没联系上。

三联的责编打电话给高克勤，我与高克勤社长都是七九级的，有同年之雅。因为做《汉赋揽胜》的关系，我们已相熟。说到译书的事，高克勤就推荐了我。于是，三联的责编冯金红女士就打电话找我。我知道《迷楼》这本书太难，没有答应。她又连着打电话，最后还说到她也是北大毕业的，我们毕竟是校友。我经不住她的软磨，最后还是答应了，但要求时间不设限。

程先生与宇文所安在石头城合影

王：拿校友套近乎。

程：这书真的难。时间过得快，转眼就过去了五六年，直到2003年译本才出来。其间编辑来催稿，有好几次，我都想半途而废，甚至宁愿赔钱以解除合同。为什么难呢？理论是一方面，诗是另一方面。我给自己定了一个规矩：书中提及的诗，我要自己翻译，以配得上书中的解析。对诗歌翻译，我有自己的一些想法。我认为，译诗要尽量体现原诗的形式，我尽可能照顾原诗的音步、节奏、韵脚，节奏尽量跟上，押韵跟上。原诗第一句跟第三句押韵，第二句跟第四句押韵，他怎么押韵我也怎么押韵。这就自我为难了。

王：尊重原著。

程：对。有的诗，前人有过翻译的，我也不用，这是自讨苦吃。我以为，这是对本书的负责。我翻译过书中所引马拉美的一首诗《海风》，诗人梁晓明读后，写了一首《遭遇马拉美》。他说：

> 我从来没觉得马拉美好，
> 但是今晚／马拉美把我击倒！
> 《迷楼》里的海风，马拉美的海风
> 被程章灿用力吹到我的床角
> 我的床头、整个卧室、在半夜四点
> 整架瑶琴在海风中颠簸
> 在海风中起伏、一浪接一浪
> 从偶然到必然，从中国到法国……

《迷楼》这本书,古代文学界很多人爱读,诗歌界也有很多人爱读。诗人的赞赏,让我感到译诗中的苦没有白吃!这本书为什么翻得很慢?我坐在那儿一整天,有时候一首诗还搞不定,不停查书,琢磨、修改,翻来倒去,真不容易。好不容易译完全稿,我交给宇文所安。他请田晓菲和王宇根校阅了一遍,论起来,两位是我北大的学妹和学弟,所以,《迷楼》处处留有北大人的痕迹。翻译这本书,我真是费了不少劲,不过,经过这一番磨炼,后来再读别的书,有时候居然感觉如履平地,甚是愉快。

王:就觉得很通畅啦。

程:《迷楼》不好读。宇文所安自己也说:"在我的著作中,《迷楼》这本书是最难读的,而且,这本书预设不是给中国读者读的。"所以,语言只是一个方面,他并没有很多逻辑严密的繁复长句,但它有很多西方文学和文化的知识,他预设读者都懂得,都有相关的知识储备。总之,我自己感觉这比他的另外一些书难读。译完这本书后,我跟冯金红说,以后再也不干翻译的事了。

十七、翻译《神女》《朱雀》

王：后来不是又翻译了薛爱华的《神女》和《朱雀》吗？

程：对啊，话是这么说过。没想到，才过三四年，我就"好了伤疤忘了疼"。2006 年，我在美国待了一年，在西雅图华盛顿大学。我的想法是，十年前在美国东部待过，这次要体验一下西部，就跟康达维（David Knechtges）教授联系，在华大研修一年。这一年里也到处跑，跑了十几所美加名校，东部西部中部都跑，接触了不少汉学家，做了好多场演讲。不过，大部分时间还是自己看书。薛爱华（Edward H.Schafer）的书，我老早就喜欢看。最早，

1996 年在西雅图华盛顿大学与康达维、
鲍则岳教授合影

中国社会科学出版社出版过他的《唐代的外来文明》,译者吴玉贵是中国社科院的,唐史专家,专门研究过唐代的中外关系史。吴玉贵翻译得蛮好,有学术性。我在西雅图把能找到的薛爱华的书都找来看了,越看越喜欢。

回国后到北京,就跟冯金红说,你们三联应该把他的书全部引进,出一套"薛爱华作品系列"。这几年译介海外汉学的书,往往卖得不错,宇文所安的《迷楼》就卖得很好,第一版五千册三个月就卖完了,加印五千册,三个月又卖完了,一年之内,卖到两万册,算得上学术书里的畅销书。三联对薛爱华没有那么大把握,想试试看,先买了两本书的版权,一本是《朱雀:唐代的南方意象》,一本是《神女:唐代文学中的龙女和雨女》。大家一看书名,就大概知道这是很有意思的论题。我一开始只答应翻译《神女》,这书比较薄,工作量不大。等我翻完了,编辑说,原先《朱雀》的译者撂挑子不干了,希望我把《朱雀》也承担起来。我就找来我的学生叶蕾蕾,她是南师英语系本科和硕士毕业,跟我在读博士。两人一人一半,把《朱雀》也译出来了。这两本果然也卖得很好,也是半年之内就重印。《朱雀》还评上当年的

2014年三联书店出版《朱雀》

三联年度好书。

王：翻译的时候书名也起得很好啊。

程：书名是薛爱华起的，原本就好。薛爱华最擅长起书名，既有文采，又有历史形象，能吸引人。

王：看了这个书名，可能中国人，都想买书来看，想从书名上看到他想看的东西。

程：我个人觉得，《朱雀》和《神女》都比《迷楼》好看，《迷楼》理论性比较强，有较多后现代主义的理论观念。

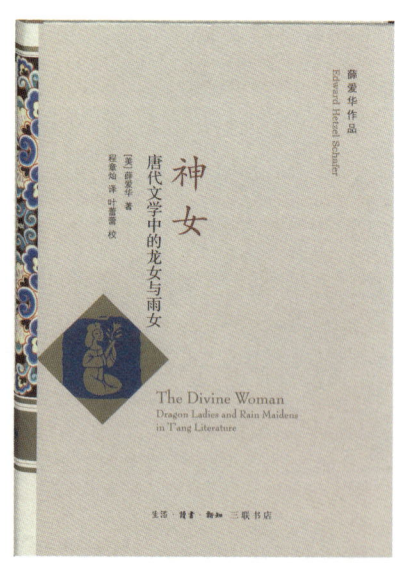

2014年三联书店出版《神女》

王：《神女》《朱雀》翻得顺畅多了？

程：对，《神女》比《朱雀》还要顺畅。只要我有时间，坐下来，就可以顺利地往下译。

王：翻译在高校的评价体系当中和我们所从事的古籍整理的待遇大差不差，不算科研成果。

程：是啊，这很让我伤心，也感到无奈。申报江苏省社科奖，都不知道往哪个学科报。外国文学学科里的翻译，人家看中的是文学作品的翻译，我翻译的这些又不是文学作品，而是学术著作。就研究来说，属于古代文史研究，但又不能在文史相关学科申报。我费了多少工夫，每一条脚注文献我都核对过，还加了译者注，弄出厚厚一大本，什么绩效也没有，纯粹是为他人作嫁衣裳。

王：在人家脑子里面，那是人家的东西，你不就翻了翻嘛。

程：不过，为我崇敬的薛爱华老先生做了一些事，我还是蛮高兴的！再说，我做这件事，本来也不是为了获奖，更不是为什么绩效。关键是做这件事，我自己挺有收获，不仅是用上了所学的外语，也认真精读了几部原典，思维框架和研究思路上也受了些潜移默化的影响。译者和原作者之间的关系，我感觉有些像是师友的关系，亦师亦友，翻译就是转益多师的过程，译者能够从中受益。我现在有一些论文的写法、考虑问题的思路，有时也受到国外汉学的影响。

十八、阿瑟·魏理（Arthur Waley）研究

王：那你后来又专门研究阿瑟·魏理（Arthur Waley），是不是也在这之后？

程：那倒不是，是在这之前。我前天去看周（勋初）先生，周先生叫我把国际汉学方面的论文收集整理，编成论文集出版。我想，我在这一方面的论文，起码可以编两本。一本讲其他汉学家和其他汉学问题，因为我也摸索过好多国外汉学的材料，包括海外汉学翻译的问题、早期汉学史的问题，等等；另一本就是专门关于 Arthur Waley。

对魏理感兴趣，可以追溯到1995年。那年8月我到哈佛，就钻到哈佛燕京图书馆里看书。我这个人到一个新的地方，第一件事是找图书馆。图书馆里有那么多看不完的书，尤其在美国，有好多我没看过、没听说过的书，我穿行于书架中，一架一架看，好了解一个梗概。魏理去世之后，他的学生跟他的私淑弟子一起，编了一本缅怀追思的文集，英文书名是 Madly Singing in the Mountains，翻译成汉语，就是《狂歌在山前》，书名出自魏理翻译的一句白居易的诗句。我很喜欢这本书，通过这本书，我了解到魏理的传奇身世、学术成就以及翻译特点。书里的文章，很多出自魏理的后学之手，这些人多半是他的粉丝，写的文章很感性的。所以，有一次我跟韩南先生聊天谈到这本书，韩南就说，我知道这本书，它写得太"sentimental"，言下之意，此书的学术性

不够强。可是，我喜欢的就是它的感性的写法。那一年的圣诞节，我是在华盛顿度过的，途中只带了这么一本书。从这本书开始，我着手搜集魏理的材料。他翻译的书，写作的书，哈佛燕京图书馆里基本上都有，他著译的书目，那时候我就基本上找齐了。不过，当时还没有想到要做一个课题。

2000年我申请去牛津大学访学，就设计了这样一个课题。这次去牛津，拿的是英国学术院（British Academy）的 K.C.Wong（王宽诚）基金。英国学术院这个项目，需要在英国找一位 host professor，就是联系导师。最合适的是霍克思（David Hawkes），可惜他那时早已退休了。我就联系杜德桥（Glen Dudbridge）教授，那时他在牛津任教，是牛津中国学术研究所（Institute of Chinese Studies）的所长。其实，Arthur Waley 是剑桥毕业的，我更应该去剑桥，但是剑桥我没有认识的人。杜德桥我也不认识，从社科院考古所赵超那里要到他的联系方式，并请赵超帮我作了一下介绍。赵超跟我是石刻研究的同行，他跟杜德桥合作研究过。之后，我跟杜德桥电邮联系，讲我的研究计划（Arthur Waley and 20th century British Sinology），并寄去我的研究计划的电子本，他看了之后，提了一些意见和建议，我再作修改。这样往复交流了很多次，他才表示可以做我的 host professor。到达牛津后，我们见面时，他才告诉我，前面往复几次的修改讨论，也是为了测试我的英文水准，我通过了他的测试，他才答应为我的申请背书。杜德桥教授是个十分严谨的学者，让我伤心的是，他和霍克思教授今天都不在人世了。在魏理研究方面，他们俩都给了我很多帮助。我永远不会忘记。

2001 年寻访魏理故居

我才到牛津，杜德桥就拿来一张《泰晤士报》的复印件，那上面有 Arthur Waley 的妻子 Alison Grant 去世的讣告，这个老太太活到 102 岁，差不多与 20 世纪相始终，真可以称得上是"世纪老太太"。原来，在我抵达牛津前不久，老太太刚刚去世。本来，他们想介绍我去见见她的。她也算得上英伦文化界的名人，活得这么长，她的死在英国知识界、文化界引起了震动。杜德桥、霍克思等人都跟我谈到这个老太太的事。老太太其实是新西兰人，最早的时候，她是 Arthur Waley 的粉丝，也比魏理年轻好多岁。魏理那一代英国知识分子非常自由，圈内好多人都不结婚，只有女朋友。魏理最早的女朋友 Beryl 是个舞蹈家，跳舞的，两

2001年程先生夫妇与苏立文教授夫妇合影

个人在一起生活,虽无夫妻的名分,而有其实。Beryl 岁数比魏理大,去世也早。Alison 来到伦敦的时候,Arthur Waley 早已成名,是英国文化知识界的名流了。魏理晚年身体不好,行动不便,Alison 经常来帮忙照顾,替他开车等等。魏理去世前一个月,与 Alison 举办了一个婚礼,这个夫妻名分只持续了一个月。有人说,这婚礼是 Alison 一再 push 之下,魏理才无奈答应的。我在牛津见到苏立文(Michael Sullivan)教授,他是中国艺术史的专家,收藏甚富,这个老先生也活到快一百岁。老先生跟我说,她哪算妻子?她就是个开车的!

魏理的中文藏书,有些后来捐给了牛津大学,就放在牛津大学中国学术研究所图书馆的书库里。我在书库里转的时候,发现了这些书,书上还有他读书的一些标记,天头地头写了一些字,他写的汉字挺好玩的。这个图书馆的阅览室里,挂有一个镜框,镶着一张中国人民解放军进入北京时散发的传单,那是霍克思带回来的。我在牛津和英国各地跑,找各种相关的材料,联系上了魏理的侄子,还有几个当年在《狂歌在山前》那本书中撰稿的人,包括在剑桥任教的一位日语文学教授,她也是魏理的私淑弟子。后来,我写了几篇文章。不过,这个项目至今还没有最后完成,我希望能尽早了结此事。

  魏理的经历,跟一般汉学家太不一样了。他完全靠自学成才,他没读过研究生,连本科也不是汉学或东亚学专业,没正儿八经地受过哪个教授的指导。他在剑桥国王学院本科的专业是古典学。那时代,英国大学的制度,只有成绩最优秀者,才有可能留校。Arthur Waley 有一年眼睛害病,少参加了一场学位考试,就没机会留在剑桥教书。家里人建议他跟叔叔去做出口南美的贸易,他对这一行没有兴趣。正好大英博物馆东方图片部招人,他找老师推荐,最终得到了这个职位。为了整理这些东方的图片,他开始学日语、学汉语,全靠自学。他不太能讲,但阅读能力很好。他的汉学研究选题,也全是凭他个人的兴趣,不是那种纯学术的、经院派学究式的。他最早大量翻译中国诗歌,面向整个英语世界,很受一般读者的欢迎。他是把翻译当作写作、把学术当作文化来做的。他的书在英语读书界、在一般社会文化界的影响力很大,是一般汉学家无法比拟的。

  魏理的交游圈不得了,囊括了当时英国文化界的诸多名流。

英国伦敦最核心的文化区，是布卢姆斯伯里（Bloomsbury）区，伦敦大学、英国图书馆、博物馆、剧场等都集中在这儿。20世纪20年代到60年代，有一批文化名流，像学者罗素（Bertrand Russell）、诗人艾略特（Thomas Stearns Eliot）、意象派诗人庞德（Ezra Pound）、小说家伍尔夫（Adeline Virginia Woolf）等等，都住在这个区，他们相互往来，互相交流。Waley开始翻译了几十首中国古诗，自费印制，赠送给这个圈内的友人，有人大声叫好，也有人怀疑它的市场前景。这个赠书名单，写在一个笔记本上。后来，我到美国新泽西州立大学，这个学校的英文名叫Rutgers University，在新泽西州New Brunswick。这个学校图书馆档案中，收藏有Waley的档案。原来，这个图书馆有个馆员，是Waley的粉丝。Waley去世以后，他就把Waley家处理掉的一些东西，全弄到美国来了，包括Waley生前用过的这个笔记本。我根据笔记本上的这份名单，写了一篇文章，考证魏理的交游，他跟英国文化知识界的关系。关于魏理，我大概写了十篇论文，还有几篇没写出来。

王：您研究魏理，要达到什么目的呢？

程：我希望通过魏理的研究要达到什么目的呢？或者说，我们研究一个海外汉学家要怎么研究？研究海外汉学的目的何在？研究海外汉学，不是跟在人家后面叫好，不是学矮子观场，别人说好，我们就也说好。要真正钻进去，真正把握某个汉学名家的学术风格、学术长处。他可能也有疏失、短板，那么，重点是学他的长处，避免他的短处，不再犯他犯过的那些错误。现在很多人研究海外汉学。海外汉学研究最简单的做法就是盯住一个海外学者，一般应该是有成就、有个性的名家，做这个学者的研究。英国的汉学家中，像魏理、李约瑟（Joseph T. M. Needham）以及再早的理雅各（James Legge）、翟理斯（H.A.Giles）、威妥玛（Wade Thomas）等，都值得研究。这些学者本身就比较丰富，要注意把学者跟他所处的时代，跟他所在的学术界、文化界联系起来，不能够只看他的几本书、几篇论文就完事了，那样会流于平浅。在研究海外汉学的过程中，会涉及不同的专业领域，自己一定要对相关领域有所钻研，才能真正弄懂研究对象的学问。自己不懂的话，人家说三就是三，人家说四就是四，那就无从辨别，难以判断。做海外汉学研究，其实是做学术史的研究，它本身就是学术史的一部分。对我个人来说，学术史的研究也是一种观摩学习，转益多师，从别人身上学到一些本事。

十九、霍克思和杜德桥

王：您去牛津也比较早，在牛津访学，印象最深的是什么？

程：有很多难忘的记忆。除了与几个同伴漫游英格兰、苏格兰之外，最难忘的还是那些宁静的读书日子，还有那些日子接触到的几位汉学名家。作为牛津大学的访问学者，我必须作一场专题演讲，主题就是魏理。那一天，霍克思、苏立文、杜德桥都来了。讲座结束，他们又跟我聊了好些有关魏理的往事。

其实，我到牛津不久，就见到了霍克思。我读博士的时候，就翻译过他的《神女之探寻》(The Quest of the Goddess)，久仰大名，见了面，却是一个极为平凡、朴素的英国老头，完全看不出来，眼前就是那位饱读诗书的大学者。老先生翻译过《红楼梦》，翻译过《楚辞》，当时正在翻译武侠小说，文笔好得不得了，学问也好。他还是真真切切的魏理的私淑弟子。魏理身后的一些遗文，就是他整理发表的。

我跟霍克思老先生相处的时间不长，他到中国学术研究所来过几次，一起吃过几次饭，我也到他家去过几次。我心里对他老人家极其钦敬。2009年秋天，我去台湾客座，刚到"中央大学"，忙着安顿，忙着适应新的环境，就得到霍克思老先生去世的噩耗，十分伤心。在牛津的时候，他给我写过信，有用英文的，也有用中文的。老先生汉字写得真好。最近微信有篇文章在传，是说荷兰汉学家高罗佩（Robert Hans van Gulik）汉字写得好。我觉得，霍克思的汉字写得更好，以中国人的标准来衡量，也是很好的。我曾经问过老先生，您这个字跟谁学的？您练过毛笔书法？他说没练过，就是当年北大听课，看俞平伯先生等老师们写字，他就这么学会了。

王：那他是学的名家啊。

程：他的字真写得好，不得了！前些年香港出版了他的《〈红楼梦〉英译笔记》，里面保存有很多他的笔迹。这是他翻译《红楼梦》的时候做的笔记，完全手写。《红楼梦》写到某次宴会，大家怎么坐，排座次，他就画了个席位图，谁坐在谁旁边，把当时宴集

2001 年在牛津与霍克思合影

的场景都画出来了。好多诗翻译的译稿，一边抄汉语原文，一边是英文译稿，汉字写得真漂亮。我曾在我的新浪博客上贴过图。他翻译的《红楼梦》，早已成为经典。这部《〈红楼梦〉英译笔记》，也是宝贵的文献。我希望有一段清静的时间，让我好好整理思绪，给这些老先生一个人写一篇文章，写出我心中对他们的怀念。

王：还有杜德桥呢？

程：杜德桥在剑桥教过，也在牛津教过。他对我说，他更喜欢牛津一点。在欧美汉学家中，杜德桥的学风比较特别，相当有

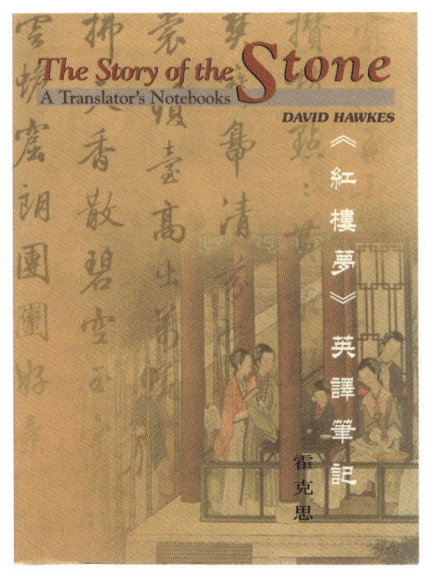

《〈红楼梦〉英译笔记》

个性。他对文献源流、文本构成方面的问题特别看重。杜德桥去世之后,我叫学生把我前几年写的一篇文章翻出来,分成几段,在微信上发表了。后来,北外的张西平教授,他现在主持北外的海外汉学研究中心,说这个文章很好,杜德桥是他们中心的《国际汉学》杂志的编委,希望我把文章给他们发表。我说不行,这篇文章是发表过了的,是在《世界汉学》上发的,不能再发在《国际汉学》上。其实,这篇文章只是围绕着杜德桥的一篇文章,谈他的一种研究方法,当然顺带也谈到杜德桥的其他书跟其他的方法。杜德桥的学术路子,在欧美是很独特的。以后有时间,再写文章细说吧。

2001 年在牛津与杜德桥合影

王：您对六朝文学、石刻、国际汉学三大研究领域，如何规划？

程：我希望在每一个涉及的领域，能够写三本书，尽量用不同的写法。对一个领域，要有一定持久的注意力，才可能出一点成果。

王：就是能够通过这三本书呈现你的学术成果。

程：从不同角度、侧面来呈现，不能照一个样子重复着做下去。但是这样精力容易分散，精力分散了，就不容易出成果。

二十、国际汉学研究

王：您刚才讲了国际汉学的研究，我们现在年轻的学生，有些人可能关注，有些人可能关注得还不够。从您的经验来给他们讲一讲，作为年轻人应当怎么样关注国际汉学的研究，或者怎么做才能从中学到一些自己需要的知识。

程：我刚才谈到了一些。现在年轻人要了解国际汉学方面的情况，比我们那个时代方便得太多，现在国外的研究资讯，很容易就到我们眼前来了，有的简直是不请自来。1983年我开始读硕士，做硕士论文，刘克庄研究的论文，不要说国外，连台湾的一些相关论文都不好查。南大图书馆有个港台阅览室，偶尔会找到一两种台湾的书、几种台湾的杂志，很不完整。到1980年代中后期，我做博士论文阶段，要找一篇国外的研究论著，也不容易，得拜托国外的朋友。我们就去找程千帆先生，程先生就拜托周策纵先生、叶嘉莹先生等人，从美加给我们印一些论文，再千山万水地邮寄回来，很是周折。所以，弄一篇论文，要等上两三个月时间，是常有的事。总之，信息沟通渠道不畅。

我考上硕士，英语就免修了，不用去上课。程先生就给我一篇英文论文，说你既然没事，就拿这篇文章去读。那是刘若愚教授写的一篇论文，收在一本书中，讲词体的文体特质，跟诗有什么不一样，跟曲有什么不一样。我就拿去看了，试着翻译。1987年我师兄莫砺锋去美国，程先生对他说："你好好去看看，美国人是怎么研究我们中国文学的?"那时候,国内学界正流行"新三论",就是控制论、系统论、信息论等,莫砺锋回来说,其实美国研究中国文学的,并不那么热衷这三论。程先生就建议莫砺锋来主编一本英美学者的中国诗歌论文集,这就是后来在上海古籍出版社出版的《神女之探寻》。我和伯伟、曹虹、宏生等人都参与翻译。现在回想起来,程先生的眼光还是很超前的,他在1980年代就要我们注意海外汉学,他也很早跟美国、日本的汉学家们交流,他请加拿大的叶嘉莹先生、法国的侯思孟先生、美国的周策纵先生、日本的清水茂先生等人来南大讲学。他总说:"你们英语要学好,学得怎么好都不过分,将来希望你们能够走出去,用外语给

2001年凯旋门前留念

外国人讲讲中国的学问和文化。"

我们那时候看国外的研究文献,不管是书,还是论文,往往要滞后好几年。现在有了网络,有了电子数据库,国内国外几乎没有多少时间差。国外出的书,网上就能买得到,论文的话,从电子数据库中看得到,还能下载。海外过期的旧刊上的学术论文,也基本上都能找得到。国外图书馆珍藏的文献,好些公布了目录,还有不少已影印出版。总之,材料获得容易多了。比如说,美国的一个学术数据库JSTOR,南大买了,很好用。2006年的时候,南大还没有这个数据库,我坐在西雅图华盛顿大学图书馆里,干了一件傻事,就是花时间找那些我需要的论文,将它们下载存在自己电脑的硬盘上。现在随便可以查,随时可以看,可以下载,完全没有必要像我当年那样浪费时间了。现在网上分享的数据太多,不要说外面的论文,就是国外的书,好多网上也能找到,还有各种数据库。这么多信息涌到眼前,外语不学好,这些信息就等于不存在。

所以,我要重复程先生当年说过的,做中国文史研究的人,学好外语也很重要。谁说外语学了对我们没用?说没用,那是没学好,学好了就有用。学得越好,用处越大。外语学习,就是开阔视野,开拓思维。尽管中国的书已经读不胜读,作为21世纪的一个学者,还是要看外国的书,不止是本专业外国同行的书,也要看相关领域、跨专业的国外的书。最好能看一点外文的书,翻译本跟原著还是有所不同的,文字表达和思路呈现上面会有差别,光是从语言文字的表达中,也能获得启发。说得简单一些,不管做什么专业,研究什么专题,都有国外的同行,总不能不关心同行的研究吧。所以,研究中国文史,任何专业的人都应该注意海外汉学。当然，有些专业海外成果可能多一些，有些专业可能少一些。

就文献专业来说，这些年我们在做中国古代文献文化史研究的过程中，对这一点也深有体会。中国古代文献文化史研究的基本思路，是在国外的书史研究、印刷文化、阅读文化等相关研究领域基础之上融化、扩展而来的。我们的另一个学术基础是中国传统的古典文献学。所谓"文献文化史"，比书史范围更大，它也包括石刻文献等在内。书史研究的思路，可以延伸到石刻文献研究里来。物质文化研究的思路，也可以借鉴于文献文化史研究之中。从书之路，可以延伸到石刻之路、拓本之路，由书的社会文化史思路，可以思考石刻的各种社会功能，从版刻研究到刻工和拓工的研究，不同领域之间的研究，是密切相通的。

欧美的一些研究思路，源自西方的人文学术传统，基于他们所面临的问题，所面对的对象，所处理的文献。有一些与我们类似，有一些则颇有不同。西方的书史，有与中国书史相同的，更有不同的。西方也有石刻，但说到石刻文献，中国石刻文献与西方的差异更加明显。将国外相关的研究思路应用到中国研究上来，有时候需要因地制宜，做一些调整。有时候，他们有了很好的观念、思路，但在使用中国文献的时候，不完整，不精确，也会产生一些问题。就拿薛爱华来说，他有多学科交叉的灵活而开阔的视野，也注意从各种中国文献中挖掘材料，但仍然有所遗漏，有些误读。当然，这都是美玉之瑕。我们如果掌握了国外的一些理论观念和思考角度，再结合对文献史料的熟读，发挥我们的长处，就可能比他们做得更好。我的意思是说，要借鉴别人的优势，再发挥自家的优势，知己知彼，就能够百战不殆了。

二十一、研究生指导

王：您带了很多的研究生，请您谈谈怎样指导硕博士尤其是博士研究生？

程：这个就比较难讲了。我很惭愧，到现在为止，我带的博士比我的老师程先生带的都多，程先生总共才培养了十个博士。

王：在他那个辈分就不少了。

程：程先生带的硕士生，有三届，总共九个：莫砺锋那届三个：徐有富、莫砺锋、张三夕；张宏生那届本来有两个，其中一个被退学，就只剩下一个；我这届五个：严杰、张辉、李立朴、景凯旋和我。程先生带的博士生有十个：莫砺锋、张宏生、曹虹、蒋寅、张伯伟、巩本栋、陈书录、姚继舜、曾广开，加上我，正好十个。我没细算我带过的硕、博士生，但可以肯定，已经毕业的，肯定超过二十个了。

王：就是毕业的有二十个了？
程：毕业的已经超过二十个了。

王：您带了这么多的学生，肯定有很好的经验。
程：谈不上什么经验。我带硕士的时候，一般会了解学生的本科毕业论文做什么，主要是了解他对什么感兴趣，然后，尽量

1986年南大古代文学专业硕士毕业生与诸导师合影

照顾他原来的兴趣,顺着兴趣来引导。我认为,兴趣最重要,有了兴趣,就有主观能动性,干活非但不累,甚至还可以成为享受。对于博士,我就比较注意他硕士阶段做过的题目,除了关注他做什么,还关注他怎么做,了解他在哪些方面打了基础,在这个基础上发挥他的长处。这样在寻找方向、设计题目时,就心中有数。当然,也有学生完全跳出原来的范围,重新选择新领域,设计新题目,也有学生某一方面强一些,另一方面弱一些,我会要求他们尽量补短。程先生要求学生将文献学和文艺学相结合,最好二者并重,我也觉得最好是全面发展,但人各有才性,也要考虑发挥其才性之所长。

我在别的地方说过，我们当年硕士入学的时候，程先生布置的第一份作业，就是每人交三篇自传，外文一篇，文言文一篇，白话文一篇。照我个人的理解，老师这是在提醒我们，要掌握好外文、文言文和白话文，一个也不能少，文字表达对文科学生特别重要。另一方面，通过自传，不仅可以了解他的语文水准，对他的经历、个性等也可以有所了解。我现在招收的博士生入门第一份作业，也是这样三篇自传。

读书研究，兴趣最重要，主动性最重要。到了研究生阶段了，学习的主动性和自觉性很重要。俗话说，师傅领进门，修行在个人。研究生主要是自己修行，老师只是引导一个方向，起一些辅助作用。我现在花很多时间看学生的论文，课程论文、硕士论文、博士论文，甚至已经毕业的学生写的文章。不是看个印象，而是逐字逐句看过来，看到句子表述不顺的，顺手就改，习惯了，所以就费时间。有一年，某个学生毕业，论文修改时间很紧，太匆忙了，我在上面批注的一句大意是"某个地方最好补某方面的几个例子"之类的话没被删掉，被答辩委员们看到了，他们开玩笑说："这下知道程老师怎么指导学生的了。"文章看完之后，除了字句，我还会对材料、观点、框架什么的，提一些修改意见。

学生选题很关键。这几年博士生考试，多了一个研究计划自我陈述的环节。博士生面试的时候，我也会问考生，硕士论文题目是自己找的还是老师帮助确定的。这跟论文水平高下没有关系。不过，学生最好能有自己找题目的能力，或者，至少要明白自己的兴趣和方向，减少一些被动性、盲目性。老师过多介入，越俎代庖，会影响学生主观能动性的发挥。如果是自己找的题目，哪怕自己找一个大致的范围和方向,其中多少也有一些可以激发自我兴趣的点,以此为支点,就可以撬动学问的地球。

没有谁生下来写文章就高妙无比,都是写出来的。书要一本一本地读,"积学以储宝",慢慢地,就长起学问来了。文章要一篇一篇地写,积累写作的感觉和经验。我有两位直博生,入学前两年算硕士,第三年起算博士,从硕士到博士,跨上一级新台阶,学校对她们没有写论文的要求。我觉得,没有写过硕士论文就直接写博士论文,这很玄乎。写过一篇五六万字论文的人,跟没写过的人,是不一样的。怎么不一样,心知肚明,可以意会,难以言传。这是一种经历,经历是经验的基础,没有经历,就谈不上经验,恐怕更谈不上灵感。人文学科讲究积累,积累是长期的、逐步的过程,不要指望跳跃。我要求这两个直博生在入学第二年底,交上一篇至少六万字的论文,然后我组织一次非正规的答辩会,进行答辩。有这样一篇论文打底,我心里才踏实一些。

有的时候,材料找到了,貌似思路也有了,框架也搭好了,不写出来,也还是虚的,是空架子。不落实到文字,有时就不会知道哪个环节脱落了,哪个铆钉松动了。落到文字上,才发现有的地方扯不圆,有些环节没有接起来,那就还要打磨。怎么样把材料组织起来形成文章,怎么样把观点表述好,只有自己在过程中去摸索体会。别人谈写作方法和经验,那是基于别人的经历,老师讲的一些方法、经验,应该这样、应该那样的指点,也是老师从自己的经验出发的,有的好理解,有启发,有的就不能感同身受。所以,学生有想法,我总是鼓励他们写出来。写出来最重要,临渊羡鱼,不如退而结网。

王：所以，自己的实践是非常重要的。您刚才介绍别人谈写论文的方法，如果你没有写过，觉得看人家很好，但是当你看完，恐怕很快也就忘了。只有当你写过，再看这样文章的时候，可能对以后自己写文章会有所启发、有所调整。所以，光听可能是没有用。

程：一个是多写、多练笔，另一个是多看。我的研究生现在每两周有一个论文报告会，大家轮流拿一篇论文来报告。学生当中，每个人做的方向不一样，有的题目偏于纯文学，有的偏于纯文献，有的处于中间地带。大家坐在一起讨论，相互交流学习，有好处。

王：就是定期地要他们拿写的东西来报告。

程：轮流吧，每两周都有一个人来报告。刚才讲到写作，落实到文字，主要看文字表达能力。文字有没有表达清楚，自己说了不算，还要看别人是不是清楚了。另一方面，口头表达也很重要。文章写出来了，能不能讲出来？能不能讲清楚？这也是一个问题。有的人讲不清楚，是因为嘴笨，不善言辞，有的人讲不清楚，是因为文章里就没有写清楚。所以，我要求学生报告论文时，做成PPT来讲。做PPT有个好处，就是能够梳理文章的逻辑条理，凸显结构，讲的时候才能提纲挈领，言简意赅。我建议学生们在动笔写文章之前，先列出纲目，或者干脆先跟同学讲一遍，讲的时候顺便就相互讨论了。

听别人报告，要批评别人是容易的，但同时也要思考一下：别人为什么写成这样？这样写好在哪里？不好在哪里？换成自己，会怎么写？设身处地很重要。还要看别人的长处，有没有值得借鉴的思路。学生们做不同的题目，对我自己也是个考验。这一周讨论这个问题，下一周是完全不同的另一个题目，或者他们议完了报告的论文，又讲到自己的学位论文，总之论题不同，我要赶快把思路调整过来，就像铁轨扳道工一样，扳到新的轨道上来，跟上他们的思路，这也是个挑战。

王：您跟学生见面的机会还是很多的了，经常在一起。

程：两周一次的读书报告会是固定的。如果学生有什么事，比如读书或写文章过程中有什么问题，或者要开题，那就另外跟他们约时间，单独来谈他们的问题。I try to be always available.

二十二、程千帆先生

王：在您治学的这三十年当中，您觉得哪些先生、老师辈的，对您治学影响最大？

程：应该说，程、周两位先生对我的影响最大。程先生的影响更大一些。硕士阶段，程先生总负责，周先生、卞（孝萱）先生、郭（维森）先生、吴（翠芬）先生、吴（新雷）先生，都给我们上过课，我多少也受到他们的影响。博士阶段，程、周两位先生都是我的导师。

王：那在您的心目当中，程先生、周先生包括卞先生，他们治学的特点怎么样？

程：先说指导学生吧，我也是学着老师们的样子的。程先生是比较照顾学生的个人兴趣的。我们那时候，论文题目基本上是自己找，我的硕士论文和博士论文的题目，都是自己找的。如果你没有合适的题目，他也会给你出一个，先让你自己去找。他老说，针对不同的学生要有不同的教法，《论语》里孔夫子就是这么说的，也是这么做的。有的学生，像子路那样比较冒头的，要敲他一下，把他压回去；有的像曾皙那样坐在后头不吭声的，你就要点他，"哎，你起来说说看，大胆说，没事"。到今天，我当老师也快三十年了，确实是这样，要因材施教，这个我也是跟程先生学来的。

我最敬佩程先生的一点，是他经过"文革"，做了十九年"右派"，出来以后脑子还是活的，思想还是与时俱进的，这个太不容易了。他在1978年重新出来工作，到南大教书、带学生、做研究，做出了全新的成就。他重来南京工作之前，刚遭遇沈祖棻先生因车祸去世的惨痛打击，最早他抽时间整理沈先生的遗稿，然后才是整理自己的旧

1992年与老师程千帆先生合影

稿，写新东西。他在新时期思考的东西，都是新的。可以看《古诗考索》，这本书分两个部分，一半是新的，一半是旧的。也可以看《被开拓的诗世界》那本书，论文思路都是新的。他善于用比较的视角，他还讲到忧患意识之类，他的诗学研究很新，是新时期的诗学，反映了新时期的学术文化趋势，他的思想是跟上新时期的。他重新出来工作的时候已经六十五岁了，还能这样，真是了不起。说实话，这个岁数的人，又经过反右、"文革"的风风雨雨，能够守住学问原来的规模，整理旧稿，就很不错了。程先生还在原来规模的基础上，又拓展了，迈出了新的一大步。他主持的大项目，叫"唐宋诗歌流派研究"，这个提法也是新的。程先生晚年在南大做出大成就，就是思想上能够与时俱进。他的生命力真是顽强，百折不挠。

1992年与老师程千帆先生、师母陶芸先生合影

第二点，程先生真的是对培养学生很用心，这跟他的一个理念有关系。他被打成"右派"后，就被剥夺了工作机会，复出之后，很想抓紧时间来弥补损失，最后感到，靠一个人工作，能够弥补的终究有限，因此，他将可以用来写作研究的宝贵时间花在带学生上。程先生喜欢说，师生之间是一种缘分，要珍惜这个缘。他说晚年在南大碰到几个好学生，这就是缘分。

1983年秋天，我们那一届研究生入学，第一次见程先生，他就跟我们讲，跟他读研究生，是有三个月的试读期的。我们听了，以为他就是讲讲而已，没想到他接着很严肃地说，前面有个学生，三个月之内被退学了。原来真有这样的事！程先生对学生管得宽，要求真是很严格的。

王：怎么严格呢？

程：有个同学给程先生交一份读书报告，"行路"的"行"，我这同学写的是行书，右边直接一竖就下来了。程先生要他"拿回去重抄！"这一下，所有同学都不敢写行书，更不敢写草书，都写规规矩矩的楷书。那个时候没电脑啊，写楷书就上了规矩。程先生还说，稿子上的字写得工整端正，是对人的尊重。

学生毕业以后，程先生还要管。八十岁以后，他的精力、视力都衰退了，但是，他说："我现在最高兴的事，就是看见你们做出成果，比我自己做的东西还高兴。"我每次到他家，他桌上已有很多准备好的书、杂志，上面有哪些内容、哪些文章，甚至都作好标志，让我注意。他管这个工作叫作"二传手"。我现在也有这个习惯，有些论著跟我的学生的研究题目有关系，就赶紧转给他们看，这也是从老师那里学来的。

王：其实关于程先生的很多东西，可能除了你们师门之外，外界的人知道的并不多。

程：程先生离世，已经17年了，时间真是可怕。程先生去世前，已经处理了他的一些藏书和书画。大批书送给南大的思想家研究中心，少量书分赠门生，我手里也有几种。他家藏的书画，也一一捐出去了，画家是江西籍的，就送给江西博物馆，湖南籍的就送给湖南博物馆，等等。这些东西都是很有价值的。

王：其他不说，就看程先生和他平辈的那些人互相写的一些书信，都有价值，"程门问学"微信公众号有介绍，如他和殷孟伦先生的交往唱和诗等。

程：是啊，"孔网"上拍卖的信，价格不菲。

王：您自己经常写诗，除了自己喜欢之外，有没有程先生指导？还有你们沈师母？

程：我没有荣幸得到师母沈先生的教导。我入师门之前，沈先生就已经去世了。程先生说过，沈先生的诗词比他的好。

王：外界也有这个传言，程先生这样说，是真的还是假的？

程：我认为是真的。程先生觉得，他很对不住沈祖棻先生。因为他被打成"右派"，沈先生就受了牵连。沈先生一辈子与人为善，好好地教书，就因为程先生是"右派"，她就成了"右派"家属，跟着倒霉啦！她去世是偶然的车祸，车夫酒驾，下坡时车翻了，车上好几个人受伤，沈先生去世了。就因为是"右派分子"程千帆的家属，武大相关部门对沈祖棻先生的丧事，也不闻不问的，很伤人心。程先生认为，自己的身份遭遇，不仅连累了沈先生生前，甚至连累到她身后，特别伤心。沈先生去世后，程先生在武汉就开始冒热整理沈祖棻先生的遗著。《唐人七绝诗浅释》《宋词赏析》，都是由程先生整理出来的。书一出来，就深受读者欢迎，长销、畅销，印过好多版，现在还卖得很好啊！

王：等于他到南京来的时候是一个人。

程：对！师母陶芸先生是程先生金陵大学时代的同学。陶先生是学国际政治的,1949年以后,就一直在中学里教书,教外语。程先生来南京后,就跟陶先生结婚了,他晚年的生活多亏陶先生照顾。

王:那程先生过来,他的子女不在南京?
程:后来调过来的,他女儿程丽则调过来后,在中文系做教务员。

王:就一个孩子?
程:是,就一个女儿。

王:微信上发的,我看沈先生好像是多病吧?经常生病。
程:她的病,倒不是古代所谓才女多愁多病,她那个病是有

2001年与陶芸先生、严杰、李立朴合影

一次动手术,被庸医所误而致。沈先生生程丽则也比较晚,大概有三十好几岁了。

  1993年夏天,大约是在8月,程先生生病,住在鼓楼医院,晚饭后我去看他。我坐在床边,跟老师聊些诗词写作什么的,也聊到了沈先生。他忽然从病房什么地方拿出一册《涉江诗》,是福建人民出版社的那个老版本,送给我。这书印得早,那时早已买不到了。好像是蒋寅在北京看到某书店还有一些余书,程先生就让他买了寄来,送我的就是这次新买的。我记得老师从床上坐起来,走到桌边,拿支笔在那册《涉江诗》上题了两句:"惆怅涉江人已渺,不留老眼为君明。"这不是一般的句子,是诗句,合律的

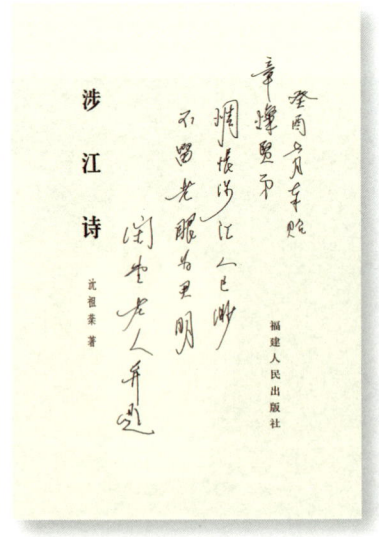

《涉江诗》

诗句。写完,他感叹一声说,你喜欢写诗写词,可惜沈祖棻不在了。她要在的话,她来教你比我好,你会得到更多的收益。我非常珍惜这两句题词,这是老师对我的鼓励和鞭策。1998年,我参加南大点房,在龙江小区阳光广场点到一套三室一厅的房子,终于有了一间书房,程先生很为我高兴,特别为我书写了一副对联:"为君刻意五七字,握手一笑三千年。"联语是前人集宋诗诗句而成,前一句中的"五七字",说的也是诗词之事。二十多年过去了,回首这段往事,感愧良多。

二十三、周勋初先生和卞孝萱先生

王：周勋初先生对您有何影响？
程：以不变应万变。

王：什么意思？
程：这是周先生说过的一句话。我读博士那一阵，正是下海潮、经商潮汹涌澎湃的时候，在那样一种状态下，要保持淡泊宁静的读书之心，实在不容易。记不清具体是在什么样的一个场合，学校在南园橱窗办了一个展览，介绍名师，还有名师对学生的寄语。我记得周先生的寄语就是"以不变应万变"。这句话真是说到我心里去了。我印象极为深刻，牢记到今天。

周先生总说，他原来在单位里是个"勤杂工"，一会儿教这个，一会儿教那个，一会儿是文学批评，一会儿是魏晋南北朝，一会儿又去注释法家著作，这就是"勤杂工"。但是，周先生对分配到头上的工作从来都是积极承担，不是消极应付，就是所谓"干一行，爱一行"，所以，他就拓展了自己的学问，涉及面非常广，同辈人中少有。我曾经写过一篇小文章，说周先生身上有魏晋风度，他可是专门研究过六朝文学的。

周先生的文章好读，条理分明，行文特别明快畅达，从不故作高深。我很喜欢，留意学过。我还从周先生的文章中学来一个什么呢？就是段落不要长。周先生的文章段落很灵活的，看起来

1992年与周勋初先生在茅山合影

很舒服,但是文章逻辑环环相扣,其实是很严密的。

王:卞先生治学有什么特点呢?

程:卞先生学问的根柢是史学。他做唐代文学,也是走史学的路子。前期的年谱,后期的《唐人小说与政治》,以史证诗,以诗证史,都是史家的路数。卞先生走得突然,谁都没料到。他八十岁那一年,我们给他祝寿,他声音宏亮,健步如飞,那精神多好!

王:当时很突然,他去世前一个月我到他家去过,那红光满面的，身体好得不得了。好像是他去世前一个月，当时他的《新编国学三十讲》，约我给他写《三礼学》，我说最好找一些老先生来写吧，我怕写不好。后来卞先生又打电话又写信，我说那就写吧。写完我就交去了。交上去那天给他打电话，提前预约好，我现在不记得是二楼还是三楼，好像楼层不高。我上去的时候他已经在楼梯那儿站着等我，大夏天穿着那个汗衫，脖子上挂着个钥匙。进家门，还在那儿聊了一个多小时。完了以后，大概过了一个多月，我就听说卞先生去世的消息。

程：走得太突然了。我到他家里，他随便拿出一个拓本、书画，都大有讲头，讲得头头道道。卞先生晚年，我安排我的两个博士生，就是罗鹭和范春义，带上录音机，到卞先生家，帮他整理口述回忆录。大约整理了靠十万字吧，还没讲完，卞先生就走了。

王：那就可惜了。

程：回忆录不完整，出版的事也就先放下来了。

王：他亲口跟我讲过说给范文澜做助手，而且范老给他讲说"板凳要坐十年冷，文章不写一句空"。这是卞先生常讲的两句话。

程：还有"天圆地方"：屁股要方，才能坐得住；脑子要圆，才能接受各种各样的信息。他接触的老辈人物很多，他可回忆的东西太多了。

二十四、程门弟子

王：程先生带的你们这一批学生，现在在学术界都很有影响力啊！您觉得你们师兄弟有这样的影响力与老师对你们哪些方面的教导有关系？

程：程先生送给学生有"八字箴言"，后来写到他的遗嘱里面去了，就是"敬业、乐群、谦虚、勤奋"，八个字，分成四组，他对每届学生都讲这八个字。最后的遗嘱里也说到这八个字，叮嘱门生要记住师门的教训，"不坠宗风"。这里面，敬业是第一位的，最基本的。不敬业，就连必须的一个工作态度都没有了。敬业，往小了说，是兢兢业业，把本职工作做好，当个好老师、好学者，往大了说，还可以弘扬中国文化呢。乐群是源自孔门的话语，首先是同学关系要处理好，一个宿舍三五个人的关系都处不好，以后参加工作，踏入社会，还怎么与人相处呢？所以，乐群很重要！不要老盯着别人看，要自我反省。谦虚好理解，程先生强调的是，现在没什么名位，也没什么学问，谦虚容易；等有了一定的名位、一定的学问，那时候还要保持谦虚，就不容易了。勤奋嘛，就是要用功，聪明人尤其要下笨工夫。我现在经常传述程先生的话，跟我的学生这么讲。

王：老先生讲得意味深长。

程：大家现在都说，南大的程千帆先生、北大的王瑶先生，最善于带学生，学生里面都出了好多人才。我想，程先生对学生一方面是因材施教，另一方面是充满爱心，用他自己的话说，叫作"扶上马，还要送一程"。就是说你们毕业了，有的升上副教授、教授了，他还要目送，目送到他生命的最后。我们好多人升上副教授、教授了，文章还给老师看过，还请老师提意见。程先生有一个理论或者说法，叫作"学业既成，师生即成朋友"，他说这是黄季刚先生说的，那么，这应该算是"章黄"之学的传统。就是说原来学业尚未完成，学生跟着老师读书；学业完成了，学生成为老师的同行、同事，那以后就是论学的朋友。因此，学生毕业之后，师生之间还有很多往来。不是对我一个人，对我们家小孩，程先生都非常关心。前几天整理书架，还找到程先生送我女儿的书。我女儿也非常喜欢程爷爷啦！我1995年到美国，陶先生正好有个外孙女，一家住在波士顿，程先生就写了一封信，介绍我是他的学生，我们两家有"通家之好"。所以，我在哈佛那一年，也得到陶先生这个外孙女的诸多照顾。

王：那在师门这么多年，以您的治学经历，师门的师兄弟之间相互有哪些启发呢？

程：我觉得师兄弟之间的主要影响，就是不断努力，你追我赶，互相都有压力，这种压力就成为彼此前进的动力。讲到压力，程先生曾经讲过："我的任务就是给你们不断地施加'友善'的压力。"什么样的压力能够叫作"友善"的压力？就是这种积极的、正面的、催人上进的压力。大家都记住程先生的话，八字箴言，尽教师的本分，尽学者的本分，虽然有了一些成果，并不裹足不

1992年程、周二先生与门下博士弟子合影

前,还是老老实实地做学问。

王:老老实实还得做。
程:还得做!哪个敢停啊?好多年前,周先生当着我们的面说过好几次,是批评有些人参加学术会议,也不交论文。我想,这话绝不止我一个人听过。我感觉,周先生恐怕是有意说给我们听的,是对我们的告诫。

王:这是很严厉的批评了。
程:周先生去广西师大参加第七届《文选》学国际学术研讨

会，已经八十岁过了，他还照样交论文。这就是学者的本分，这也是榜样。我现在参加学术会议，不敢不交论文，交不出论文，就不参加会议，怕先生骂我，也怕后生笑我。其实，南大两古学科这些年的发展，主要不是靠天时，也不是靠地利，是靠人和，靠实干。八十多岁的周先生还在做专业，还在读书、写论文、出书，我们哪敢懈怠？周围的人都忙得热火朝天的，我也不敢歇啊，真不敢歇。所以，南大的环境是一个友善竞争的环境。别说大学老师没压力，我当了这么多年教授了，还是很有压力的，这叫"友善的压力"。

王：这么多的师兄弟做一个大方向，另外呢又几乎是在同一个单位，其他的不说，你在同一个单位总会涉及利益啊、评职称啊，等等，往往就打起来了。而你们这边我觉得很好，大家很团结。且虽然是一个大方向，但是各有各的一亩三分地在做，都做得很突出、很优秀。

程：原先是每个人有自己的研究方向，然后毕业出来工作，又发展出新的方向、新的领域，各人有各人的一亩三分地。

王：就是总体来说，你们还是在唐宋方向居多吧？
程：最初比较多的是六朝、唐宋呗！

王：但是仔细一看，你们每个人现在做的都是不同的。
程：后来，各人按照自己的兴趣方向发展呗！这好比"分兵四出"。不能说程门弟子就只做中古这一段，而是分兵去占领更大的地盘。其实，程先生在世的时候，除了主持唐宋诗歌流派研究，也主持《全清词》项目，主编明清文学理论丛书等，已经进入明清文学这一领域了。我们这些人，至少本质上都是读书人吧，大家都想认认真真读书，没有太多别的想法，所以能团结共事。

二十五、《古典文献研究》

王：你们所里面的《古典文献研究》现在出到多少期了？十八还是十九？

程：十九期。

王：当时您是怎么想的，为什么要办这么一个刊物？

程：最早创刊不在我，是在程先生和周先生手里，第一辑出版是在1988年。接着是1989—1990年合刊一辑，1991—1992年合刊一辑，1993—1994年合刊一辑。这样总共出了四辑，前四辑都是由南京大学出版社出版的。那时候出版比较困难，出版经费难以筹划，书号资源也紧张，从两年编一辑来看，就可以看出其艰难。2001年的时候，我就跟周先生说，我们把这个刊物恢复起来吧。周先生表示同意，我接着就着手筹划，并转移到江苏古籍出版社出版。

王：是出于什么样的想法呢？

程：程先生跟我说过，我们这个古典文献研究所，他老觉得，应该向当年的金陵大学中国文化研究所学习。程先生做所长的时候，策划过"南京大学古典文献研究所专刊"，凡是本所同人的专著成果，均以专刊的形式发表。专著以外的论文，也需要有一个发表的平台，那就是《古典文献研究》。程先生说，金陵大学中国文化研究所就是这么做的，民国时代好多研究所其实办得很不错。

这个专业性很强的研究集刊，出版以后很受学界瞩目，海外学界对我们这个刊物的评价很好。中间由于各种困难，中断了几年，到2001年，我们又接上来了。既然办下来，无论如何要撑住，不要让它间断，就一直这样坚持下来了。前面几年，说实在话，也在不断探索调整，一个是开本在变，一个是发文的重点方向也有调整。这些年来，我们与凤凰出版社合作得不错。但是到目前为止，还只是学术集刊。现在学术界对这类学术集刊越来越认可，有不少学术集刊办得很严肃，很有个性特色，但能够坚持二三十年的也不太多。

我觉得一个学术刊物，首先要维持基本的学术水准，这一点很重要。第二个，要有自己的专业特色。像我们古典文献这样一个学科，我们能够长期坚守这个平台，又有基本学术水准以上的文章，积累到一定的年头，这个量就相当可观了。尽管我们只有点滴的贡献，但是，相信将来的学术史，一定会记住我们的。

其实，港台的一些学术单位，对我们的《古典文献研究》是很重视的。他们有个基本的看法，就是认为南京大学这样一个学校、这样的学科背景，又是由专业的研究机构主办的刊物，品质是不会差的。这是他们的判断。国内有些学校，在绩效考核的时候，也有一个规定：凡"985"高校重点学科主办的刊物，按最高级别算。《古典文献研究》受到这样的评价，我自然高兴。当然，这与我们所同人的努力是分不开的，特别是赵益兄，这几年他为集刊投注了很多精力。

到明年，《古典文献研究》就出满二十辑，也正好是创刊三十周年。我们策划编刊出版"三十周年精华集",准备分两册,一册是从本刊所发中国学者的论文中选萃精华,另一册是从外国学者的论文中选编精萃。《古典文献研究》很早就关注外国学者的文章,我自己就翻译了周策纵先生的《诗字古义考》。那篇文章很长,也很重要,是周策纵先生的代表作,就是在《古典文献研究》上刊登的。借编刊"三十周年精华集"这样一个机会,纪念过往的岁月,凸显《古典文献研究》这个集刊的存在,让大家知道,吾道不孤,一直有一批人在默默地、认真地从事古典文献的整理与研究。这一路走来,说来平平淡淡,其实也不太容易。

我们这些年在倡导中国古代文献文化的研究,一方面,这跟我目下主持的国家社科基金重大项目"中国古代文献文化史"有关。另一方面,我们也要与其他学术刊物有所区别。最初几辑刊发的文章,比较多的集中在文学文献方面,到现在,文学文献也还是我们关注的重点之一。我们重视考据,但希望是有理论思考和宏观视角的考据,我们关注书籍的印刷、阅读和传播,也关注目录、版本、校勘、辑佚,更关注目录、版本、校勘和辑佚背后的书籍文化、社会文化,也就是说,我们现在关注比较多的是文献的文化史。如果有好文章,我们不在乎字数,好的、有份量的长文章,可以发到4万字,甚至更长。如果有这样的好文章,我们愿意贡献篇幅,推出重磅力作。

我们也希望能够集中一个专题,甚至围绕某一专题,编刊一个专辑。也不一定全辑都是一个主题,只要有七八篇像样的文章,就蛮有规模的,挺好看的了。有七八篇某一专题的文章,相关领域的研究者就不太可能忽略,就会产生影响力了。当然,这么做,组稿约人就要费工夫。编辑此刊，大家都是兼职，是额外的工作，毕竟精力有限。我组织过一辑"《文选》学研究"的专号，下面再看一看，能不能多开发一些专题，编发有系统、成系列的文章。

王：有没有接下来与您研究的江苏文献结合起来做一些东西的想法？

程：我们可以考虑把江苏文献做一个专题。借助江苏文脉这个研究工程的平台，设计一个题目，多思考思考，我想设计得好一点。

王：你完全可以以江苏文献为题目，经史子集的文章都可以，只要是跟江苏文献有关的，就能跟这个"江苏文脉"工程结合起来，也好交差嘛。

程：是啊。我最近一直在想，怎么概括总结，怎么提炼议题？不一定只限在我们江苏文脉工程的文献编，最好可以把其他各编，包括书目编、史料编、精华编、方志编和研究编等，都能融汇贯通起来。江苏的学术文化，怎么概括表述，通常说的"吴韵汉风"，二者能不能协调统一起来，如果不采用"江南学术文化共同体"的说法，能不能说"江苏学术文化共同体"，或者有类似的更好的提法？这个事情迟早要做，就是要思考怎样做更好。

王：我觉得也是个好事情。这种事情如果要做，就要提前做。

程：如果开个会，或者是组织一个论坛，通过这种形式，也可以汇集一些专题研究的论文。可以从中选取一部分在《古典文献研究》上发。

王：现在这种学术论文评价体系，逼着很多的高校或者科研机构都要办一些自己的学术集刊。因为正式期刊上发的文章，比如说它著录的格式，包括它的字数的要求、风格，都有严格的限制。一般来说，超过万字的文章就很难发了。

程：字数限制，确实会影响一些大成果的发布。我们《古典文献研究》欢迎那种篇幅大、分量足的文章。现在的学术期刊，大多数文章只发一万字左右，两万字以上的文章，就比较难刊发。我给《中华文史论丛》投了一篇稿子，超过3万字，很荣幸被他们采用，而且一期全登出来，真要感谢他们。我要说的是，《古典文献研究》也非常愿意向学界同人提供这样一个刊发长篇力作的平台。

王：那就不要说4万字了，北大那个《国学研究》我看发的最长的文章有8万字、10万字，只要好文章，怕什么呢？虞万里先生主编的《经学文献研究集刊》，最长的文章也发到过10万字出头，就很快进入C刊了。

程：我曾经建议我们"中国古代文献文化史"重大项目团队的同仁们，抽一段比较完整的时间，集中精力，写一篇大文章出来。3万字，4万字的，不要写很多篇，就有一本专书的规模了，这样做项目比较有效率，项目也就比较容易完成了。

王：其实这种文章不要限制字数是最好的，您看原来《历史语言研究所集刊》最早创办的时候，有些文章很长啊，有些文章很短，只看文章的质量。

程：国外有很多好刊物，以国外汉学刊物来说，比如享誉世界的一流刊物的《通报》（Toung Pao），有的长文印出来就是一册书啊，100多页呢。我最近上博士生的课程"欧美汉学原典选读"，带学生们读一篇科罗拉多大学车淑姗（Susan Cherniack）教授的文章，"宋代的书籍文化与文本传播"（Book Culture and Textual Transmission in Sung China），洋洋洒洒，120多页，就是由《哈佛亚洲研究学刊》刊发的。我们也应该有这样一个胸怀，在众多的期刊中，办出我们自己的特色。只要有我们自己的特色，不必着急，不争一时之短长，要往长远看，多发那些在学术史上真正能站得住、有影响的文章。

王：那是。大概近十年，可能有些学术期刊发的文章不见得比这种学术集刊好。

程：有些期刊比较喜欢有宏观视野的论文，高屋建瓴，指点江山，这样覆盖面广，比较容易受到注意。我去年在《扬州大学学报》上发了一篇文章，是根据我在扬州大学"长江学者论坛"上的讲演，修改加工而成的，题目叫作《文本与视野——拓展六朝文学研究的三点思考》，就属于这类文章。结果，人大复印资料复印了，《新华文摘》摘录了，《中国社会科学文摘》也摘录了。对某一领域的研究状况进行梳理，反思研究方法和视角，这种文章也是需要的。

王：我想再过若干年还是会有一个回归。有些文章只要能真解决一个问题，投到其他那些杂志，不一定发，放在《古典文献研究》这儿来发。

程：现在很多刊物还有一大堆的套路。

王：对，也有一大堆格式的。

程：不少大学的学报就有套路，什么M、J的标注，很烦人的。现在很多名校的学报已经不用这个格式。《北大学报》《复旦学报》不用了，最近《复旦学报》第二期有我一篇文章，就没有用这个格式。《南大学报》也不用它了。

王：是，那个比较烦。但是他们叫什么，有个很好听的名字，叫"国际标准化著录体例"。

程：也许这个格式比较适合理科的论文，或者语言学的论文，我也不清楚。

王：是，所以我们古文献的学生有人在学这种格式，我说你学不像。比如哪个要标［J］［M］［N］啊，有特殊要求的，你标不好就标乱了嘛，很容易搞乱。

程：呵呵呵，很烦，我是搞不清楚的。

二十六、南大古典文献研究所

王：您是南大古典文献研究所所长，您觉得你们所的研究方向和特点跟兄弟单位相比有哪些不同？

程：我们这个所，是全国高校古委会直属所之一。1983年吧，为了推动全国古籍整理研究事业，培养这一方面的后续人才，在全国高校成立了18家古籍研究所，设立了六个古典文献学的本科专业。这18家古籍所，主旨都是古籍整理与研究，但名称不一样，有的叫"古籍整理研究所"，有的叫"中国文化史籍研究所"，我们所的正式名称，是叫"古典文献研究所"，但口头上，大家也叫我们"古籍所"。

最初建立的时候，每个所都有一个核心方向，或者叫作重点研究方向。我们所的重点和核心在唐代。那时候，程先生主持做唐宋诗派研究，周先生做《高适年谱》及《唐语林校证》，卞先生就更是唐代的专家了。有这三位老先生坐镇，唐代就确定为我们所的核心方向。所以，我博士一毕业，留所工作，接手的科研项目就是"石刻中的唐人史料研究"，就是唐代的题目。那时，严杰兄硕士毕业就留在所里，比我早，他的任务是做唐代笔记小说。另外，他和姚松兄两人，还跟周先生一起编《唐人轶事汇编》，这是所里承担的又一个唐代研究方面的项目。还有就是，曹虹做佛教文献，赵益做道教文献，武秀成做史部文献，这都是以唐代为中心的。当然，他们后来根据各自的兴趣，都发展出自己的研究方向和重点。徐雁平和张宗友是后来到所里工作的，他们现在主要在做清代，尤其是集部的文献。宗友前面做过朱彝尊《经义考》的研究，那是属于经学的。更年轻的几位博士，于溯、赵庶洋和赫兆丰三位，仍然比较集中在六朝唐代这一段。曹虹这几年的研究也集中在清代，尤其是清代的文章，清代成为我们所这些年新的学术方向和学术增长点了。总之，经史子集四部文献，我们所都有同仁在做，涉及不同的文献类型和不同的断代。我自己在石刻文献之外，开始关注书札文献以及其他类型的钞本文献。

这样或许可以说，六朝唐代和清代是我们所的研究重点，具体到每个人，又都有自己的研究方向。目前，我们所的大项目有好几个：一个是周先生为第一主编的《全唐五代诗》，这个项目明年能够完工。一个是我主持的国家社科重大项目"中国古代文献文化史"。再一个就是去年开始的"江苏文脉整理研究工程文献编"，这是周先生和我主持的。再有就是武秀成主持的《新唐书》校订和徐雁平主持的"清代家集丛刊"了。

其他各个古籍所也差不多。一方面，原先各个古籍所的核心方向都比较明确，打下了基础，至今还有影响。另一方面，慢慢的，有新人补充进来了，有新的项目增加出来了，就有了新的研究方向。比如川大古籍所，他们原来主要做宋代，现在也还在做，但又有新的方向，儒藏啊，巴蜀文献什么的。

二十七、关于写字

王：那您个人接下来还有什么大的计划要做？

程：把现在手里的项目都做完，就要好多年了。特别是江苏文脉工程的文献编，本身就是一个浩大的工程，规划要十年，到2025年才能完成。暂时不想规划大的项目。我更喜欢随性的读书，其实，我以往的读书也没有什么计划，喜欢的就看，随兴趣走。眼前的事，就够忙的了，还有一些专题论文来不及结集。说些眼前的吧，明年希望能将我主编的《乾隆江南通志》校阅好，出版了[①]。如果还有精力，就再做一本《新编世说新语》嘛。

王：那个不是已经编完了吗，中午吃饭时不是还说？

程：基本样子有了，那还要做好多微调。

王：那个东西对您来说是小菜一碟……

程：我想尽量要做得好一点。我现在老有这么一个念头，年轻的时候写的东西，不知道到老了以后，看了会不会脸红。无论怎么样，做事还是要认真慎重。

王：您现在有六朝唐宋文学这一块吧，还有石刻、国际汉

---

① 《乾隆江南通志》已于2019年11月由凤凰出版社出版。

程先生书张九龄《望月怀远》

学,还有江苏文化,那么起码是这四大块主攻方向。

程:基本上是这四块。

王:那么这四大块,按照您今天讲的,有没有可能还会开拓新的领域?以您的性格很可能要做新的东西,目前有什么计划?

程:我希望不再增加新的计划,如果实在要有的话,我希望把书法作为未来的计划,多花一些时间写字,把字练得至少像点样子。

王:那个作为业余嘛,不能一天到晚写字嘛!

程:写字也需要时间和精力,一边写字,一边看看字帖,琢磨八法，也跟碑帖石刻书札研究没有脱离关系。我以前说过，我研究石刻，是"得意忘形"，意思是说，我只关注石刻文献的意义，也就是关注内容，而不关注其字形，也就是不关注它的书法形式。我希望以后花些时间，"得意而不忘形"。

王：现在如果说在家，只要在家里面有时间，是每天都写吗？

程：也不是每天都写。从今年过旧历年开始，家里放了一张专门写字的桌子，摆好笔墨纸砚，都是现成的，只要有空，抓起笔就可以写。现在平均下来，每周总有一两次吧，每次时间不长，二三十分钟而已。吃过饭不宜就坐下来工作，多站一会儿，涂抹几笔，也有助于消食。年前，我有两个学生都要办婚事，跟我要字，我就各送了一副对联。今年开始，每个毕业的研究生，我都送他们一幅字。也给我自己增加一些写字的理由。

王：结婚当然要给嘛，论文如果评成优秀，就赐一幅字给他们，也要有个标准。

程：噢，这个可以有。我30多岁的时候，学生跟我要字，我说等40岁的时候再来跟我要哦。转眼40岁了，我说等50岁的时候再来跟我要吧。现在都50几岁了，字还没写好，不好再拖、再赖了，真是惭愧。

王：就是您那天送我那幅字，不是拍了照片嘛，我摆到一个喜欢字的朋友那儿。我说："你看我有一幅这样的字。"他问：

程先生赠送扇面

程先生挥毫

程先生书法

"能不能给我，这么好！"我说："这个不能给你。"他说："什么时候到你家来拿？"我说："拿也不给你。"像您要是在家里天天练字的话，恐怕现在不一定有时间？

程：没有时间。我有一些朋友字写得好，很让人羡慕。比如徐俊、刘石，字写得多好，我望尘莫及。又如广州华南师大的戴伟华教授，他最近到广州大学去了。我去年到广州见着他，他说每天都写，写的时间倒不一定很长，十来分钟。他的字写得好，还会画画，以前不知道他这么多才多艺。关键是那种悠然从容的生活状态，让我羡慕。

王：您现在用的墨是现成的还是自己磨的？

程：基本上是用墨汁。写小字的时候，有时也会磨墨，大字不行，大字磨起墨来太费时间啦。临帖时，那是随便写，有时也磨墨。

王：现在磨的墨没有好的墨。

程：写小字，比如说拿一张八行笺，抄抄诗，抄抄经典，比如《老子》《诗经》什么的，那个好办，不要磨太多，就够用了。写大字，比如写一副对联，字大，就要倒好多墨。那要磨起来，赶不及用，也不能手磨得太酸，那会影响写字。

王：您哪一天要集中写字，可以找学生帮忙啊。

程：在家里写，学生也帮不上忙。偶尔我请内人帮帮忙，帮我拉纸。比较长的对联，不拉直，看不见前面，会写歪。很惭愧，我也滥竽为中国书协会员，字写得太差了，难为情。

王：那个入会有严格的规定吗？

程：有条件的，现在更严了。去年还审查过，对会员重新登记啊。

王：那按照什么标准登记呢？

程：条件很多，必须要得到过国家奖，或者参加过国家展，或者发表过研究论著，诸如此类。加入中国书协有条件，加入省书协、市书协，也有条件。最近刚看到，要加入西泠印社，也要符合它的条件，比如参加过国家展，得过国家奖，发表过什么级别的论著，等等。

王：你这么多学生，结婚时都来要字。平时多写写，在那摆着，学生要嘛，你就随便签个名就是了。

程：这个字啊，还是得写，跟文章一样。我相信，"观千剑而后识器"，熟能生巧，所以，我现在得发狠，要舍得花时间。2012年，文学院整体搬迁到仙林校区，我有了自己的办公室，还在办公室摆了一张写字的桌子。我弄了两刀纸，到现在五年了，还没写完，写得太少了。

王：其实您给学生写字反而写得好，没有压力，放松嘛，放松反而就好了。

程：对。我的感觉，写字一是要多写，所谓熟能生巧，二是心态要放松，反而发挥得好。我看过山东大学殷焕先先生的一幅字，写得真是太好了。其实，殷焕先先生并不以书法名，他印过一个书法集，大概在殷先生身后吧，以书信、手稿为主，写得很随意，粗头乱服的，但是很好。我最推崇的是他在一张很随便的纸上随手写的一首七绝。那水准，简直可以比拟王羲之，漂亮，真漂亮！就那幅字，跟他平常的风格还不太一致，特别放松，所以特别好！但是呢，能达到这种境界的人不多，首先有个前提，就是你得多写，有相当的实践积累，你才有感觉，忽然间手下就有了。光说不练，眼高手低，那就不行。没办法。要把眼跟手的距离拉近一点，多攒一些手下的工夫，眼力也会好起来。

王：眼中有，手下才有。手下有，怎么又能影响眼中有呢？

程：我举个例子吧。比如谢无量先生的字，我以前没有能体会他的好。很早的时候，就买到过人民文学出版社出版的那套"中国古代文学理论批评著作丛书"，有一些书名是谢无量题的。其实，谢无量的书名很大，我自己一开始孤陋寡闻，见识不足，看不出来他的好。后来写了一阵行书，再看到一本谢无量自书诗集，老先生抄录自己写的诗，那真的是好，随心所欲不逾矩，书法界有一个大俗话，叫作"人书俱老"，我体会谢无量的字就是这个境界。也许他是抄写自己的诗，所以特别有感觉。

书法作品的欣赏，也是需要眼力的，这种眼力也需要培养。最好的培养法就是临帖习书。特别是对于草书，有的人认为草书就是乱写，其实不是，草书的笔墨、字形和章法都大有讲究。我也临过草书，那笔墨的控制，字形的变化，真是太不容易。我也

程先生为学礼堂题名册留言

程先生与学礼堂师生合影

试着临写过行草书，拿一张纸出来，比如就写"朝辞白帝彩云间，千里江陵一日还"，第一句七个字好像我还把握得住，我的运笔之气只能管到七个字，后面就不行了。有时候运气好，还不错，一口气贯穿到第二句，第三第四句就不知道该怎么办了。你再看张旭、怀素的草书经典，那笔墨酣畅，那线条飞舞，那种功力，不能不拍案叫绝，还有一些近现代名家的作品，像高二适、林散之、胡小石，都不简单，令人高山仰止。事非经过不知难。读帖的时候，对于行草书的笔墨、行气、章法、避让，有时候只能赞叹其中的高妙，却不知道别人是怎么写出来的。

王：那在家里您除了自己练着写还临帖吗？

程：当然。这是必须的。过年有空，临汉碑"乙瑛碑"，另一个就是集王书《圣教序》，还有王铎的几种行书帖。我近年很喜欢王铎。写行书，也看看他怎么写。搬到仙林后，有了写字的空间，也有了用武之地。以前住在龙江，那个地方没法贴门联，门上没有地方。现在好贴了，我自己写春联，感觉今年写的比去年好一点。

王：您有没有感觉写自己的作品比写别人的顺手？

程：也许有一点吧，至少对自己的东西还是喜欢的，敝帚自珍。抄写诗文，最好是能背诵那个作品，就能写得顺溜一点。

王：我们也谈了几个小时了，非常感谢您。我想问的呢，基本上都问完了，有些东西我不了解，可能有漏的，到时候再来补。非常感谢！

2017年2月17日、25日，王老师于学礼堂、南京大学古典文献研究所采访程章灿教授，访谈稿由井超、李学辰、李佩、侯婕、曹晋婷、李猛元、董政、吕梁、王少帅整理，已经程先生、王老师审定。